数字金融
✛
新质生产力

金融科技创新实践

杨 涛 马洪杰 ◎主编

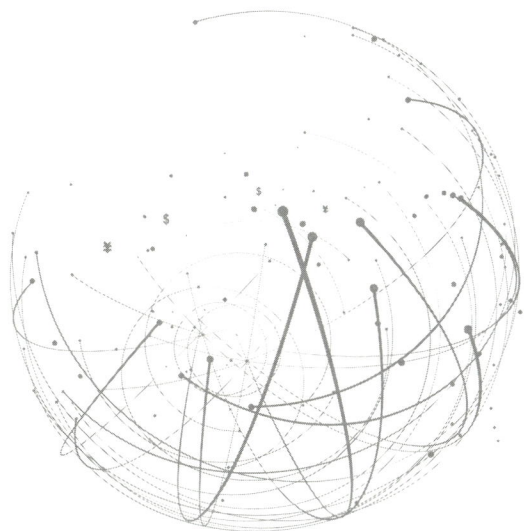

人民日报出版社

北京

图书在版编目（CIP）数据

数字金融＋新质生产力：金融科技创新实践 / 杨涛，
马洪杰主编 . -- 北京：人民日报出版社，2024. 9.
-- ISBN 978-7-5115-8432-8

Ⅰ. F832

中国国家版本馆 CIP 数据核字第 2024027RW4 号

书　　　名：数字金融＋新质生产力：金融科技创新实践
　　　　　　SHUZI JINRONG+XINZHI SHENGCHANLI：JINRONG KEJI CHUANGXIN SHIJIAN
主　　　编：杨　涛　马洪杰

出 版 人：刘华新
责任编辑：蒋菊平　徐　澜
版式设计：九章文化

出版发行 人民日报 出版社
社　　　址：北京金台西路 2 号
邮政编码：100733
发行热线：（010）65369509　65369527　65369846　65369512
邮购热线：（010）65369530　65363527
编辑热线：（010）65369528
网　　　址：www.peopledailypress.com
经　　　销：新华书店
印　　　刷：河北大厂回族自治县彩虹印刷有限公司
法律顾问：北京科宇律师事务所　010-83622312

开　　　本：710mm×1000mm　1/16
字　　　数：319 千字
印　　　张：19
版次印次：2024 年 10 月第 1 版　　2024 年 10 月第 1 次印刷

书　　　号：ISBN 978-7-5115-8432-8
定　　　价：58.00 元

如有印装质量问题，请与本社调换，电话（010）65369463

编写委员会

学术顾问：李　扬　郭　为

主　　编：杨　涛　马洪杰

副 主 编：闵文文　章芫今

成　　员：齐孟华　韩东妍　崔红蕊　宋泽英　孔　夏

朱霜霜　王小彩　郭荣纯　国语洋　魏昕然

赵梁皓　李潇科　张芷宁　孙铭鸿

学术指导专家：

杨　竑　中国金融学会金融科技专委会秘书长

高　峰　中国银行业协会首席信息官

石 永 鑫　中国证券业协会信息科技部总监

贲 圣 林　浙江大学国际联合商学院院长、浙江数字金融科技联合会会长

欧阳日辉　中央财经大学中国互联网经济研究院副院长、中国市场学会副
　　　　　会长

宋　科　中国人民大学深圳研究院常务副院长、国际货币研究所副所长

刘　勇　中关村金融科技产业发展联盟秘书长、中关村互联网金融研究
　　　　　院院长

蒋 骊 军　中小银行联盟执行副秘书长

学术支持单位：

中国人民大学国家发展与战略研究院

中国人民大学国际货币研究所

中国社科院产业金融研究基地

北京立言金融与发展研究院

北京基金业协会

浙江大学金融科技研究院

中关村互联网金融研究院

上海金融与发展实验室

中小银行互联网金融（深圳）联盟

深圳市金融区块链发展促进会（简称金链盟）

广州市数字金融协会

重庆西部金融商会

厦门鹭江金融科技研究院

开放银行论坛

序言

做好数字金融大文章，助力新质生产力培育

杨涛　国家金融与发展实验室副主任

新质生产力写入 2024 年《政府工作报告》，并被列为 2024 年十大工作任务的首位。科技创新是发展新质生产力的核心要素，金融业又是使用科技最主要的领域之一。数字金融正是数字科技不断向金融领域渗透，与数字经济高度契合的金融新形态。过去一年，我们见证了数字科技发展的加速度，既对大模型的突破进展无比兴奋，也对未来充满了无限憧憬。随之而来，金融行业也正经历着一场革命性的变革。如何因地制宜发展新质生产力，让数字金融在金融数据和数字技术的双轮驱动下，推动数字经济和实体经济深度融合，以高质量数字金融助力新质生产力培育已然成为金融行业必答题。

首先需进一步厘清新质生产力的概念内涵。习近平总书记在黑龙江考察时提出"加快形成新质生产力"。2024 年 1 月，中央政治局第十一次集体学习强调，"发展新质生产力是推动高质量发展的内在要求和重要着力点""它由技术革命性突破、生产要素创新性配置、产业深度转型升级而催生，以劳动者、劳动资料、劳动对象及其优化组合的跃升为基本内涵，以全要素生产率大幅提升为核心标志"。5 月，习近平总书记在济南的一次座谈会上谈到，新质生产力不一定等同于新兴产业，传统产业改造升级也能发展新质生产力。笔者认为，这其中更多表达两个主要方面的线索：一是突出技术进步对经济增长的贡献度；二是其最终的目的是要大幅提高全要素生产率。因此，在讨论新质生产力的时候，为避免认知边界的模糊，需要进一步甄别或思考。新质生产力强调了对劳动者、生产资料和劳动对象作为传统三要素的更新迭代，并突出了劳动对象在产业、市场、组织等方面的创新演变，同时也涵盖了生产关系的优化配置。

其次，数字化已经成为推动新质生产力变革的核心力量，而本书所探讨的诸多金融科技与数字金融创新案例，其核心价值往往都体现在充分动员了数字化的力量，充分赋能金融活动之中，最终使得金融服务新质生产力能够全面"提质增效"。

具体看，发展新质生产力离不开劳动者的技能改善，这也是最为基础的生产力要素。事实上，数字化时代伴随着人工智能和自动化的快速发展，有可能进一步解放劳动力的脑力与体力束缚，促进劳动力综合质量提升，带来生产效率的改进，释放劳动力智能化发展的"新红利"。当然，学界存在争议的是新技术的应用可能带来一部分结构性失业，但显然数字化同样拓展了全新的商业模式和业态，在变革中创造了更多就业机会。同时，基于生成式 AI 大模型和机器人流程自动化（RPA）的支撑，"数字员工"和"虚拟人"也可能成为全新的数字化劳动力，承担批量化、标准化、重复性工作，从而提高经济活动运行效率。

发展新质生产力还需要生产资料的升级，由此数据要素也成为促进新增长模式的重要抓手。自从中央颁布"数据二十条"以来，数据要素融入经济社会发展的探索逐渐加速，并且在近期迎来数据要素"入表"并作为数据资产的一系列尝试。实际上，数据要素已经成为支撑数字经济最重要的生产资料，不仅可以替代原有劳动力、土地、资本的供给不足，而且能够通过改善生产函数、优化其他要素的配置方式，更好地改善经济投入产出效率。当然，要成为新质生产力的全新要素保障，一是需继续把数据改造为标准的生产资料，二是充分融入到生产力发挥效能的全过程中。

数字化也促使新生产关系升级优化。所谓生产关系，是指人们在生产过程中形成的社会关系，是生产方式的社会形式，某种程度上表现为与经济活动相关的各种制度规则，包括正式制度和非正式制度等。发展新质生产力必然需要新生产关系，而数字化对后者也带来深远影响。事实上，数字经济正在引发类似于蒸汽革命和电气革命同样的重大社会变革，使经济制度和底层逻辑得以重新梳理，也在重塑着经济社会治理新模式，优化了生产者与消费者间、不同企业之间、企业内部的协作关系。同时，数字化也对于传统的资源所有权与分配规则带来冲击和影响，最终有利于更高效地组织经济活动。

新质生产力落地的对象需要依托于新产业，对此数字化也大有可为。一则，数字产业化代表了"高精尖"的数字经济部分，充分体现了技术进步对于经济增长的拉动作用，也有助于经济内生动力增强；二则，产业数字化助推传统产业的升级，实现产业内部的结构优化，比如数字化引领的新农业、新制造、新服务不断涌现，使越来越有限的经济资源被配置到高效领域，从而带来边际生产率的持续提升；三则，数字经济同样伴随新基建的快速发展，为新产业、新生产力奠定稳固基础，包括国家发展改革委界定的信息基础设施、融合基础设施、创新基础设施等，都有助于保障产业高质量发展。

新质生产力要充分发挥作用，离不开市场空间的承载。我国已经拥有超大规模的市场特征，2018年12月的中共中央政治局会议强调要"促进形成强大国内市场，提升国民经济整体性水平"。党的十九届五中全会，则从构建新发展格局的高度指出，发挥超大规模市场优势。所谓超大规模市场，笔者认为是指规模巨大、灵活多样、活力充足、国际化程度高的市场，而数字经济则进一步提升了大规模市场的价值。例如，数字经济强化了规模经济效应与网络效应，有助于建设高效规范、公平竞争的全国统一大市场。再如，数字化使许多不可贸易部门变为可贸易部门，并且拓展了消费者效用空间，从而衍生了新的"蓝海市场"。

新质生产力需通过新型的产业组织来推动社会经济活动。可以看到，数字化给市场带来颠覆性影响，也使经济活动进入到"犬牙交错"的产业组织时代，各类企业组织逐渐呈现出网络化、平台化、开放化、融合化等趋势，原有的企业组织边界甚至被打破乃至解构。例如，与数字经济相关的平台经济模式就具有双边与多边性、多归属性、外部性和服务性等特点，由此带来全新的商业模式变革，也引发了新竞争与新垄断的权衡。再如，系统的技术创新与数字化变革，使得创新组织更网络化、产业组织更虚拟化，也使得产业链企业跳出原有空间地理上的集聚，呈现网络虚拟集群的特征。这些都为新质生产力提供了最具创新性和活力的微观"细胞"。

再者，对于金融科技与数字金融作用于新质生产力的具体路径，可以从两方面来看。从金融供给侧来看，一是强调了新技术带来的金融创新，可以创造新的模式、业务、流程和产品；二是突出了数字技术、数据要素、数字化基础设施的重要作用；三是涵盖了传统金融机构、类金融组织、金融科技企业、数字平台企业等金融全产业链的数字化再造；四是突出了金融对于经济社会数字化变革的全新支持模式。

从金融需求侧来看，金融科技与数字金融离不开前文提到的劳动者、生产资料、生产关系、承载产业、市场空间、产业组织等新质生产力核心要素。一是金融科技与数字金融如何更有效服务于劳动者的技能改善、能力和服务效率提升，金融创新与金融技术迭代，在其中肯定是大有可为的。二是金融业如何更好地运用数据要素，推动数据资产进行优化升级，这不仅会带来金融业自身的效率提升、产品与服务优化，而且还可以间接促进增长模式转型。三是对新生产关系的优化升级也带来重大的促进作用，归根结底是通过金融技术手段与渠道的升级与引导，更有效地组织经济活动、优化资源配置。四是要通过金融自身的数字化转型来服务于产业数字化变革，推动传统产业的优化升级，更好地服务于数字化引领的新农业、新制造、新服务。五是数字经济本身就强化了规模经济效应，数字经济在改变市场空间的同时，也离不开新型金融产品与服务的有效支持。六是金融的力量和数字化力量相结合，共同作用于产业组织边界的优化，会为新质生产力提供更多具有活力的微观"细胞"。

最后，在金融科技与数字金融支持新质生产力的过程中，涌现出了越来越多颇具价值的创新案例。展望未来，在做好数字金融大文章同时，更好地助力其他"四篇大文章"将成为更具价值的创新领域。

一是以数字金融助力科技金融发展。在金融支持科技企业与科技创新的探索中，一直面临诸多"痛点"问题，如难以有效评估科技成果的价值、科技企业的信用，存在科技金融服务中的非标准化、信息不对称等问题；再如，科技创新从研发到最终成果转化，往往具有全周期联动的特征，而科技金融产品通常只能着眼于特定对象或环节，难以进行科技创新全生命周期的综合设计与支持。对此，充分利用数字金融手段能够推动科技金融趋于"数据增信"，更好地缓解信息不对称问题，更精准地面向特定科技创新活动提供定制化金融服务等。

二是以数字金融助力绿色金融发展。当前，我国绿色金融发展已经取得了突出的成绩，进而更加强调转型金融，即如何应用金融手段来引导非绿、高碳行业的转绿或可持续发展。在此过程中，由于存在非标准化特征，绿色与转型金融服务难以有效地计量和评估其最终效益，也增加了"洗绿""漂绿"的风险；同时，以 ESG 为代表的金融和投资活动，也因为存在某种程度的主观性，近两年在海外引起了诸多争议。对此，当数字金融与绿色充分融合于转型金融创新中，能够推动相关产品与服务的标准化、规范化、透明化，使得绿色与转型金融评估更加客观、更可计量，从而有效提升金融服务绿色低碳发展的效果。

三是以数字金融助力普惠金融发展。在经历多年快速发展之后，我国的普惠金融已经在全球都具有一定比较优势。但也要看到，"运动式"发展也给普惠金融带来新的挑战，如个人经营贷、普惠小微贷的潜在风险快速提升，金融机构也面临监管考核与市场现实的"两难困境"。对此，普惠金融要真正从"求量"转向"求质"，需要运用数字金融工具进一步提高效率、降低成本、增强可持续性。

四是以数字金融助力养老金融发展。养老金融是指为了应对老龄化挑战，围绕各种养老需求所进行的金融活动总和，其中既包括围绕养老金、养老保险展开的金融活动，也涵盖更广义的养老财富管理、养老产业金融等。事实上，如果在养老金融服务中充分引入大数据、人工智能等新技术，可以有效提升养老金融供求双方匹配效率、拓展养老金融服务渠道和范围、促进养老金融产品和模式的创新发展、构建良好的养老金融生态圈。其中养老保险加上数字金融，能够更有效地对风险进行识别和定价，从而更有针对性地探索养老保险产品的创新；养老财富管理加上数字金融，则可以进一步降低财富管理门槛，为相应人群提供符合其风险偏好的财富产品，促使其更合理地进行养老财富的配置等。

总之，为了更好地向政府部门与监管者、研究者、从业者提供丰富的前沿研究素材与资料，我们每年坚持推出金融科技与数字金融的案例研究，在坚持创新价值与安全可控有效平衡的前提下，充分展示金融科技与数字金融支持新质生产力的成果，助推数字中国建设与助力新发展格局。事实上，本书所体现的诸多前沿案例，也都在不同层面为金融科技与数字金融生态的完善作出应有的贡献。

当然，受制于种种因素的制约，现有案例成果还有诸多不足，我们在不断努力坚持完善案例的同时，也以此"抛砖引玉"，并希望促进各界更深入地交流与沟通。

第四届"金融科技创新案例（2023）"征集综述

近年来，随着金融科技的飞速发展，在优化融资环境、深化普惠金融服务以及推动产业数字化转型方面展现出了科技创新强大的潜力和显著成效。金融科技通过技术创新，不仅重塑了金融服务的提供方式，还深刻影响着经济社会的多个层面。2023年10月召开的中央金融工作会议提出"做好科技金融、绿色金融、普惠金融、养老金融、数字金融五篇大文章"。其中，科技金融为五篇大文章之首，数字金融则为发展科技金融、绿色金融、普惠金融、养老金融大文章的底层重要支撑，由此可见，金融与科技相辅相成，共同塑造未来金融行业高质量发展的蓝图。历经三年的有效发掘与研究，案例库已初具规模，累计80篇优秀案例从海量申报中遴选入库。

本书的19篇案例遴选于"第四届NIFD-DCITS全球金融科技创新案例征集"。本届案例征集、遴选活动由国家金融与发展实验室金融科技研究中心携手神州信息共同打造，金融科技50人论坛具体推动和落实，真实地反映了国内最前沿的金融科技创新实践，展示出金融机构、科技企业持续的探索与成果。本书既为监管部门、金融部门和实体部门提供重要的参考素材，还为国内外院校的教学、科研提供鲜活资料，充分展示了中国特色与国际接轨的金融数字化进程。

一、全球金融科技创新案例库基本情况

首届全球金融科技创新案例库共收到来自金融机构、科技企业等全球多家单位累计申报102篇案例。评审委员会专家从金融科技创新与应用、金融科技行业主体两个类型入手，遴选出22篇优秀案例，涵盖了人工智能、大数据、

分布式存储等新一代信息技术在数字银行、供应链金融平台、分布式交易平台等多个场景的创新应用，为金融科技底层关键技术与金融业务的深度融合创新树立了标杆。

第二届金融科技创新案例库共征集到 150 篇来自银行业、证券业、保险业、金融科技企业、科研机构等的案例。其中，有 139 篇国内案例和 11 篇国际案例，国际案例占比 7.3%，案例收集数量较首届创新案例收集篇数增加了 34%。评审专家基于技术创新、场景创新、产业创新三个层面，最终遴选出 30 篇优秀案例入库，涵盖了助力乡村振兴、提升惠民服务、延伸金融服务、小微金融服务、金融服务风控以及面向数字化金融业务的 IT 基础设施重构项目场景，实践案例成果表明，科技创新在推动金融业数字化转型中起到至关重要的作用。

第三届金融科技创新案例库共征集到 130 篇来自商业银行、保险机构、金融市场基础设施、科技企业等的创新实践案例，其中 129 篇来自中国内地，1篇来自澳门特别行政区。专家团队聚焦数字技术创新、科技服务乡村振兴、技术创新赋能绿色金融、金融安全与科技伦理等领域，对本届案例进行多轮评审与筛选，最终遴选出 30 篇优秀案例入库。实践案例征集成果反映出我国金融科技从"立柱架梁"到"积厚成势"的新阶段。

本届金融科技创新案例库征集到 71 篇来自商业银行、第三方支付机构、保险机构、资管机构、科技企业等的创新实践案例。评审专家秉持公平、严谨、科学的评议态度，基于金融科技创新的必要性、先进性、安全性、应用性和合规性等标准，评选出 19 篇优秀案例入库。最终入库案例聚焦于产业金融创新、金融服务平台智能化创新、业务基础设施数字化转型等领域，相较于前三届案例征集活动，本届案例征集成果更聚焦数字金融赋能新质生产力高质量发展的新阶段。

二、历届全球金融科技创新案例库分析与比较

（一）第一届全球金融科技创新案例库相关分析

在首届案例库中，评审组将首届入选案例的申报单位分为传统持牌金融机构和金融科技公司两类。在金融科技创新实践中，传统持牌金融机构具有场景

优势，而金融科技公司具有技术优势，且双方之间具有较强的优势互补机制。特别是，基于金融科技驱动，金融机构在场景应用、技术赋能和生态重构等创新下，应用场景成为金融科技创新实践能否落地生效的关键。在首届案例库入选的 22 篇案例中，金融科技创新主要应用在核心业务系统和客户营销环节（9 篇）、操作系统和数据中台领域（3 篇）、后台支付系统领域（2 篇）和金融机构全流程管理（8 篇）等领域中（如图 1）。整体来看，首届金融科技创新案例，申报单位侧重于前台核心业务系统的赋能，力图通过技术提高营销效率和质量，提升客户体验水平。

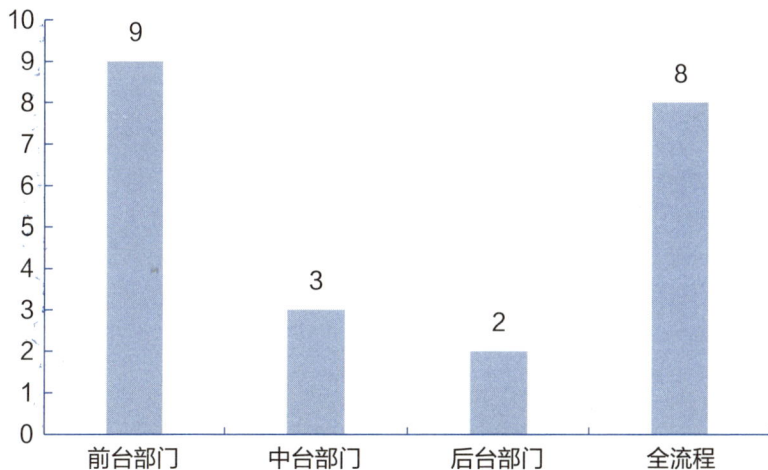

图 1　首届入选案例涉及的应用场景

（二）第二届全球金融科技创新案例库相关分析

第二届金融科技创新案例库中，团队将征集到的 150 篇创新案例进行划分，一是按照金融服务场景类型划分（如图 2），主要有金融科技助力乡村振兴、提升惠民服务、延伸金融服务、小微金融服务、金融服务风控以及面向数字化金融业务的 IT 基础设施重构项目场景；二是按照金融业务类型划分（如图 3），分为有银行业、监管、场景金融证券、保险、消费者保护等。按照金融业务类型划分中，最多的是科技创新赋能商业银行共 71 篇；其次是证券 43 篇；关于场景金融、互联网金融的应用所占比重也比较大；最少的是科技企业服务的一些政务服务，我们将其归类为其他。

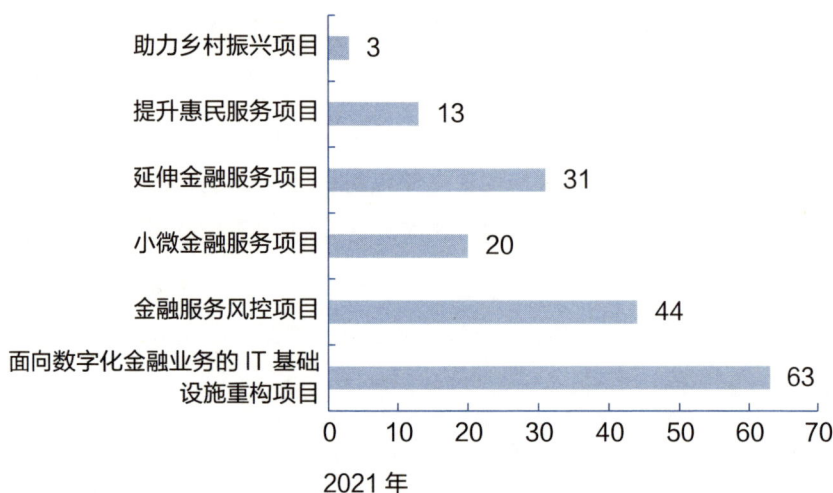

图2 第二届入选案例涉及的应用场景类型

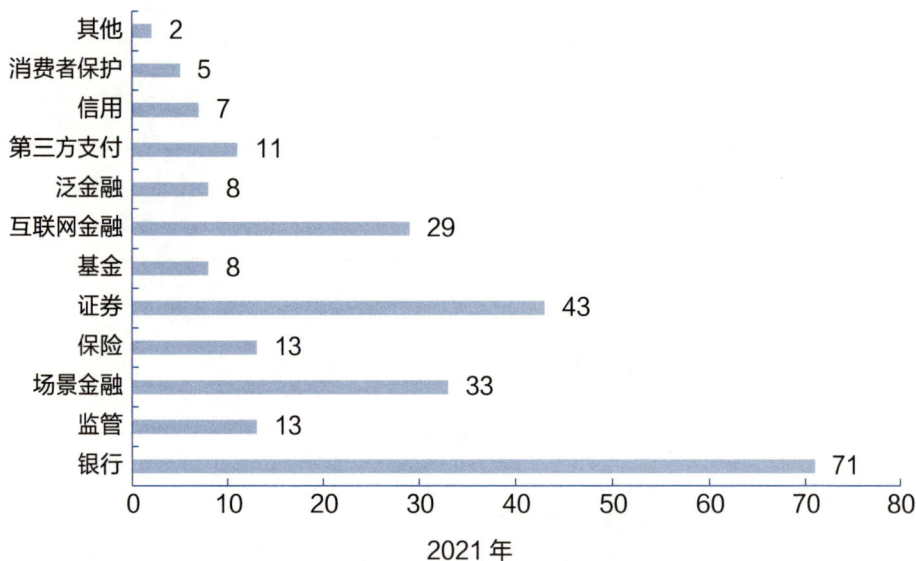

（柱状图：2021年）

- 助力乡村振兴项目：3
- 提升惠民服务项目：13
- 延伸金融服务项目：31
- 小微金融服务项目：20
- 金融服务风控项目：44
- 面向数字化金融业务的 IT 基础设施重构项目：63

图2 第二届入选案例涉及的应用场景类型

图3 第二届入选案例所处行业分类

（柱状图：2021年）

- 其他：2
- 消费者保护：5
- 信用：7
- 第三方支付：11
- 泛金融：8
- 互联网金融：29
- 基金：8
- 证券：43
- 保险：13
- 场景金融：33
- 监管：13
- 银行：71

图3 第二届入选案例所处行业分类

（三）第三届全球金融科技创新案例库相关分析

第三届金融科技创新案例征选工作围绕"案例的真实性、申报单位的合规性以及创新实践是否落地并具有应用效果"三个维度对 130 篇创新案例进行筛选，推荐 62 篇创新案例进入专家评审环节，以专家打分的形式，遴选出 30

篇评分靠前的创新案例入库，各篇案例所属行业如图 4 和图 5。通过第三届案例库征集的案例成果来看，农商行、城商行等中小商业银行数字化程度逐步提升，在新技术加持下恰当地弥补了大型商业银行难以覆盖的长尾群体。在延伸金融服务项目更多聚焦于绿色金融相关领域，绿色金融的创新发展代表着我国经济结构优化转型和颠覆式创新的发展方向，此外，案例成果还展示出我国乡村金融需求已被逐步打开，科技创新赋能农村金融的成果逐步显现。

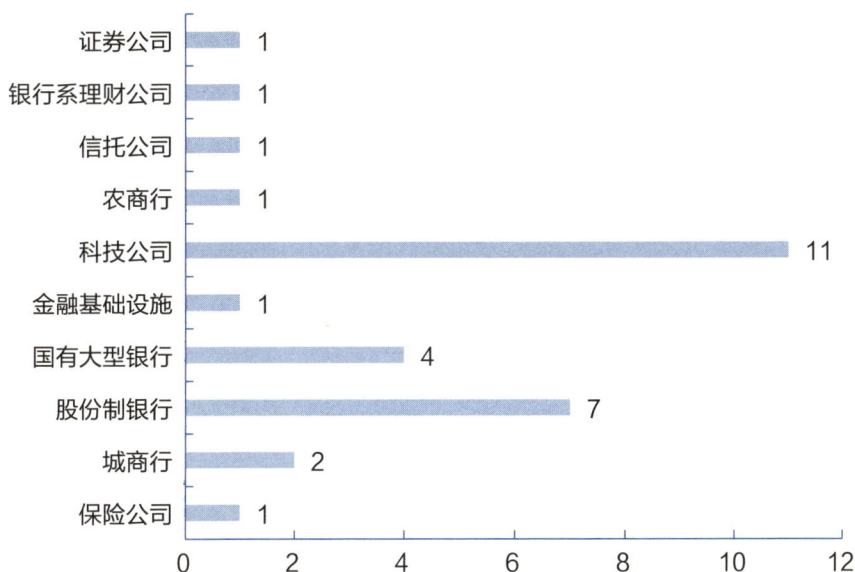

图 4　第三届 30 篇入库案例所处行业分类

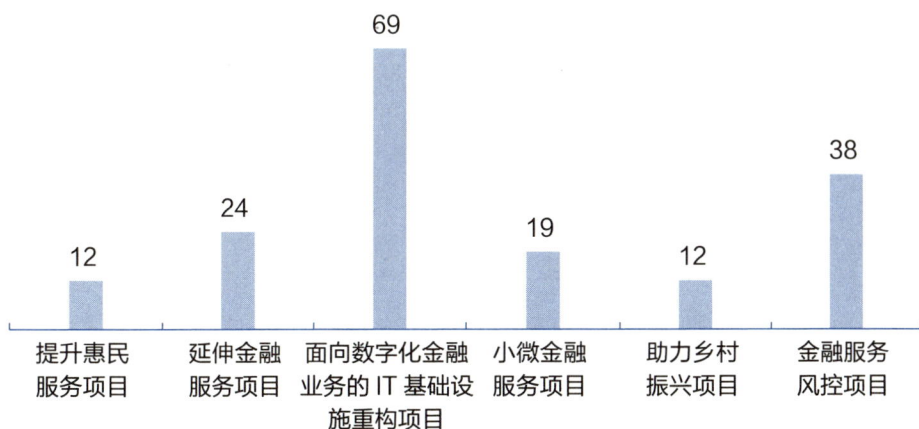

图 5　第三届入选案例涉及的应用场景类型

（四）第四届全球金融科技创新案例库相关分析

第四届金融科技创新案例征选工作主要有初审、复审与专家评审三个环节。在案例的初审环节，初审统筹小组对来自 59 家申报单位的 71 篇创新案例[①]依据以下标准进行第一轮筛选：一是核实案例本身真实性；二是核实申报单位是否存在违规风险；三是核实申报案例中创新实践是否落地并具有应用效果，见图 6。基于此，初审小组共筛选出 47 篇推荐进入复审环节，如图 7 所示。在 59 家申报单位中，科技企业（28 家）占比 47%，其次是银行业金融机构（20 家）占比 34%，接下来则是非银行金融机构（4 家）占比 7%。从细分行业领域来看（见图 7），国有大型银行与股份制银行的数字化创新应用始终领先于中小银行（城商行、农商行、外资银行）与非银金融机构；科技公司的数字化创新能力依旧领先，成为入围案例数量中最高的占比群体；此外，金融基础设施数字化转型与产品创新已逐步跟上数字经济时代发展的必须道路。

在案例的复审环节，初审小组对入围案例申报单位进行了二次风控筛查，确认符合标准要求的申报单位名单，并进入评审委员会专家评审环节。以专家打分的形式，基于金融科技创新的意义和作用、技术创新性和前瞻性、规范性、金融科技伦理、创新实践可执行、先进可控与成果可考核性、合规性以及研发团队与结构等八项指标，从入围案例中选出 19 篇评分靠前的创新案例集结入库。如图 8 所示，入库的创新案例应用场景中，数字金融创新实践占比最高（63%），由此呼应了金融科技发展的本质，即技术创新赋能新质生产力，进而服务数实融合背景下经济高质量发展。

---

① 59 家申报单位中有 6 家单位重复，即同一申报单位入选多篇创新实践。

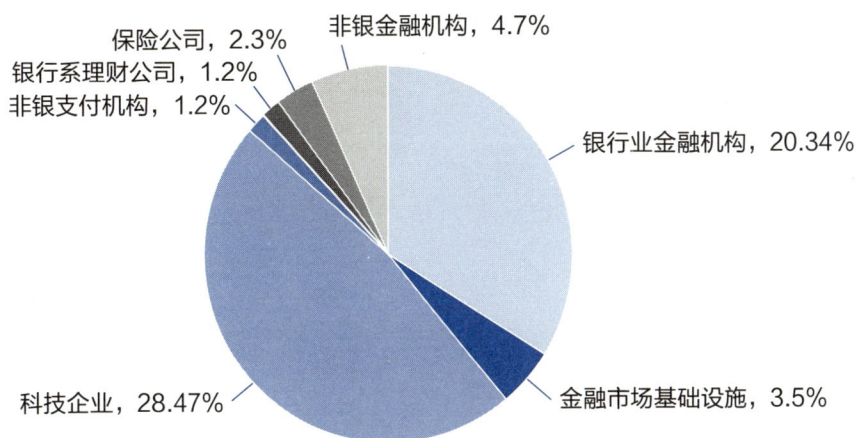

图 6　第四届案例征集 59 家申报单位

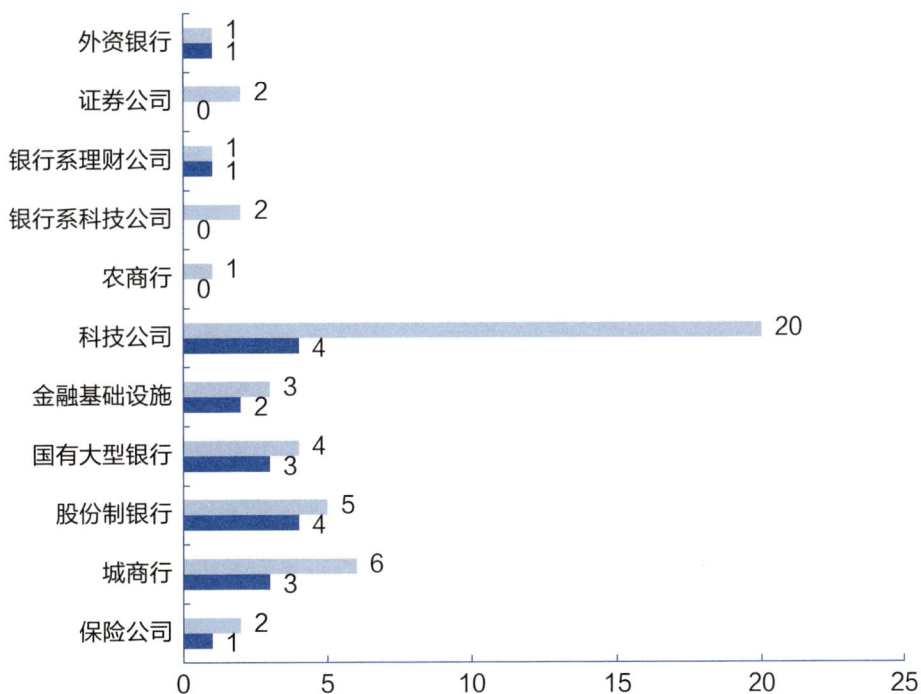

图 7　第四届入围与入库案例单位数量

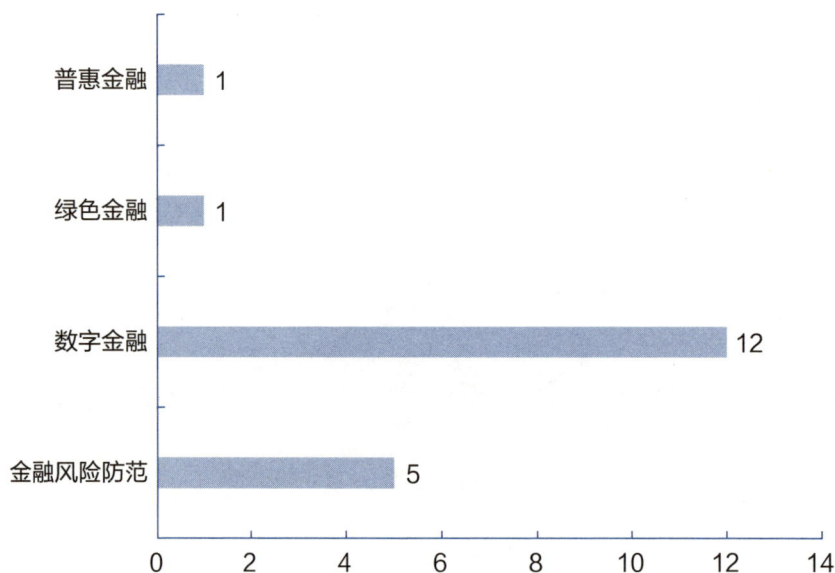

图 8　第四届入库创新案例应用场景

（五）历届全球金融科技创新案例库分析比较

2020 年以来，随着国际形势变化、社会经济需求推动以及公共卫生突发事件等外部因素的冲击，我国金融科技发展水平已领先国际众多发达国家金融科技的发展水平。在数字化时代的推动下，金融科技创新实践不断重塑着金融行业的格局，从移动支付到智能投顾，从大数据风控到分布式架构再到大模型应用，金融科技的创新应用不断涌现。结合第三届和第四届金融科技创新案例库征集的创新实践来看，申报单位主要来自境内外金融机构、第三方支付机构、科技企业、金融基础设施等（如图 9）。第一，在两届案例库中，科技公司约占案例入围总数的 1/2，说明在数字技术不断迭代的背景下，我国的金融科技产业聚集效应非常明显，只有不断推动科技创新助力扩大金融服务的广度和深度，才可对金融服务产生重要的金融创新。第二，从科技创新应用场景来看，入库案例较多聚焦于如何通过数字金融的发展不断推动产融结合，站在金融的本质层面来服务企业端的金融需求。第三，在大模型技术爆发的当下，科技企业的场景应用不仅致力于金融服务产品创新，更将蓄力在防范化解金融风险层面发挥更高的价值。

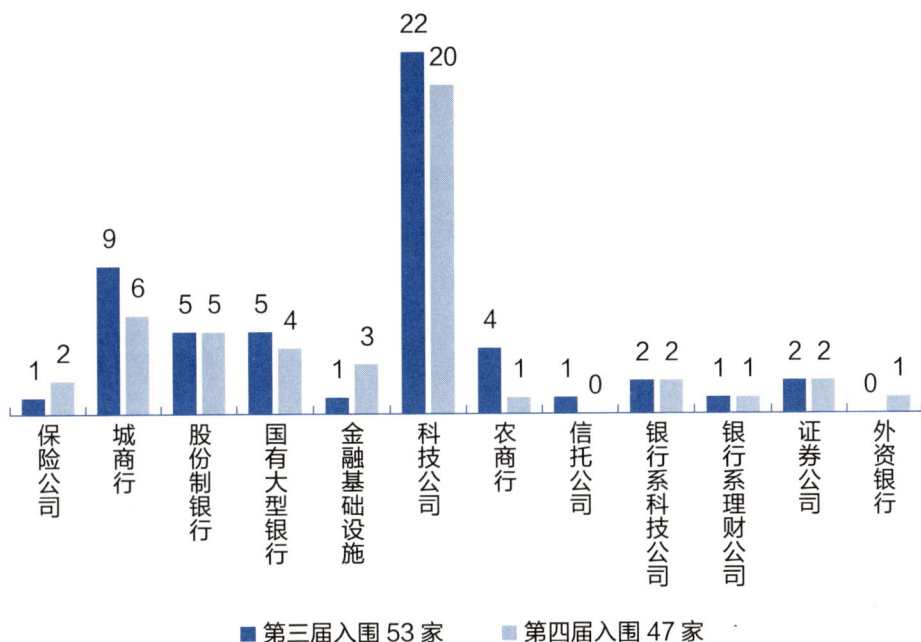

图 9　第三届与第四届入围案例来源比较

三、总结与展望

　　历时一年的第四届金融科技创新案例库征集活动也即将画上句号。金融科技创新案例库建设工作需要不断从征集渠道、申报审核、案例质量把控等多方面完善和提升，与往届相比，本届金融科技创新案例集更聚焦于数字金融板块的创新与发展，显示出更多的实践效应与未来发展亮点。

　　第一，聚焦数字金融领域，入库案例大多围绕提升金融服务效率和降低成本、数据驱动的决策支持、创新金融产品与服务、风险管理与合规、促进金融普惠、推动合作与生态系统建设以及增强客户体验等方面。"企业支付管理平台创新降本增效新模式""数智驱动下的一体化财富产品综合销售平台及开放运营生态模式""大模型在金融机构的创新探索"等案例极具代表性地诠释了数字金融为金融机构、金融市场基础设施、科技企业提供了强大的平台与工具，涵盖了数字信贷、数字证券、数字保险、数字理财等诸多金融业态。当前，我国的经济发展方式发生深刻转变，特别是在数据要素发展、技术进步和新质生产力培育的关键环节中，数字金融的发展至关重要。下一步，可继续深挖、呈现境内外更优质的创新实践。

第二，聚焦绿色金融领域，金融科技是支持绿色金融与转型金融发展过程中不可或缺的重要基础设施。"绿色金融综合服务平台——绿金通项目"将金融科技与绿色金融相结合，从环境效益和环境风险两个维度搭建了覆盖多类型资产的绿色金融服务平台，不仅能够提供专业、精准、便捷的环境效益测算服务，还为金融机构建立了企业绿色画像及环境风险预警体系，进一步推动了绿色金融业务高质量可持续发展。

第三，聚焦普惠金融领域，从金融科技促进数字经济发展的路径上看，主要是依托数字金融来缓解中小微企业金融需求困境。如交通银行"数字金融服务外贸新业态合作案例"中，着力发挥开放银行作为助力普惠金融业务"助推器"的功能，优化金融资源配置，利用数字化手段促进国际经济合作新业态，更好地服务实体经济。

第四，聚焦金融风险防范领域，入库案例大多展示了以人工智能、大模型等新技术应用，"图智能风控能力体系建设""招银理财智能投资交易平台""零售信贷统一贷后智能运营项目"等案例突出了金融机构数字化智能化风控能力，基于异构体神经网络、动态时序图、深度学习等前沿创新技术实现复杂网络信息充分挖掘的能力，形成对多维度群体性风险前瞻性挖掘和评价，提升金融风险防范化解能力。实践表明，大模型在金融风险防范领域的应用，不仅可以提高风险识别的准确性与时效性，优化资源配置效率，还可增强金融机构系统性风险管理能力。

第五，本届案例库收集过程中汇集了多家支持单位和合作伙伴的参与和帮助。案例库的建设与成果发布离不开合作伙伴的鼎力相助，有来自中国人民大学国家发展与战略研究院、中国人民大学国际货币研究所、中国社科院产业金融研究基地、北京立言金融与发展研究院、北京基金业协会、浙江大学金融科技研究院、中关村互联网金融研究院、上海金融与发展实验室、中小银行互联网金融（深圳）联盟、深圳市金融区块链发展促进会（简称金链盟）、广州市数字金融协会、重庆西部金融商会、厦门鹭江金融科技研究院、开放银行论坛等单位的助力，在此对各支持单位和合作伙伴表示由衷的感谢。

从长远来看，建立金融科技创新案例库的任务依然艰巨。未来，我们将更加重视新时代金融科技赋能实体经济的优秀案例，通过创新实践更直观地了解金融科技发展的最新趋势，深入融合理论与实践，开展一系列金融科技创新案例的分析工作，充分发挥金融科技创新案例库的学术和社会价值，为我国今后的金融科技创新实践提供更高质量的展示和交流平台。

目录

第二部分 ｜ 非银金融机构的创新实践

第三部分 ｜ 金融科技企业的创新实践

第一部分

商业银行的创新实践

产业金融创新

中国民生银行

数技赋能，共促产融发展实践

一、引言

（一）项目背景

产融结合是金融服务实体经济高质量发展的时代要求，也是新时代金融做好"五篇大文章"的重要实现方式。产业资本与金融资本以金融工具和产品进行融合发展，让金融紧紧围绕产业链供应链开展业务，促进企业现代治理制度完善，提升金融服务实体经济质效并有效防控金融风险。党的二十大报告提出，要着力提升产业链供应链韧性和安全水平，而产融结合是实现产业链供应链稳定发展的关键环节。以供应链金融推动产融结合并实现金融与产业的生态共建既是政策导向，也是企业端与金融端高质量发展的内在要求。

1. 政策端

近年来，政策层面相继出台一系列关于鼓励供应链金融发展的指导性文件，为供应链金融的规范、发展和创新提出了方向性指导。2023 年 11 月，中国人民银行等八部委联合印发《关于强化金融支持举措 助力民营经济发展壮大的通知》指出，银行业金融机构要积极探索供应链脱核模式，这为银行业机构以创新供应链金融服务模式做好产融结合明确了方向。产融结合的承载主体是金融机构和企业，"脱核"模式下的创新基础是数据融合，方式是将供应链核心企业主体信用担保逐步转向数据信用，以数据增信创新更加灵活、多元化的金融服务。因此，在政策端的指导和要求下，创新供应链金融服务模式是推动产融结合的重要举措。

2. 企业端

数字经济推动数字供应链快速发展，企业数字化转型也带来了服务和生产理念的转变，大幅提升了企业在生产运营、平台建设、市场拓展、财务管理等方面的发展质效。在高速增长转向高质量发展阶段，产融结合成为企业主动寻求突破的路径之一，推动着金融资源和企业资本的协同配置并发挥更大效能，维持着产业链供应链稳定发展。同时，企业数字化转型所建立的信息平台、积累的科技力量以及沉淀的数据资源，也为产融结合奠定了良好基础。

从企业端来看，产融结合能够实现两方面改善，一是有利于链上企业或供应链参与方优化整体供应链资金配置，助力产业链供应链稳健发展，保持企业良好经营的基础；二是满足核心企业和链上客户融资以及资金管理等金融需求，降低企业融资成本，提升资金配置效率，增强企业生产运营能力。

3.金融端

在"链长制"政策背景下，企业的经营活动更加趋向于围绕供应链开展，无论是核心企业还是链上企业的金融需求也更加多样化、复杂化，传统以融资为主的供应链金融难以适应这一发展趋势。供应链金融需从产融结合的视角去升级产品和服务。原因在于：一是传统供应链金融模式下，银行等金融机构提供融资的对象往往局限于供应链前端链上企业，难以充分下沉拓展长尾客群，而产融结合让金融与企业发展深度互嵌，将金融服务最大程度延伸至整个供应链多层级参与主体，扩展金融端市场空间；二是产融结合面临的难点之一在于产融分离，企业与金融之间的信息不充分问题凸显。在数字化转型基础上，推动产融结合，实现企业端与银行等金融机构的数据交互，能够有效缓解信息不充分问题，提升金融端风险管控的精准性，提高企业端融资的可获得性；三是脱核政策引导下，银行业金融机构将逐步以数据资源交互作为供应链金融业务开展的信用基础。产融结合能够推动银行业机构加深对产业和行业的深入了解，更加关注供应链结构、运营流程以及管理要素，以及充分掌握供应链整体和单个链上企业的运行风险，通过融入场景，创新和提供适配的金融服务，最终实现金融发展依托产业，产业发展反哺金融的良性循环。

（二）项目目标

民生银行积极践行中央金融工作会议精神，以数字金融为战略支撑，供应链为目标主体，围绕产融结合构建敏捷响应机制，加快与企业端数据交互，探索孵化新供应链金融服务模式，有力推动产融结合。主要围绕供应链核心企业和链上企业多元化需求，以"数融"驱动产融，将产品和服务更加高效嵌入供应链参与主体，为核心企业提供招标、结算等场景化、定制化组合式服务方案，为链上客户提供便捷的融资、结算等金融产品，为供应链整体提供更加合理、科学的营运资金支持，最终实现多方共赢与生态共建，有效服务实体经济高质量发展。

二、方案描述

（一）业务方案

1. 企业数字化转型与金融需求

（1）企业数字化转型分析

对于国有企业而言，2020年8月，国资委印发《关于加快推进国有企业数字化转型工作的通知》，对国有企业数字化转型做出全面部署，强调要通过数字化转型进一步促进产业链供应链创新，充分发挥产业龙头作用，构建全要素、全产业链、全价值链全面连接的"核心枢纽"，带动中小企业协同发展。产融结合背景下，央国企作为核心企业对整个供应链系统进行构建，发挥着引领产业目标、整合上下游企业关系的职能，其数字化转型能够进一步优化供应链结构和运营流程，推动资源要素在供应链主体之间有序流动和共享，是产融结合的"架构者"。

对于链上中小企业而言，在更趋严峻、复杂的市场经营环境下，作为微观经济主体，推动数字化转型是必然趋势也迫在眉睫。一方面，从企业内部来看，有利于优化业务流程，降低运营成本，统筹协调企业内部资源，增强创新能力；另一方面，从企业外部来看，通过对接行业前沿技术，更加快速精准掌握市场需求和创新方向，有利于拓展商业空间，提升市场竞争力。从产融结合角度分析，数字化转型是中小企业融入产融结合的必要条件，既能通过信息交互、订单履约等链接核心企业，防止供应链信息失灵、失控，又能与银行等金融机构进行数据对接，提升信用水平，增强融资等金融服务的可获得性。例如，上游供应商可及时获取核心企业订单，合理安排生产，高效配置资源，保障订单顺利履约；下游经销商可随时反馈商品在市场端表现，了解市场规律，暴露产品在实际推广中的堵点、卡点，畅通整个供应链。

（2）企业数字化转型催生新型金融需求

数字化转型推动着企业资金管理模式和能力朝着更加智能化、现代化方向演进。2022年1月，国资委印发《关于推动中央加快司库体系建设 进一步加强资金管理的意见》指出，以提高资金运营效率、降低资金成本、防控资金风险为目标，加快司库体系建设。财务数字化转型是企业数字化转型的重要组成部分，各大央国企已将司库体系建设作为切入点和突破口，通过开展供应链金融服务等高级管理功能，增强供应链金融服务水平，加强资金结算规范管理，全面提升金融资源的管理水平。在这一过程中，央国企也衍生出了许多新型金融需求。

一是从宏观层面来看，央国企作为推动国家经济增长和社会发展的重要组成部分，数字化转型进一步解决了财务分散、数据分散、管理效率不高等问题。金融部门以自身数字化能力支持和对接央国企系统平台建设，为央国企提供更加适配、嵌入性、差异化的金融服务，提升央国企资金管理能力，助力企业稳定发展，保障国民经济平稳运行。尤其是在经济下行压力持续加大阶段，央国企数字化转型加速推进新技术创新、新产品培育和新业态扩展，承担着维护供应链稳定发展的重要责任，对金融的需求也更加综合化。

二是从政策层面来看，央国企数字化转型最初从财务管理着手，司库体系建设作为促进财务管理数字化转型升级的主要方面，相应的金融需求也涉及了许多新领域。一方面，在司库信息系统层面，银行需根据自身数字化能力，自主开发或与外部科技企业合作开发司库信息系统，进而能以银企直联、开放银行快速对接企业的金融需求，提供金融服务；另一方面，在司库金融服务方面，企业金融需求更倾向于账户管理、资金结算、预算管理、投融资管理、供应链管理等一揽子综合性金融服务，这其中涵盖了合作银行准入、账户、资金、票据到融资、跨境、供应链等与银行业务相关的各项要素。此外，央国企对链上客户的准入、退出、监督、考核评价体系等管理始终是重要课题，银行贷前、贷中、贷后的风险管控逻辑有利于丰富和完善核心企业对上下游企业的风险管理体系，企业在将银行级风控能力融入至供应链管理环节，也有较大需求。

链上中小企业在数字化转型过程中的金融需求也在逐步改变。第一，数字化转型能够助力企业快速捕捉市场需求，合理安排进销采等，提升了经营效率，但其对资金需求的时效性、灵活性要求更高，对金融服务的效率要求也有所提高；第二，数字化转型推动企业财务管理能力提升，在外部经营环境更趋复杂的背景下，中小企业通过合理的财务管理进行降成本、提收益的诉求逐步增强，银行综合金融服务方案要逐步拓展至中小企业；第三，数字化转型过程中所涉及的技术、人才、硬件设备等需要大量的资金投入，许多中小企业面临较大的转型压力。银行通过自身数字化转型经验和非金融服务的创新建设，能够为中小企业提供人事、财务、薪税等在内的一揽子系统性非金融服务支持，辅助中小企业数字化转型，也成为企业在金融领域寻求的服务之一。

2. 民生银行数字化转型与能力建设

民生银行明确了打造"敏捷高效、体验极致、价值成长"的数字化转型目标，通过优化组织架构、变革体制机制、全面提升科技能力与数据能力，推进生态银行和智慧银行建设。经过两年多的发展，民生银行数字化转型底座快速夯实，科技队伍不断壮大，科技能力与数据能力得到全面提升，数技融合驱动效益增长的路径正逐步形成。

（1）构建标准数字化流程，赋能全行业务数字化能力提升

构建适合大中小微一体化的标准数字流程，以统一标准、统一管理、统一流程实现数字化流程的灵活组装、快速复用，全面提升全行业务数字化能力。一方面，搭建流程组件库及配置中台（如图1），将数字化业务流程进行标准化、参数化、模块化。通过对数字化业务流程进行解耦、抽象及沉淀，依托配置中台，结合不同场景、客群、风控逻辑进行参数配置，实现创新产品的快速灵活组装上线，避免重复建设，降低操作风险和开发成本，实现内外部客户体验持续提升；另一方面，建立民生银行公司融资产品数字化能力评估体系，推动全行数字化能力全面提升。基于中国人民银行发布的《金融数字化能力成熟度指引》，结合产品应用全流程，从线上化、数据化、智能化、场景化、敏捷化等维度，搭建公司融资产品数字化能力评估体系，诊断产品数字化能力并提

供升级标准，引领全行业务数字化能力全面提升。

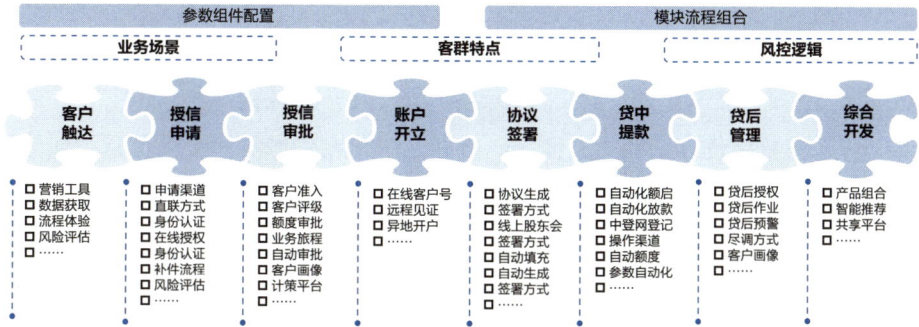

图 1　数字化流程组件库及配置中台

（2）构建分层分级的场景化智能风控体系，实现全流程风险管控

立足业务场景，抽象和标准化指标、规则、模型，进行多场景打通并构建稳定的底层体系，结合流程体系、监测体系和制度体系，打造全流程场景化智能风控基座。同时，依托海量数据，形成数技、场景、专家三位一体智能风控生态体系，实现全流程风险管控，提升全行同类产品数字化水平，助力产品持续创新。

此外，通过构建法人场景化策略平台（如图 2），打通贷前、贷中、贷后场景指标和规则体系，高效整合线上化服务和智能策略，根据抽象出来的指标、规则、模型，协同策略基础建设和策略运营监测，全面提升对公风险策略管理质效，实现一体管理、灵活配置、快速复用，形成了覆盖客户信贷流程全生命周期的风控解决方案，持续赋能大中型客群和中小客群风险管理。

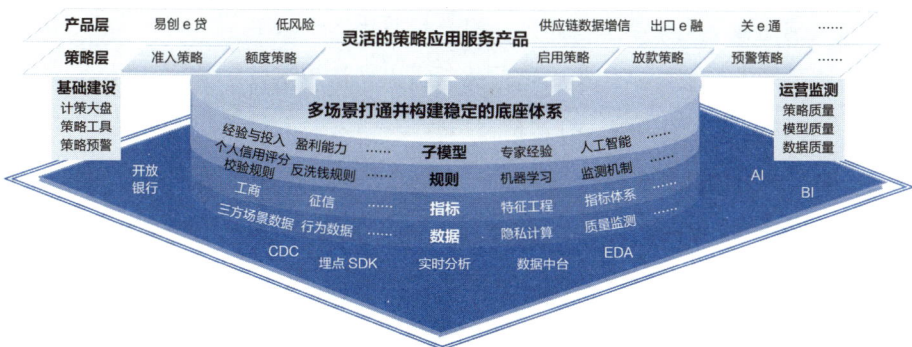

图 2　法人场景化策略平台

（3）构建智能精准的数字化营销体系，全面提升数字化营销能力

通过数字化技术升级和改善现有营销体系全流程，主要围绕四方面的能力提升，实现从传统散点经验式营销向体系化、规模化、智能化精准营销模式转变。

一是在数字化营销能力方面，一方面，强化营销触达和全渠道营销能力。将企业微信升级为企业级平台并持续拓展功能，成为客户触达与运营以及连接员工的有力渠道。提升全渠道事件感知能力，挖掘断点、商机或者风险信号，结合客户旅程管理，强化事件序列感知和智能化路由下发，优化全渠道协同能力。另一方面，提升智能化服务与销售能力。丰富外部生态与内部埋点数据，支撑全方位客户洞察，建设线索中心，加强线索统筹管理和闭环运营能力，结合 LBS、AI 等能力，优化总分行线索生成与分配机制，推动线索高效执行，促进销售达成；二是在数字化营销模式方面，增强线上经营和一体化营销能力。根据战略客群、基础客群、供应链客群、投行客群等经营特征，加强大中小微一体化开发与协同作业，提供精细化、智慧化营销闭环服务，推动线上化作业能力提升；三是在数字化营销工具建设方面，强化全流程营销分析能力。建设企业级客户数据平台，聚合内外部数据，提供客户标签生成、客群细分、客户画像等功能，完善客户旅程与路径分析能力，满足总、分行统一客户视图、客群细分与洞察、旅程监测与行为分析、潜客识别与精准触达等客群经营需要；四是在数字化营销配套服务方面，加强权益及营销内容管理。丰富和完善企业级权益平台和内容平台建设，提升内容生成与审核效率，提高产品和权益匹配与推荐的智能化程度。

（4）构建数字化集中运营体系，提升精益化运营水平

在产品后端配置数字化集中运营体系，以"流程运营""平台运营""数字运营""智能运营"为内核，打造精益运营模式。

一是流程优化与产品运营整合，实现运营赋能产品，端到端对客服务线上化。从客户体验视角出发，整合行内各业务场景，启动链式流程自动路由，并配置全能产品运营专岗，实现客户前端一次性提交资料，后台多业务场景并行处理，提高内部业务处理质效，减少内外部操作频率，提升客户体验；二是平台一体化运营，释放一线营销产能。组建数字化运营专业团

队，集合客户服务、信息采集、业务处理、贷中审查、运行监控等多重功能，支持经营机构业务营销落地以及总行产品研发部门业务运行数字化监控与分析，赋能业务高效开展；三是客户全旅程陪伴，辅助提升转化率。为客户配备专属线上客服，通过企业微信、电话服务专线等多渠道开展一对一管家式服务，完成从单一操作指导、问题解答向营销协同、客户综合运营服务等旅程陪伴式客户服务进阶，为客户提供从"入场"到"融资"全旅程操作指导与陪伴，形成客户综合服务体系，辅助产品获客、赢客；四是执行统一风险策略，科技赋能智能化审单，实现贷中闭环管理。构建贷前、贷中、贷后一体化审核和服务标准，借助信贷客户画像、可视化管理平台、OCR影像智能审查等数字工具搭建参数化放款审核指标体系和智能化审核管理体系，建立贷前、贷中审核标准库，进一步统一各场景分级分类审核标准和规定动作，痕迹化闭环管理，有效控制业务操作风险，提升客户服务满意度。

（5）构建全谱系供应链金融产品体系，推动服务一体化

已搭建起业内较为领先且完备的供应链金融产品体系——"e系列"产品体系（如图3），依据供应链参与主体和场景呈现"1+4+6"的产品系列格局，可同时满足供应链核心企业、上游供应商、下游经销商在不同交易环节的融资需求。"e系列"产品体系具有多种优势和特征，例如，一体化供应链金融产品服务模式，通过搭建服务于核心企业及链上客户的"民信易链"供应链服务平台，形成集供应链融资、供应链票据等服务一体化的产品和服务模式，满足供应链不同交易环节的融资需求；数据增信类产品上游订单e和下游采购e数据增信，基于核心企业与链上客户的交易数据，实现"脱核"模式下以数据信用代替核心企业主体信用担保，是银企数据资源互联互通赋能业务开展的典型代表。

（6）构建深入行业的综合金融服务能力，实现双向价值创造

深入行业特征和供应链场景，根据客户实际经营需求，持续打造综合金融服务能力。总的方向是：第一，创新贴合客户需求的"融资＋结算"产品组合应用，形成客户资金"内循环"；第二，逐步孵化具备民生银行特色的行业综合金融服务方案，推动产融结合，生态共建。具体遵循三个路径：一是打造适

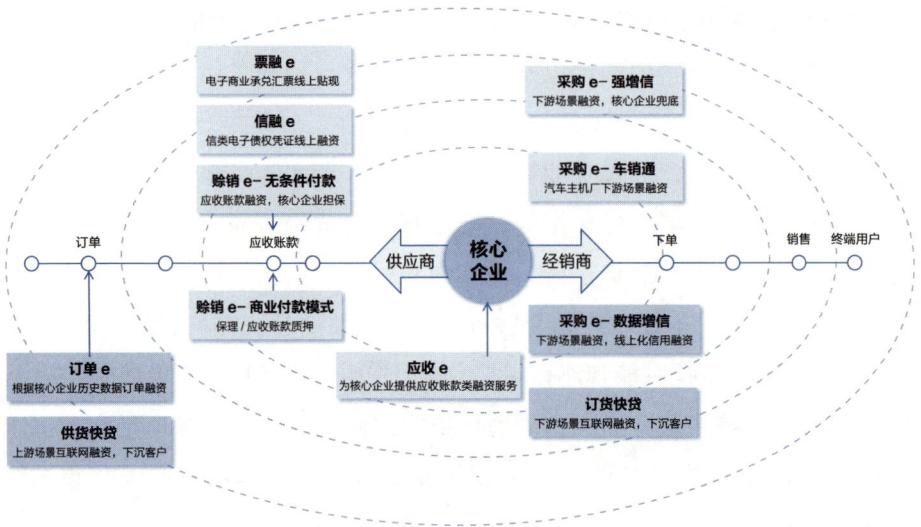

图 3　民生银行供应链金融"e 系列"产品体系

用于供应链场景的一体化产品货架，实现敏捷化、矩阵式组合应用；二是通过产品融合创新，打通端到端流程堵点，优化业务办理流程，提升客户体验；三是以融资产品为纽带，带动高频结算业务，发挥供应链产品功能，实现融资与结算产品的交叉赋能，拓展低成本负债来源，带动供应链客户存、贷联动良性循环。

从产业链参与主体来看，针对核心企业和链上企业分别采取差异化综合服务策略。在核心企业端，民生银行聚焦企业供应链平台差异化建设需求，通过银企直联或注册平台账户，提供一站式金融服务。例如，针对有企业自建平台的核心企业，提供开放银行和标准化 API 接口，实现客户平台系统快速对接；针对无自建平台的，通过民生银行民信平台、e 单平台及新一代电子票据系统等，将平台金融服务能力快速输出至企业端，实现核心企业以信、票付款替代高成本流贷，同时能够满足核心企业资金智能清分、票据到期兑付等结算需求。在核心企业金融资产管理场景，提供多样化服务方案，适配企业金融资产管理需求，实现行内多元化资产出账、集团内多元化资产入池、外部渠道核心企业额度向链上客户共享。

在链上企业端，深入行业特征，提供链上企业"融资＋结算"标准化产品货架，赋能一线精准营销，拓展低成本负债来源。对于上游企业，通过多款融资产品实现不同层级客户快速引流，打通"融资＋结算"端到端产品流程，并配合多样化出账品种，提升综合服务能力。例如，创新产品组合"订单e＋回款通＋票融e＋信融e"满足融资、贴现、现金及非现金回款服务；对于下游企业，通过高、低风险授信占用，拓展低成本融资结算产品出账。例如，对经销商提供银承、流贷＋代理收单等一站式金融服务。

3. 产融结合方案

民生银行聚焦客户数字化转型过程中差异化金融需求，依托供应链金融产品和服务，基于开放银行能力、标准化产品货架快速组合式能力、数字化创新产品敏捷孵化能力，提供"一户一策"定制化、场景化综合金融解决方案，持续推动产融结合。

（1）深入行业，拓展链上客户综合服务

民生银行在供应链数据增信基础上，根据产业数字化转型需要，深入挖掘供应链上下游企业金融需求，制定适用于行业特征的组合式、一体化场景综合金融服务方案，同步持续增强线上化、智能化服务能力。以电力行业为例，通过订单e产品切入电力行业巨头，建立了深度合作基础，在为链上客户提供融资服务基础上，通过对电力行业产业链需求的挖掘，制定并实施了行业综合金融服务方案。

第一，上游供应商客群，大多为制造业专精特新高新技术企业，特点是生产周期长，生产备货资金需求旺盛，成本高、利润薄，整体资金压力大。民生银行根据上游不同层级企业的需求痛点，提供适配性融资产品，并配置不同出账品种，降低客户综合融资成本。分场景来看。

在供应商履约场景，对于大中型客户，适配订单e融资产品，助力供应商按时生产履约。该产品无须财产抵质押，可在履约过程中的任一节点融资，授信金额大、放款效率高、期限长、随借随还、成本低。而对于科创型小微企业而言，也可使用科创类融资产品易创e贷实现快速融资。

在供应商付款场景，订单e产品在支持流动资金贷款和银承出账的基础上，逐步丰富出账品种。对于有综合授信的客户可组合使用电子债权凭证及商票结算，优化账期，减轻资金压力，降低财务成本。通过信、票等工具的支付

流转，可实现多级链上客户的开发与深度绑定，拓展核心负债来源，扩大收益空间。

供应商收款场景，采用"订单 e+ 回款通 + 票融 e+ 信融 e"支持多种方式组合付款，为供应商提供一站式"融资 + 结算"服务。该场景同步实现了现金、票据的精准管控，有效防控回款风险，并沉淀存款。

第二，下游用电企业，电费为刚性经营成本，企业资金流动性压力较大。当资金流动性不足时，需要低成本融资以缓解资金压力并降低财务成本；当资金流动性充足时，需要利用价格窗口以提升财务收益。民生银行结合下游企业不同电费结算方式，差异化匹配电 e 证、电 e 票、电 e 盈产品，为各省网公司电费统一收付以及资金集中管理提供了实现方式，有效提升了资金管理效率（如图 4 ）。

在企业端，实现用电企业业务线上化办理，各省网公司电费统一收付，资金集中管理，助力电力集团数字化转型及司库建设。在银行端，可提升闲置授信提用，增强客户黏性，拓展核心负债。

在用电企业预交电费场景，电 e 盈产品实现客户从预约开户到预缴电费、资金受控、资金增值以及扣收全流程一站式办理，不仅能够线上智能缴费，还能实现电费增值。

民生银行在供应链融资产品基础上，通过产品创新组合叠加资金收付结算、预付资金管控、资金增值、票据贴现等综合服务不仅提升了综合化收益，还通过金融服务促进了金融与产业链的深度绑定与融合，为推动产融结合发挥了重要作用。

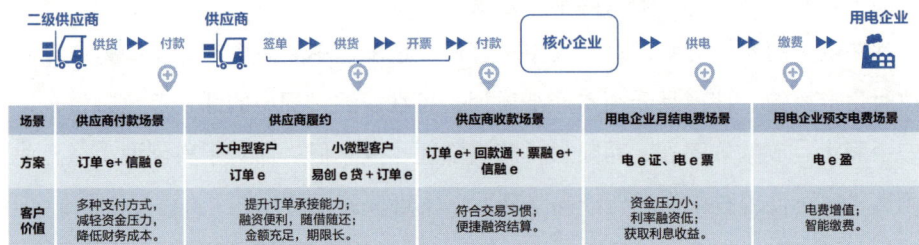

二级供应商	供货 ▶▶ 付款	供应商	签单 ▶▶ 供货 ▶▶ 开票 ▶▶ 付款	核心企业	▶▶ 供电 ▶▶ 缴费 ▶▶	用电企业

场景	供应商付款场景	供应商履约		供应商收款场景	用电企业月结电费场景	用电企业预交电费场景
		大中型客户	小微型客户			
方案	订单 e+ 信融 e	订单 e	易创 e 贷＋订单 e	订单 e+ 回款通 + 票融 e+ 信融 e	电 e 证、电 e 票	电 e 盈
客户价值	多种支付方式，减轻资金压力，降低财务成本。	提升订单承接能力；融资便利，随借随还；金额充足，期限长。		符合交易习惯；便捷融资结算。	资金压力小；利率融资低；获取利息收益。	电费增值；智能缴费。

图 4 民生银行电力行业综合金融服务方案

（2）产融结合，助力产业链"链长"企业拓展服务

民生银行围绕助力央国企成为产业发展的引领者和现代产业链"链长"的目标，以供应链为纽带，与央国企等核心企业共同搭建供应链金融服务平台，为链上企业提供优质高效服务。

以电器装备制造行业核心企业 A 集团为例，在国资委政策要求下，A 集团加速推进数字化转型和司库体系建设，提升经营管理效率。尤其是在供应链领域，为稳定产业链上下游合作生态，着手重构"供应商门户"和"电子采购招标平台"，并根据行业特征积极进行供应链管理，拓展供应链金融服务。在此背景下，A 集团衍生出了许多新的金融需求，例如，在招标场景，集团投标保证金分账管理、到账通知、流水自动匹配、自动退款、自动对账以及相关的服务费、会员费等资金管理方面的需求旺盛；在采购场景，为达到强化供应商管理和降本增效的目标，集团需将融资产品、交易资金监管、智能账簿、支付结算等多款服务嵌入采购流程，提升一体化、综合性服务水平；在供应商管理场景，集团期望通过银企合作，完善供应商考核体系，强化供应链风险管理能力。

为此，民生银行定制化打造"招投标管理＋订单融资＋结算"的多产品组合式综合服务方案，实现了对核心企业 A 集团及链上客户的一体化供应链金融服务（如图 5）。

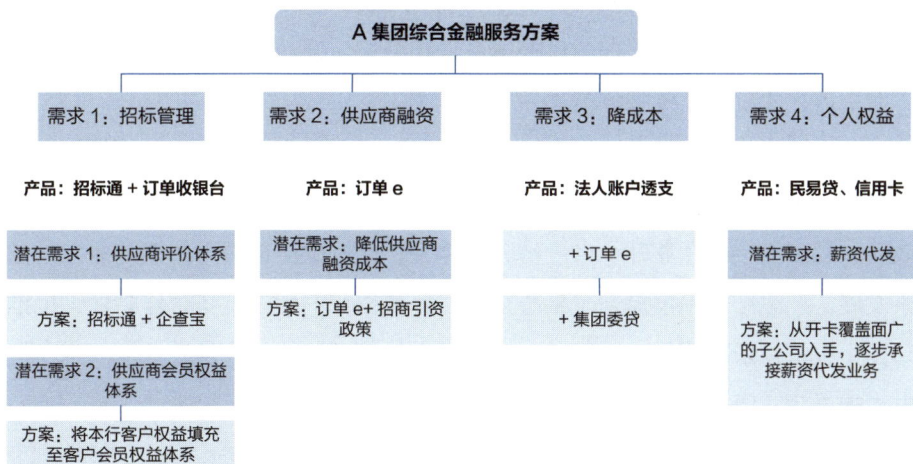

图 5　民生银行 A 集团综合金融服务方案

一是围绕核心企业招采场景，助力提升数字化招采能力。民生银行"招标通"产品为核心企业搭建了招投标账簿管理体系，实现投标保证金金额校验、批量化退回等智能化管理。针对上游供应商服务费、会员费收款等业务场景，运用订单收银台产品，嵌入物资采购平台，提供集线上多渠道收款、自动匹配会员到账流水、智能化对账等一体化资金结算服务，助力打造企业级、多维度、灵活化的投标保证金管理、线上化收付结算高效管理体系。

二是围绕链上企业提供融资等多元化服务。民生银行基于开放银行能力，通过系统对接与核心企业搭建供应链金融服务平台，借助上下游供应链交易数据与服务支撑，共同对链上企业特别是中小企业在生产、流通、交易等环节提供金融服务。以上游采购场景为例，通过"订单e"产品为供应商提供融资服务，并基于核心企业推荐的优质供应商，从下单、收货、验收、结算各节点获取相关交易数据、合同履约数据等，在此基础上延伸金融服务，满足链上企业灵活用款需求，提供有效资金管理方案。

三是针对上游供应商管理体系，引入银行级风控能力。基于核心企业数据资源与民生银行风控经验，充分利用企业司库信息系统等互联互通的数据集，借助智能化信息技术深度挖掘数据价值，并配合政府、第三方机构等数据，推进产业链信用模型建设。一方面，助力核心企业对供应商和客户债权债务等关键信息的统一管理，建立风险智能预警管理体系，严格供应商资信审查、信用评级和准入管理，监测供应商和客户信用状态变化；另一方面，基于供应链数据积累，促进银行信用管理与风控体系迭代升级，推动建立更加符合供应链客户融资需求的新型融资服务模式。

民生银行通过产融深度结合，为"链长"企业强化供应链管理提供多场景下多产品组合式综合金融服务，有效支撑了核心企业数字化、智能化平台发挥效能，并赋能核心企业升维供应链管理体系，促进供应链信用体系的建立与健康发展。产融结合不仅提升了核心企业对民生银行的信任度与合作黏性，也推动民生银行在未来将借助"链长"企业供应链资源优势，为供应链参与主体提供更加灵活、便捷的一站式综合金融服务。

（二）技术方案

为强化数技赋能，推动产融发展实践，民生银行在技术架构上搭建了共享中台、场景服务、生态融合三层体系，为推动建立行业生态圈、推进产融结合提供技术底座（如图6）。

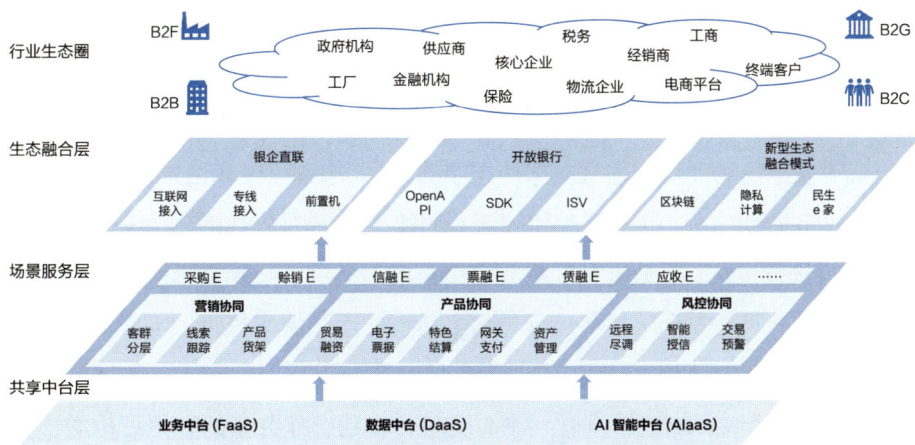

图6 民生银行产融结合技术架构

1. 共享中台层

聚合全行业务中台、数据中台及AI智能中台能力，构建数字化供应链金融的"组件工厂"和"智慧大脑"。一方面，构建场景化中台服务，推动业务场景快速拓展。通过中台的提炼和沉淀，形成一批标准化、可复用的涉及营销、风险、支付、存款、融资等领域的金融组件，升级全链条产品开发模式，实现更为敏捷的敏捷开发与交付，快速满足市场端灵活多变的金融诉求。另一方面，数字化转型推动业务与数据有机融合，依托大数据、云计算、量子计算等前沿技术的发展，数据形态趋于"结构化"，数据特征趋于"标签化"，数据决策趋于"模型化"，海量数据正被逐渐应用到各个业务节点，通过中台能力，可反哺业务价值提升，"数据即服务"生态日趋成熟。

2. 场景服务层

立足"小前台、大中台、强后台"的架构原则，依托自主研发的Tesla框架，打造一体化综合服务平台。结合"中台战略""微服务""容器和编排"等的业界领先思想，对服务按业务领域拆分，对业务进行组件化封装，使平台具备快速组装产品服务的能力，助力产品快速创新、快速交付。同时，将营销、产品、风控向"场景视角"转变，提供适配产业生态的"一体化"金融和非金融综合解决方案。

3. 生态融合层

在场景对接中利用银企直连、生态银行等标准解决方案，实现银行、平台及客户的深度绑定。以场景接口对接为例，借助自主知识产权的 Tesla-gateway 实现多项功能。一是统一接入，搭建 API 网关集群，支撑整个平台高性能、高并发、高可靠访问，且支撑接入端的负载均衡能力；二是统一协议适配，对 http、https、socket 等通信协议进行对接，对 json、xml、webservice 等报文协议进行适配；三是流量管控与容错，对服务进行限流、降级、熔断等采取保护措施；四是安全防护，进行黑白名单、安全加解密校验。以服务嵌入为例，打造共享 API 服务模式，实现生态链条企业无感深度嵌入。与核心企业 ERP、CRM 系统实现信息实时共享与交互，构建合作共赢的客户评价与准入体系。不仅通过保持客户操作习惯降低客户转化成本，还能呼应精准靶向营销策略，提升客户体验。在客户身份认证环节，率先与 CFCA 等 CA 机构合作，构建电子身份互认模式，非本行客户通过对接 CFCA 体系可实现数字身份的互认，拓展了获客渠道，有效提升客户转化率。

此外，中小企业数字化转型受限于技术、资金等的大量投入，主要依赖外部力量开展数字化经营。民生银行在拓展综合金融服务中，非金融服务技术方案也逐步成熟，对推动产融结合发挥了关键作用。通过选择客户覆盖面广且普适性高的通用 SaaS 作为服务底座，并根据重点客群特征，引入部分特色化 SaaS，满足客户不同经营属性企业对数字化转型的需求，构建了一站式企业数字化经营管理服务平台——"民生 e 家"。平台以金融级安全、极简化操作、超流畅体验为支撑，配套数字化权益，为客户提供综合化、一站式金融与非金融服务，赋能中小企业数字化转型，并通过平台沉淀各类数据，为深度推进产融结合提供助力。

三、建设与实施

民生银行结合市场需求，通过创新敏捷机制，确定目标并制订完善的产融结合创新项目规划方案，分阶段实施。

第一阶段：夯实数字化基础能力。搭建客户视角的标准数字化业务流程与全流程场景化智能风控体系，实现客户营销触达、授信申请、账户开立、融资提款等全流程的线上化作业。同时，匹配数字化工具，对客户业务办理全流程监测与全生命周期跟踪分析，及时解决客户诉求，全面提升客户体验。立足于业务场景与客户类别，运用数据分析、智能技术，抽象和标准化指标、规则、模型能力，形成风控模型体系底层，并结合流程体系、监测体系和制度体系，构建从贷前决策、贷中放款、贷后管理一体化的数智化风控基座。

第二阶段：扩展"融资 + 结算"产品组合服务模式。推进融资、结算一体化产品组合创新，以供应链融资为纽带，将场景结算服务嵌入企业日常招采、销售等交易流程，为核心企业及上下游客户提供综合服务方案。例如，通过深度嵌入企业经营场景，从三方面制订并实施了客户二次开发方案，全面提升黏客、提客、固客能力。一是精准客群画像。根据行业特征，以个性化特征指标构建客群画像，精准识别客户潜在金融需求；二是匹配产品包。综合民生银行基础客户开发产品包，选择符合供应链客群在结算、权益、信贷等方面需求的产品和服务，匹配至供应链客群；三是制订并实施开发方案。围绕供应链融资产品项下的基础客群，形成聚焦银承结算和中小信贷为核心的二次开发方案，包括向客户推荐民生银行业财直通车、票据管家、财资云等基于客户交易场景的轻量级产品，提高客户交易频次。

第三阶段：以供应链全面综合化金融服务推动产融结合，生态共建。通过数据和技术双向赋能，推动产品和服务持续升级，并深入行业特征，聚焦供应链主体金融和非金融需求，与核心企业系统互信互通，打破产品边界，共建服务平台，为供应链上企业提供定制化、便捷化的金融服务，打造行业化产融结合方案，推动生态共建。

四、技术创新点

（一）开放银行兼容企业数字化水平差异性

核心企业和链上企业差异化的数字化水平衍生出的金融需求各不相同。为满足不同企业诉求，民生银行利用开放银行进行兼容，打造了场景化的服务模式。以融入场景的方式，借助技术手段与核心企业、链上客户进行数据等信息交互，例如，在数据增信模式下，通过系统直连、网银传输、邮件传输对接不同数字化水平企业数据交互，提升业务办理和风险管控效率。

（二）隐私计算实现生态场景多维数据交互

为解决项目对接过程中数据资源保护和开放之间的矛盾，民生银行依托 AI 中台服务能力，集成隐私计算等新技术，解决企业数据协同计算过程中的数据安全和隐私保护问题，实现数据可用不可见，达到多方协同释放数据要素价值的目标。

（三）RPA 技术赋能多维数据获取

在企业明确授权的情况下，利用 RPA 技术，通过线上化、自动化、系统化、批量化方式实现多维度企业数据的采集收集、数据清洗、加工整合、运算分析，对企业数据反映的经营情况进行客观展示。在供应链场景，通过 RPA 技术可实现税票等多维数据的获取，并应用于贷前、贷后等风控场景；企业信用报告数据可通过 WEB 端或 API 的形式进行查询，支持银行对企业全方位信用状况的评估。

（四）OCR+NLP 等技术组合强化银企资源交互

通过 OCR+NLP 的 AI 技术组合，对以图片形式传输的数据，构建精准图像识别、智能语义修复以及自动辅助填写的处理模式。在实际应用中，为贷前调查报告智能填写等各类业务场景提供一站式解决方案，减少客户和一线客户经理业务办理时手动录入的烦琐手续，达到降本增效的效果，同时提升用户体验，促进银企资源交互。

（五）图谱技术实现供应链场景反欺诈监测

在供应链场景风险策略方面，充分结合行业特征，融合多维数据，借助反欺诈图谱技术，结合图数据库和知识图谱，以建模和分析欺诈行为、关联实体和事件为手段，将实体关系建模、知识表示和语义化、实时数据更新、多元数据整合、可视化和交互等技术创新融合到反欺诈知识图谱中，更精准理解、组织和利用反欺诈领域信息，实现全面、智能、实时的供应链场景特色化反欺诈分析和决策。

五、应用与成效

（一）场景持续扩容

民生银行产融结合聚焦多行业、多场景，快速创新孵化新产品，在现有供应链产品体系下，持续迭代优化数据增信类产品，并引入信用证、保函等多种业务类型，实现场景扩容，打造新的业务增长点。截至2023年年末，供应链中小微客户遍及全国26个省份，服务核心企业2000余家，链上小微客户近20000户，涵盖电力、汽车、白酒、3C、工程机械等诸多关乎国计民生的行业和领域，实现了数字化转型赋能供应链金融创新升级，供应链金融推动产融结合走向生态共建的良好格局，切实有效服务实体经济发展。

（二）银企共同成长

产融结合实施方案推动下，民生银行"以我为主"的风控理念逐步转变为与核心企业开展"模型共建"，通过数据资源交互和价值挖掘，双方共建风控模型，打造更加符合特定行业供应链客户融资需求的产品和服务模式，与企业互为客户，共同成长。尤其是对于数字化程度较高的大型企业，深度融入企业管理与交易环节，依托数据分析、交易跟踪，优化金融服务流程，不仅可以提升企业资金运营管理效率，还能依托智能技术运用，打造银企融合线上化、自动化、智能化"无感供应链金融"服务模式，实现银企共同成长。

六、项目展望

产融结合有效发挥了金融资源和产业资本在企业财务管理、生产运营、供应链安全稳定发展等方面的协同效应，提高了资金利用效率，实现了金融资源统筹协调。民生银行创新供应链金融服务模式降低了企业融资成本，增强了供应链参与主体的产业链黏性，助力产业链供应链稳定发展，为高效服务实体经济发挥了重要作用。因此，以供应链金融推动产融结合走向生态共建，是数字经济时代供应链金融发展的内在要求和必然趋势。未来民生银行也将进一步加大产品和服务创新力度，全面提升综合金融服务能力，更好发挥银企双方科技、数据等资源的更大价值，从更多方面促进产融结合。

（一）完善产融服务体系

一是深入研究企业数字化转型、产业发展、司库建设等方面的新型金融需求，形成引领性的产融结合发展规划，并推动落地实施；二是进一步整合现有产品形成更具品牌化、系统化的金融产品体系，针对不同行业资金管理模式和金融需求，加强产品迭代创新；三是投入专项资源，加强与企业共建数字化信息系统和平台，将数据等资源充分融合交互，以客户为中心进行金融创新，打造嵌入式服务体系。

（二）适配企业资金管理模式变化

打造差异化产融结合方案，适应企业数字化转型、司库建设等举措落地实施带来的变化。对于央国企的存贷款、债券发行等金融业务更加趋向于总部，数据积累则更多集中于企业科技平台。对于链上企业，不仅要回答数字化转型问题，还要提升财务管理能力，应对市场变化。民生银行要根据不同行业和企业数字化水平、司库建设进度、资金管理范式制定差异化产融结合方案，并以供应链金融为切入点，细分行业企业，分析不同特征下的业务布局、现金流特点，强化综合金融服务的灵活性，形成标准化的专项服务方案。

（三）健全数据资产体系

产融结合推动着银企之间逐步形成"数据—业务—数据"的畅通链路，提升了经营管理、营销决策能力。一方面，民生银行要进一步加强与企业之间的数据交互共享，赋能业务发展。例如，基于银企数据交互实现更加轻量化的精准风控；运用企业数据穿透式分析企业关联关系，实现精准营销和批量获客；通过技术赋能，自动分析企业日常经营数据，实现实时监测和督导。另一方面，当前，从数据流通、交易到数据市场的生态培育和创新应用，已形成较为清晰的发展路径。民生银行要在供应链场景下依托数据资源，快速探索贸易真实性验证手段，健全供应链数据资产体系，赋能链上主体业务发展，促进产融结合。

交通银行股份有限公司

数字金融服务外贸新业态合作案例

一、引言

在全社会数字化转型浪潮迭起的背景下，银行业正在积极把握由数字经济引发的科技革命和产业变革新机遇，加速打开金融服务"向外延伸"的通道，躬身入局全社会数字化进程，通过合作共建，打造无界融合、良性互动、优势互补的经营生态圈，推动社会各方共同发展，助力实体经济效率提升。中国银行业对开放银行建设也日益重视，人民银行在金融科技发展规划中已明确将"开放共赢"作为金融科技发展的四大原则之一，要求金融机构"推动金融与民生服务系统互联互通，将金融服务无缝融入实体经济各领域，打破服务门槛和壁垒，拓宽生态边界，形成特色鲜明、布局合理、包容开放、互利共赢的发展格局"。

聚焦跨境场景，新业态新模式已成为我国外贸发展的有生力量，大力推动外贸稳规模、优结构成为国际贸易发展的重要趋势。一是政策利好持续释放。《关于加快发展外贸新业态新模式的意见》（国办发〔2021〕24号）、《关于支持外贸新业态跨境人民币结算的通知》（银发〔2022〕139号）等政策相继出台，中央经济工作会议明确提出要加快培育外贸新动能，强调"拓展中间品贸易、服务贸易、数字贸易、跨境电商出口"。165个跨境电商综合试验区、超过2000个海外仓、39个市场采购贸易试点、22个自贸试验区、156个综合保税区等陆续获批或设立。经营主体不断涌现，近5000家跨境电商企业、超过2000家外贸综合服务企业、超过1700家海外仓企业相继成立，为新业态发展提供了良好的环境。二是外贸规模不断增长。海关总署数据显示，2023年，我国进出口总值41.76万亿元，同比增长0.2%。其中，跨境电商进出口总额2.38万亿元，增长15.6%。我国有进出口记录的外贸经营主体首次突破60万家。跨境场景发展潜力巨大，新业态占比稳步提升。

基于外贸新业态蓬勃发展态势，结合新业态新模式"小额、高频、线上化"的交易特征，交通银行全面升级数字金融服务外贸新业态场景内外部生态的能力，构建高质量金融＋场景服务闭环，实现交行金融服务、数字技术和实体经济深度融合，助力外贸中小微商户经济发展。运用数字化手段促进业技双向融合，开展产品创新运用，构建外综服、跨境电商、市场采购三套综合服务方案，进一步优化数字化经营模式，激发产品创新，挖掘出超越传统业务的价值潜力，赋能外贸新业态发展。

二、项目方案

（一）业务方案

1. 服务对象

开放银行外贸新业态场景建设项目服务对象广泛，包括各类新业态参与主体，主要对象包括。

（1）直接服务对象：开展跨境电商收付款的境内持牌支付机构、外贸综合服务平台型企业、市场采购贸易试点市场以及数字化诉求较强的大中型贸易企业。

（2）间接客户：通过与前述机构的合作，将新业态数字金融服务覆盖至跨境电商境内卖家、外综服平台上中小企业、市场采购贸易试点市场注册商户等。

2. 解决痛点

传统模式下银行通常围绕合同／报关单等纸质单据处理为外贸企业提供国际结算等金融服务，存在流程长、时效慢、收费高等问题，也较难满足新业态场景线上化交易的需求。

交通银行围绕传统模式下外贸国际结算等一系列问题，整合跨境汇款、结售汇、监管申报、账户服务、电子回单等产品，为跨境电商、外综服、市场采购领域客户等行业客户提供可定制的综合金融服务，实现了线上化、数字化的跨境资金收付服务，有效提升业务效率，进一步促进外贸新业态新模式健康持续创新发展。

例如，在外综服场景中，海外采购商付款后，传统模式下委托企业需要与外综服沟通并了解该笔款项是否已收妥，外综服企业则需要频繁登录企业网银查看资金到账情况，如发现多笔金额一致的收汇，还需要根据付款人及合同信息，完成该笔收汇与委托企业订单的一一匹配，单笔收结汇通常需要 1 天以上；在跨境电商场景中，传统模式下境内卖家需要使用当地账户进行收款，由于缺少一般贸易所需的报关单等材料，来自境外跨境电商平台的提现款项可能需要经其他通道才能汇入国内，汇款安全及时效难以保证，显著增加了中小外贸企业经营风险。

3. 实施方案

交通银行基于开放银行平台打造全流程、线上化、场景化的外贸新业态综合数字金融解决方案，通过开放银行等创新金融服务模式，提升外贸新业态经营效率，促进跨境贸易行业的数字化转型升级，为产业发展注入新的动能。一是以满足短平快的跨境资金收付需求为切入点，基于自身强大的跨境金融服务能力，整合跨境汇款、结售汇、监管申报、账户服务、电子回单等产品，为行业客户提供可定制的综合金融服务，降低客户资金管理成本，提升行业运营效率。二是基于交通银行新一代开放银行平台，实现安全、灵活、高效的系统对接，将数字金融服务延伸至平台上的中小客户，包括跨境电商国内卖家、市场采购贸易商户、制造型 / 贸易型中小企业等，以点带面触达生态场景内的海量小微企业和个人客户，拓展金融服务触达半径和辐射范围，切实提升金融普惠性。

以下为针对 3 类外贸新业态场景诉求的开放银行解决方案。

（1）跨境电商。通过开放银行 Open API 对接境内支付机构系统，交通银行在满足境内客户尽职调查、交易电子信息采集、真实性审核等要求的前提下，凭交易电子信息为境内支付机构跨境交易提供经常项下资金收付服务。目前交通银行跨境电商结算业务以人民币为结算货币，支持汇入和汇出，支持直接入账，并提供商户备案、账户服务、还原申报、真实性核验、风控筛查等全流程线上服务。通过与境内支付机构合作服务小微外贸商户办理跨境收汇，商户可实时追踪资金状态，业务办理的安全性和便利性都大幅提升。基于上述方案，交行已与 3 家境内持牌支付机构、1 家境外持牌支付机构落地合作（如图 1）。

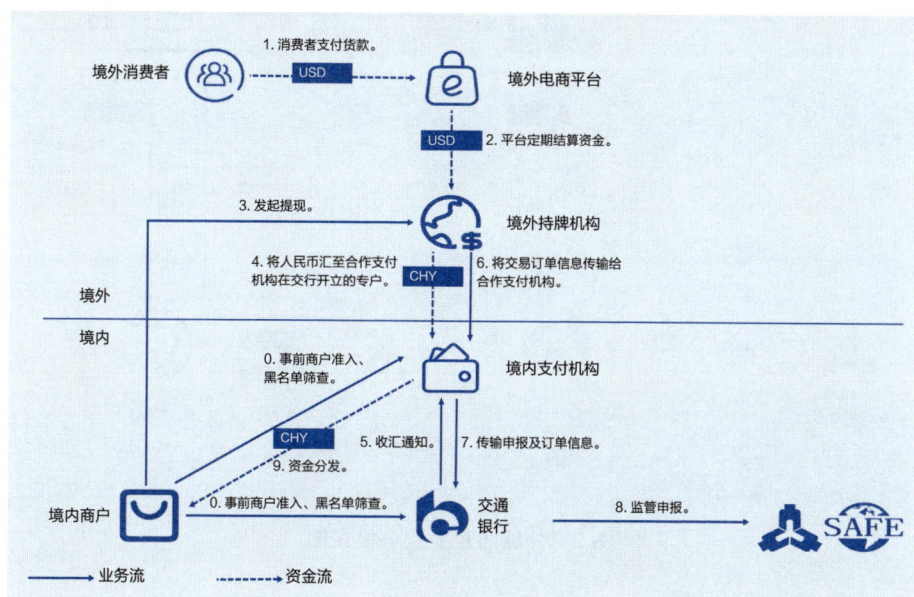

图 1　跨境电商业务模式图

（2）**外综服**。外综服企业通过开放银行 Open API 接收收汇通知、提交结汇申请，基于虚拟子账簿标识委托客户，实现外商来款自动识别，为外综服企业提供数字化供应链管理金融服务。开放银行外综服方案适用于具有较强数字化需求的外综服企业，具有以下优势：收汇主动推送，收款及时掌握；款项自动清分，避免款项错配；牌价动态刷新，控制汇率风险；回单实时下载，更及时更简便。通过与外综服企业系统对接、信息交互，支持企业在外综服平台完成收结汇及智能化款项清分等综合金融服务，有效提升资金效率与用户体验。目前已落地河北、浙江等地 4 家头部外贸综合服务企业（如图 2）。

（3）**市场采购**。交通银行通过开放银行 Open API 与市场采购贸易联网信息平台等对接，市场采购贸易市场主体只需在市场采购平台完成备案并在交通银行开户，即可通过市场采购贸易联网信息平台的手机小程序、H5 或 PC 端系统线上提交市场采购贸易联网自助收结汇业务申请，交行系统或人工处理后将处理结果及时反馈市场采购平台，并提供在线协议签署、账户订阅/解除、到款通知等相关服务。通过与市场采购平台直连，重点服务中小微外贸企业，

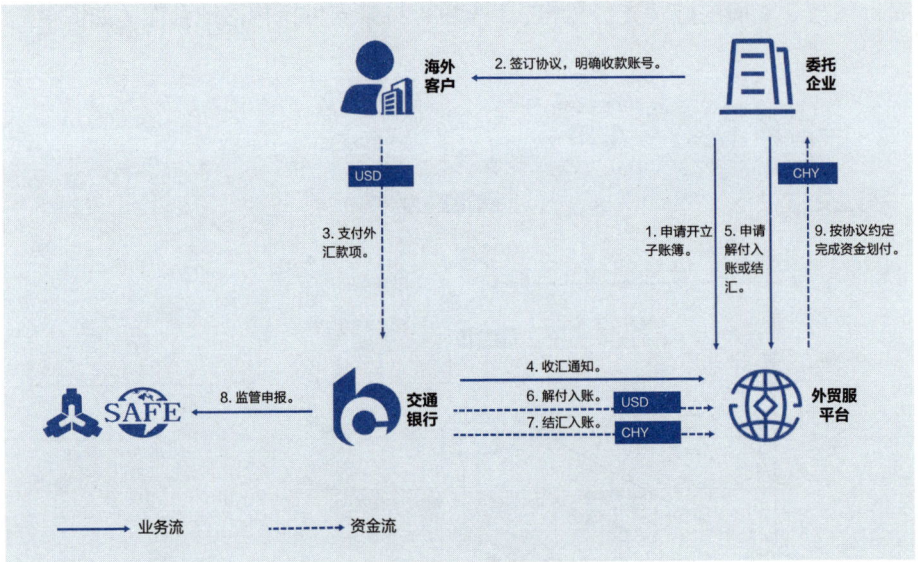

图 2　外综服企业业务模式图

实现市场采购贸易项下企业账户绑定、出口收汇、结汇等业务全线上办理，提升业务效率与便利化水平。目前已落地广东、浙江、江苏、山东、河北、湖北、新疆等地 15 个市场采购贸易试点市场（如图 3）。

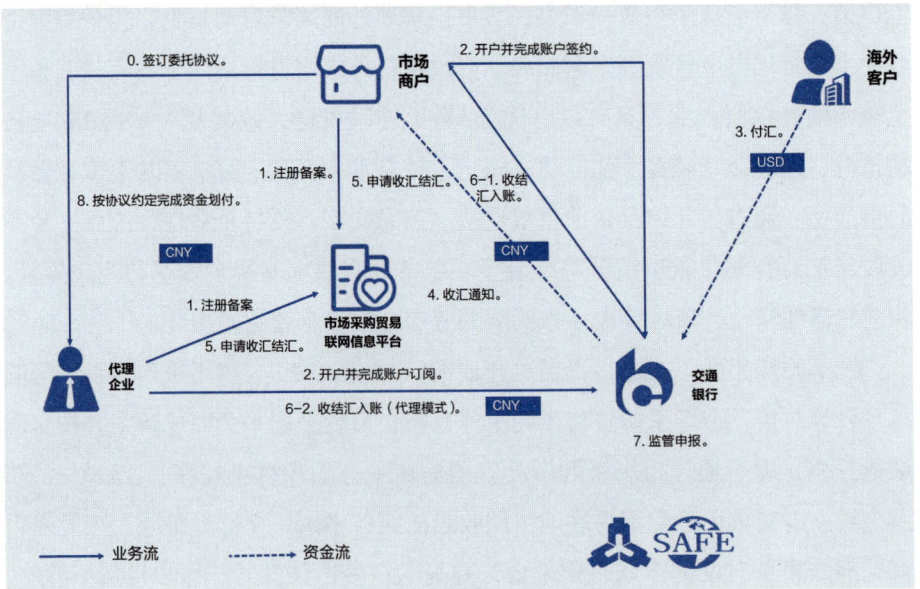

图 3　市场采购业务模式图

4.产品方案

交通银行已构建了覆盖账户服务、支付结算、国际业务、融资服务、投资服务、增值服务、金融科技的开放银行产品服务体系。围绕重点场景充分挖掘行内系统平台的对外服务能力,实现可配置化和组件化的产品服务能力,并面向重点领域打造跨条线产品应用方案。在跨境领域,实现跨境汇款、信用证、结售汇等国际业务基础产品全覆盖,支持货物贸易、服务贸易项下各类跨境金融交易场景,推出集跨境收付汇、结汇、信息通知、联动国际收支申报、业务查询等功能的外贸新业态跨境金融产品组合,实现跨境金融综合服务系统能力的统一管理、灵活组装、安全输出,并支持基于客户诉求提供定制化服务,满足交行服务外贸新业态领域客户诉求在内的各类开放银行合作诉求。

(二)技术方案

1.平台架构方案

外贸新业态服务方案依托交通银行开放银行平台对外提供服务,实现了产品服务、合作项目的全生命周期系统管理闭环,实现了"可溯源、可监控、可阻断"的管控。

交行开放银行平台包括开放银行门户网站、合作机构管理平台、开放银行服务治理平台、开放银行处理平台、运维监控一体化平台,平台架构如下。

开放银行门户网站。面向合作机构,提供交行开放银行介绍、重点场景解决方案、产品服务说明,并支持在线申请合作、技术指引及客服咨询等对外服务的线上平台。

开放银行合作机构管理平台。面向总分行管理人员,提供开放银行合作机构入驻、产品对接、应用上线、上线审批等功能的一体化平台。

开放银行治理平台。面向总分行技术开发人员,对接行内各业务系统,形成统一的接口治理规范,快速灵活输出行内产品。基于内外规范转换、数据安全设置、防攻击设置、接口编排等实现内部接口治理;通过合作商入驻管理、接口选择、联调测试及上线等过程完成外部接口治理。通过内、外部治理结合,实现了开放银行合作在产品接口维度的全生命周期可监控、可溯源、可阻断。

开放银行处理平台。面向开放银行生产调用，支持 OAuth2.0、前置机+UKEY、硬件加密机、协同签名、CFCA 场景证书等安全认证工具能力，满足不同的对接场景需要。搭建 SFTP 服务及文件上传服务，文件安全沙箱等功能组件，进一步满足与客户之间的大文件传输诉求，基于稳定、安全、可控的交易处理能力实现开放银行平台与后台业务系统之间流程串接，确保开放银行合作的系统运行稳定。

开放银行监控运维一体化平台。建立业技一体的 7×24 小时的开放银行系统监控机制，对接行内外监控预警系统，部署策略超万条，并利用智能化策略持续调优监控规则，提高监控预警的有效性，确保及时发现监控异常情况并第一时间处理，可支持资源监控、业务监控、安全监控、依赖监控以及终端监控五个维度的监控。

2. 技术架构方案

外贸新业态服务方案基于交行开放银行整体技术架构，为金融服务输出提供了多样化的对接模式和强大的安全防御能力支撑。

在对接模式方面，提供了 API、H5（动态、静态）、SDK 等多种对接模式，满足了合作伙伴各类业务场景的对接需求；在网络传输方面，支持公网、专线、VPN 等多种链路环境的访问接入；

在数据安全方面，支持国际、国密等各类主流算法标准；在密钥管理方面，既支持公私钥模式，也支持前置机 + 硬件 KYE 和加密机模式，达到金融机构对公业务级别的密钥管理合规要求；

在权限控制方面，建立标准 OAuth2.0 授权体系，实现从身份认证、访问授权到令牌管理的完整闭环；

在访问控制方面，使用"一次性令牌"技术降低访问令牌的风险敞口，提升令牌的安全性，使用"流程规则表结合会话请求栈"技术避免攻击者通过流程漏洞实施越权攻击行为。在上述安全领域，开放银行自主创新研发了一系列技术专利，其中《一种服务端对客户端请求合法性的判定实现方法》和《一种 H5 未登录用户会话跟踪方法》两项知识产权发明已获得国家知识产权局的专利授权。

在灾备多活方面，开放银行通过灾备多活的部署架构实现处理平台的高可用。公网流量可以按比例划分到多中心，极端情况下可以将流量整体切换至其他机房继续提供服务，公网流量在平台内经历 DMZ 区、核心反代 NGINX、微应用的过程，能使请求和返回数据的整个生命周期在单中心完成，从而避免了跨机房调用带来的问题；通过数据库 HA 及缓存高可用主备双集群部署架构，当某一集群异常下线后，通过实时刷新配置服务快速进行灾备切换，保证了数据安全。

此外，开放银行深度融合 AI 技术，全面提升服务对外开放过程中的智能监测能力、自动分析能力以及安全防护能力。AI 技术在开放银行中已广泛应用于 IT 资产管理、应用弱点探查、用户行为画像、全局视图构建、敏感数据跟踪、风险行为识别、安全事件监控等多个领域；达到了服务状态可监测、敏感数据可追溯、风险行为可阻断的安全等级，符合人民银行反诈、反洗钱等专项工作要求。

三、项目创新点及风险防范

（一）创新点

1. 运作模式方面

实现了线上化、数字化的跨境资金收付服务，具体体现在：每一笔境外收款均触发系统实时通知，资金变动实时掌握；客户在线完成收汇后可联动结汇，仅需补充必要材料，避免各种单据材料重复上传；基于子账簿实现款项自动匹配，减少外综服企业人工对账成本，降低错误率。以外综服场景为例，据行业机构不完全统计，与传统网银或柜面处理模式相比，收付汇效率由 1 天提升至 1~2 小时，制单效率由 3 小时 / 单提升至 20 分钟 / 单，运营效率由 5 单 / 人天提升至 20 单 / 人天，操作时间节约 60%，管理成本节约 30%。

2. 服务扩展方面

开放银行打破了传统银行的板块区隔，将交行各条线账户服务、支付结算、融资信贷等金融服务能力整合形成覆盖全场景、全链路的统一综合金融服务方案，提升金融服务可得性，为新业态数字金融服务提供了较好的扩展性，不仅银行国际业务板块常见服务可以做统一和标准的输出，公司、零售、营运等跨条线服务也可结合客户诉求整合输出，700 余项开放银行服务可自由组合、搭配输出，为新业态场景不断提供灵活完善的数字金融服务支撑。特别的，基于场景持续运营沉淀的中小企业外贸经营数据，未来还可为参与外贸的中小企业打造专属的场景融资产品，丰富服务种类，提供普惠金融服务。

3. 服务对象方面

作为构建国内国际双循环的重要支撑，外贸新业态具有典型的平台经济特点。新业态场景下，以大型贸易客户为主要服务对象的传统跨境金融服务，较难满足新业态主体小额、高频、电子化的需求，迫切需要商业银行提供场景化、数字化、综合化的跨境金融服务。通过开放银行整合产业链、资金链，解决企业生产、流通、经营等关键节点的难点问题，以点带面触达生态场景内的海量小微企业和个人客户，拓展金融服务触达半径和辐射范围，切实提升金融普惠性。有效降低了行业参与门槛，提升了行业运营效率，助力中国制造出海远航。

4. 安全管控方面

开放银行构建了统一的运营监控体系，提供机构、接口、业务等多维度、全方位监控跟踪，防止交易被监听、窃取或篡改。交行开放银行是行内服务的数字化输出统一出口之一，因此需要实现兼容各类场景的客户身份认证方式：覆盖针对直联机构的公私钥对和数字证书（交行及第三方 CFCA 等）认证，覆盖针对平台客户的短信动态码、人脸识别、OAuth2.0、网银跳转等认证，并应用加签 / 验签、加密 / 解密等数字技术，确保机构交易的安全、可控。

5. 其他方面

交通银行自建完整的开放银行对外服务体系，相关系统平台及解决方案均以自研为主，并已完成信创改造工作。积极构建金融标准化，促进金融业高质量发展，已连续三年获得《企业标准"领跑者"证书》，其中包括交通银行应用接口程序规范，不断为参与方提供更高标准的金融服务。

（二）风险点及对应措施

1. 业务风险

运营管理风险。包括第三方机构风险，比如，营销、交易欺诈等或存续期管理不到位等风险。

产品管理风险。比如，信贷、理财等产品在互联网平台展业的监管新规导致的合规性风险。

数据合规风险。包括数据收集、使用、传输、存储的合规风险。开放银行连接了诸多主体，风险点增多，任何一方数据保护存在薄弱环节，都有可能危及数据安全。

商誉风险。开放银行合作模式容易将第三方的经营、信用风险传导至银行端。比如，合作机构退出甚至倒闭带来的舆情，以及消费者投诉带来的声誉风险。

衍生风险。开放银行综合化的服务模式将业务链条拉长，以及通过第三方平台提供业务，可能存在借产品创新之名迂回逃避监管等问题。如不恰当使用银行数据和产品，可能存在借银行渠道实现非法目的，导致洗钱、资金空转套利等风险。

2. 技术风险

随着开放银行不断发展，API 访问环境越发开放、API 数量也在极速攀升，针对 API 的新型攻击手段频现，技术攻击的手段呈多样化、隐蔽化、场景化三个趋势。

第一是攻击手段多样化。攻击者会同时采用多种攻击方法，形成"地毯式轰炸攻击"模式。比如，注入攻击、内容篡改、参数篡改等。

第二是攻击途径隐蔽化。合法应用程序所使用的加密通道、端口和协议使拦截、筛选和分析可疑流量变得更加复杂。

第三是攻击场景自动化。通过自动化攻击工具和脚本，可以快速发现 API 漏洞，尝试多种攻击方式和参数组合。

3. 风控措施

（1）业务层面

在风险控制方面，建立了事前 + 事中 + 事后、业务 + 渠道、线上 + 线下、系统 + 人工的立体风控体系，实现全流程风控闭环。一是事前加强市场交易主体管理，合作机构与银行对商户进行双重 KYC 认证，通过联网核查、人行重点监控名单核查等方式，每日核验更新商户负面清单，持续落实管控要求。二是事中做好业务背景审查，按照完整性、可追溯性原则采集逐笔交易数据，系统自动实现业务范围及限额管控，通过系统监控及人工核查相结合的方式，对收汇业务的真实性、合理性进行合理审查，及时识别风险隐患。三是事后做好业务抽查工作，按商户维度自动生成报表，要求合作方就可疑信息提供真实合法的证明材料。

此外，按照央行及外管局要求，在跨境相关领域的业务开展过程中，均已落实前、中、后各环节交易真实性检验，包括机构客户的身份识别、洗钱风险评估、大额交易和可疑交易报告管理、涉制裁管理、反恐怖融资等评估审核事项。

（2）技术层面

在 API 的服务治理方面，基于市场需求和监管要求，制定符合监管标准、适应外部网络环境、可对外部访问安全开放的接口标准。

在网络安全防护方面，开放银行通过加强代码扫描，搭建 WAF 防火墙进行主动防御应对 SQL 脚本注入、XSS 脚本攻击。同时还通过购买运营商 DDOS 防护防止外部 DDOS 攻击。另外，开放银行采用多级 nginx 代理架构，在公网、内网、专线等不同环境的入口和出口处分别部署反向代理和正向代理服务器集群，设置代理服务器的流量管理规则，将原先应用架构关注的网络访问逻辑转移到网络架构中，实现对全网流量进行有序的分发和管理。

在通信安全方面，开放平台采用 tls1.2 协议链路加密并禁用 tls1.2 中的弱算法从而加固信息链路安全。

在应用安全方面，开放银行支持公私钥、数字证书、硬件 key、加密机等认证模式，签名算法则支持包含国际 RSA 算法和国密 SM2 算法。另外在第三方请求开放银行的 API 涉及账务类交易时，还需要上送终端硬件信息（包括 ip 和 mac 地址），采集到的信息将和 API 报文一起传到业务系统进行处理。

在数据安全方面，"安全算法"用于实现数据的完整性保护和机密性保护，涉及"数字签名""数字摘要""加解密"等安全处理环节。开放银行支持多种算法，合作方选择 RSA 或 SM2 任一算法均可完成签名 / 验签处理，选择 AES 或 SM4 进行数据加解密，选择 SHA256 或者 SM3 进行文件哈希计算。

4. 风控效果

通过人机结合的风险管控手段，实现了开放银行事前、事中、事后的全方面风险监测。系统层面日均监测 API 调用千万次，涵盖对开放银行的资产梳理、敏感字段监测、API 接口问题监测和攻击监测。通过对脆弱性分析报告的解析，不断优化发现的问题，比如，数据暴露类、身份认证类、数据权限类、安全规范类等。上线风险监测模型，实现了对相同 MAC 地址申请开户、夜间凌晨频繁开销户、同号频繁开户等异常行为的动态监测。

合作层面，在项目上线前强化尽职调查，对业务方案严格评估，合作期内严格落实存续期检查工作，对于符合暂停或终止情形的合作项目及时采取风险处置措施，及时识别、预警、控制、化解了合作机构的潜在风险。

四、技术实现特点

开放银行合作主要通过应用程序接口技术实现。在本项目中，交通银行通过应用程序接口将各类外贸新业态相关金融产品服务进行治理、组合，并向各类合作机构平台对接输出，实现金融服务无缝、有感融入外贸新业态各类业务流程的目标。下以主要的应用程序接口 API 为例，描述技术实践的具体内容。

API 设计原则。遵循六项原则，即规范统一原则：各应用系统定义接口时，对外返回状态必须遵循 SOA 或微应用平台的返回状态规范。安全管控原则：API 设计时对网络安全、链路安全、数据安全、应用安全等方面进行综合考虑。接口管理原则：避免复用内部接口进行对外输出。交易一致性原则：后台产品系统在设计开放接口业务逻辑的时候，充分考虑防重复提交，用户对于同一操作发起的一次请求或者多次请求结果是一致的，不会因为多次点击而产生副作用。最小输出原则：对外输出数据能够满足业务场景的需求即可，不要对外输出不必要的数据，防止带来数据安全的问题。隐私保护原则：与第三方数据交互时对敏感数据进行脱敏。

API 动态可伸缩性。可应对在特定场景下激增的流量变化，并且保持平台性能不会下降或出现系统崩溃。API 的可伸缩性主要从三方面考虑：架构、性能、存储。从架构上看，先通过容器化改造和微服务改造使得应用可以支持快速横向扩展，然后通过多活架构使得应用支持快速故障切换。从接口性能设计上看，为避免接口耗时过长导致 API 网关连接池使用紧张，要求耗时多的接口需要进行接口异步化改造；同时为了减少异常接口对 API 网关的影响，对异常接口会有熔断降级机制。从存储上看，为避免数据存储成为 API 弹性扩展的瓶颈，将 API 网关的同步存储方式转为异步消息推送机制；同时尽量采用多级缓存来提供应用的访问效率。

API 监控报告。开放银行在 API 监控标准上面做到可溯源、可监测、可阻断。监控运维平台从 JVM，CPU，容器，内存，线程池，进程，网关，文件系统，网络，硬件错误维度进行资源监控。业务层面，将交易平均耗时，交易成功率，交易总量，失败交易总量作为合作方 APP 应用的运行状态进行监控。安全层面，开放银行则是从防护维度、权限维度、数据维度进行监控。

API 服务治理。开放银行的服务治理是无代码开发全视图页面操作的平台，总行或分行产品开发人员在行内内部发布服务后，再通过开放银行的服务治理平台进行二次治理发布，然后经过三岗审批通过后完成接口发布，再通过测试环境一系列测试联调通过之后，最终允许生产环境交易访问。

五、项目运营情况及项目过程管理

本项目是交通银行贯彻落实《"十四五"数字经济发展规划》《关于推进对外贸易创新发展的实施意见》《关于加快发展外贸新业态新模式的意见》等一系列指示要求，进一步加大交行对数字贸易与外贸新业态支持力度的重要实践。

一是促进金融更好地服务实体经济。通过开放银行外贸新业态场景建设项目打造贸易金融特色，灵活运用结算、融资、担保、资金管理等产品打造外贸新业态外综服、跨境电商、市场采购等综合金融服务方案，深度嵌入外贸新业态新模式客群采购、制造、销售、运输、售后各节点，打造服务实体经济的新引擎。

二是借助数字化手段促进外贸新业态发展。培育参与国际经济合作和竞争新优势，为具有真实交易背景的外贸企业提供便利化金融服务，实现了线上化、数字化的跨境资金收付服务，在境外收款、联动结汇、交易结算等环节均实现了线上化，有效提升业务效率，助力打造服务实体经济新引擎，进一步促进外贸新业态新模式健康持续创新发展。

三是形成完善的跨条线协同管理和推进机制。业务层面，建立完善的外贸新业态项目准入、评估、执行和存续期管理流程，联合多部门成立专项团队，具体项目均完成项目目标。平台系统层面，交行将新一代开放银行项目纳入数字化转型重点项目，至 2023 年年底已完成体系建设、生态圈和智慧化建设等立项目标。

六、项目成效

（一）经济效益分析

依托外贸新业态综合数字金融服务平台，目前交行已落地新业态项目 24 个，涉及 4 家持牌支付机构、4 家头部外贸综合服务企业（河北／浙江）、15 个市场采购贸易试点市场（广东／浙江／江苏／山东／河北／湖北／新疆等）。自上线以来，截至 2024 年 6 月末，已累计服务外贸中小微商户近 80 万户，当年累计办理外贸新业态项下跨境结算超 400 亿元。推出的外贸新业态数字化综合金融服务方案解决了小微商户小额高频收汇难题，降低中小外贸企业的成本，壮大外贸企业主体，对促进我国外贸转型升级具有积极意义。

（二）社会效益分析

在场景细分方面，随着行业发展不断成熟，外贸新业态、新模式各方面持续创新，不断涌现新理念、新产品、新技术、新模式，业务专业化、精细化、多样化水平不断提升。跨境电商业态更趋丰富，仓、运、配物流全产业链覆盖领域持续扩大。海外仓企业更加侧重"库内精细化管理"，市场采购贸易体制机制创新不断向专业市场小商品出口领域延伸。保税维修业务范围进一步扩展，包含航空器内燃引擎、飞机用起落架、无人机、B 型超声波诊断仪等高技术仪器维修。离岸贸易深度对接国际高标准贸易规则要求，新型离岸国际贸易客户分类更加精准，贸易产业链上下游渠道不断拓展。此种趋势下，交行对外贸新业态的支持也需要做到更专业化和深入化。

在技术和模式创新层面，外贸行业效率的提升、服务体验的优化、监管模式的创新，具有显著的数字化特征和平台经济特点。因此，该场景中的跨境金融服务必将以数字化的方式呈现，为场景参与方提供支撑。本项目聚焦跨境电商、外综服、市场采购三个细分场景，紧密围绕收款难、时效慢、操作繁等痛点，提炼客户共性需求，依托开放银行渠道系统，建设形成了相对标准且极具扩展性的场景应用方案，落地了数个标杆案例，为助力中国制造出海贡献交行力量。

在支持人民币国际化方面，随着中国企业"走出去"和外国企业进入中国市场，人民币在国际贸易中的规模逐渐提升。服务外贸小微企业"品牌出海"，有助于降低汇率风险，便利货物贸易、服务贸易及各类贸易新业态场景下跨境人民币结算，进一步推进人民币国际化进程，对提升中国的国际地位和影响力具有重大意义。

七、项目总结

跨境场景需求通常灵活多变，不同类型的新业态平台目标客群、业务流程、交互方式千差万别，金融需求的种类范围、对接方式各有侧重。因此，开放银行不仅要做服务输出渠道，更重要的是推动行内业务功能、系统服务的标准化、组件化，以满足多样化的场景需求，实现金融服务的数字化再造。

一是以客户为中心不断构建场景解决方案。随着交行开放银行建设的持续深化，交通银行现已基本建成一套相对成熟的场景建设方法论，在外贸新业态场景的建设成果也在其他民生重点领域、实体经济领域延续。交行将持续秉承"将优质金融产品服务嵌入生产经营、生活消费、政务治理等各类企事业经营场景，通过场景向终端客户提供触手可及的金融服务"的开放合作理念，持续推动开放银行场景建设，以数字金融为"底座"，推动交行金融服务、数字技术和实体经济深度融合，助力做好普惠金融大文章。

二是不断加强顶层设计，夯实发展。强化系统性的金融场景建设和应用思维。进一步发挥开放银行跨业务板块和业技一体的特点，优化管理流程、业务理念和运营推广模式，通过完善制度体系、基础设施、组织保障和风险管理等顶层设计加强全行互联互通，进一步打破传统竖井模式的产品架构，运用跨部门跨系统思维，提升综合性产品规划及设计能力，打造开放银行统一的综合化服务方案，实现信息资源共享、合作方案共建、权益资源共用，释放金融服务更大的价值。

三是不断丰富外部场景生态，赋能数字化转型。不断通过开放银行拓展金融服务对外延伸的"毛细血管"，基于开放共赢理念满足不同类型客群的个性化需求，为业务收入、获客等指标提供增长点，把握互联网平台等数字经济主体规范发展契机，联合打造覆盖账户、支付、结算、融资于一体的综合金融场景，降低平台各类参与方的经营成本。

中国邮政储蓄银行

数据驱动构建"脱核"产业金融新模式

一、引言

小微企业作为国民经济的重要支柱，贡献了全国 80% 的就业、60% 以上的 GDP 和 50% 以上的税收。后疫情时期，优化产业链生态、通过科技创新解决链上小微资金困境，成为扶持小微企业的重要解决策略。为积极响应国家产业链、供应链金融服务创新政策，中国邮政储蓄银行为应对"去核心化"新趋势，对接各大行业核心企业、产业链平台 ERP 系统，利用大数据技术，形成上游、下游、平台三大场景的小微企业产业链贷款智能风控解决方案，创新打造去核心化、场景化、线上化、自动审批的产业链模式信贷产品，推动"链"接百城产业链项目展业。

当前主流的产业链金融模式是从"1+N"中的核心企业出发，金融机构对核心企业的资质进行评估，以此作为整条供应链中上下游小微企业的信用背书。但该模式主要难点是需要核心企业配合确权承担额外操作和承诺成本，或者要求核心企业提供担保占用其自身授信额度。越优质的核心企业对上述要求的配合意愿越低。因此，随着技术的进步和市场机制的健全，"去核心化"将是供应链金融未来的着力点和新趋势，核心企业的角色由信用背书和还款来源，逐渐转变为信息流和数据流的提供者（如图 1）。

本项目以产业链链上小微企业为目标客群，着力解决传统产业链模式对核心企业偿付能力及授信额度的强依赖关系，通过基于产业链特色场景的交易信息、税务信息、发票信息、征信信息、工商信息、司法信息、结算信息等多维度数据，设计一整套可独立评估产业链小微企业信用风险状况的风控模型。

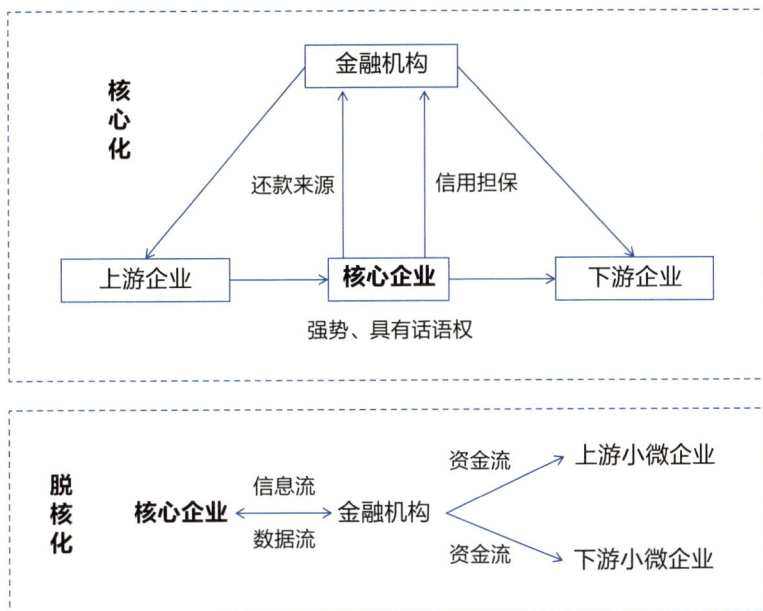

图 1 "核心化"与"脱核化"产业链金融

二、项目方案

（一）组织架构

该产品模式由中国邮政储蓄银行总行业务部门负责产品创新方案的编写起草，包括行业调研、产品评估、产品运行逻辑设计、产品风控方案设计、产品运用及培训等，对在全国各地申报的产业链项目组成派驻团队一对一全流程服务对接落地；总行科技部门负责对接业务需求，负责程序开发、测试上线、系统运维等，保障产品项目落地。

各省一级分行业务部门主要负责营销对接产业场景的核心企业、产业互联网平台等合作机构，开展风险评估和调查，做好总行产品系统—合作机构的桥接。

各展业经办分支行的营销人员、客户经理充分利用手机移动端 APP、平板展业，通过线上为主、线下为辅的方式开展借款人营销、申请、调查、贷后管理等。

（二）业务流程

以下游产业链金融业务—某项目流程为例：

1. 融资意向申请与测算。客户在与邮储银行合作的产业平台／核心企业平台选择合作银行，同时客户下载"邮储企业银行"APP 等客户端发起预测额申请，测额通过的进行以下流程；

2. 开户与调查。与银行客户经理联系确认无误后，到最近的邮储银行网点开立对公户，并开通企业网银；

3. 正式申请与签约。系统根据多维度大数据自动审批、快速审批客户资质，形成授信额度结果；

4. 选择拟融资订单并支用。客户登录企业网银，点击"支用"，网银显示支用信息页面，客户填写真实且合规的支用信息后确认，点击"签约"，支用成功；

5. 自主还款。客户在有效期内可随借随还，并在支用成功后，在企业网银端可查看到已放款成功的每笔支用信息，点击详情可查看支用详情及还款计划等。

（三）创新技术点

1. 通过多维大数据开发与应用构建高效精准的自动化风控方案

一是通过 G1 权重法进行评分卡开发，并结合无监督机器学习算法进行辅助，解决冷启动建模问题，为自动化风控方案构建提供可能。

二是利用统计分析、无监督算法等数据挖掘手段对数据进行全面分析，兼顾业务实用性和数据科学性，使模型更贴合业务场景和客户实际。

三是利用无监督机器学习算法来进行客户分类，辅助衡量评分卡的区分程度。引入了基于密度的聚类算法——DBSCAN 算法，更好地反映数据信息的指标维度，使得自动化风控方案更加精准高效。

2. 灵活运用区块链技术提升业务流程效率

区块链作为具有可追溯、多节点参与、不可篡改和公开透明等特征的分布式账本技术，其分布式存储、共识机制、智能合约和密码学等核心技术能更有效地实现数据交换、数据管理。邮储银行通过与各类产业核心企业、合作方平台基于区块链技术开展合作，实现产业链全流程节点可视化、可溯源，为企业提供便捷、高效、安全的金融服务。

（四）具体实施

1. 特色指标体系设计

采用核心企业提供的交易数据评估上下游企业信用风险的前提是，上下游企业与核心企业的交易情况能够反映该企业整体经营情况。因此，基于系统性、可比性、科学性与可行性的原则，设计产业链特色信用风险评估框架，包括两个大的方面：与核心企业合作的紧密程度和上下游企业自身经营（如图2）。

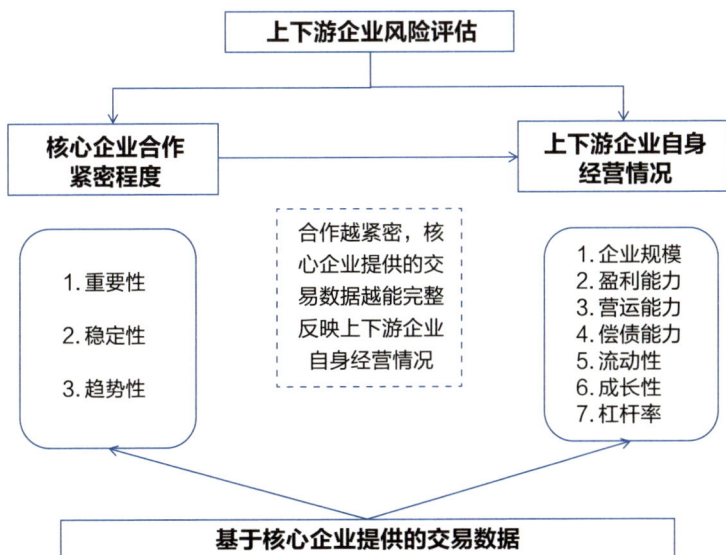

上下游企业风险评估

核心企业合作紧密程度　　　　　　　　　　**上下游企业自身经营情况**

合作越紧密，核心企业提供的交易数据越能完整反映上下游企业自身经营情况

1. 重要性
2. 稳定性
3. 趋势性

1. 企业规模
2. 盈利能力
3. 营运能力
4. 偿债能力
5. 流动性
6. 成长性
7. 杠杆率

基于核心企业提供的交易数据

图 2　产业链特色信用风险评估框架

本次模型开发根据核心企业提供的数据特点，基于各指标的缺失率、相关性和通用性，利用层次分析原理，将特色指标体系分为准则层、一级指标层和二级指标层，并在每个层级建立了对应的信用风险评估指标体系。在合作紧密度方面，通过交易和合作数据等衍生出体现与核心企业合作趋势性、稳定性的一系列指标。在经营情况方面，一般采用财报数据对企业的经营情况进行评估，由于小微企业财报数据的准确性有限，核实的人工成本高，为实现线上化、节

约人工成本，进行特色指标体系构建时，不直接使用财报数据，而通过产业链交易数据、企业主征信数据等，设计一系列产业链替代指标来反映企业的经营状况。

2. 产业链特色评分卡构建

项目启动初期，选择 G1 权重法作为评分卡冷启动时的建模方法，DB-SCAN 聚类算法作为辅助评价。产业链特色评分卡的具体开发流程主要包括数据准备、指标设计、问卷设计、指标选取、权重计算、变量分箱、模型调优 7 个步骤。通过模型调整使评分卡结果满足相应的分布，同时各个指标间相关性较低，确保模型的风险区分能力。

三、项目创新点

（一）创新去核心化产业链融资风控方案

一是基于大数据挖掘与应用，创新性地设计产业链特色信用风险评估体系，包括特色信用风险评估框架设计、特色指标体系设计、特色评分卡构建等。在评估产业链特色信用风险时，邮储银行主要与核心企业从合作紧密程度、上下游自身经营情况两方面入手，分别考虑合作的重要性、稳定性、趋势性以及自身经营的规模、运营能力、盈利能力、偿债能力、流动性等。

二是基于区块链技术应用，创新性地打造适用于不同场景的贷前、贷中、贷后全流程智能风控方案。针对产业链的三大模式（上游、下游、平台）各场景，基于历史交易数据进行授信、基于实时交易数据进行用信、基于贷后经营及履约数据进行预警，充分考虑不同产业链模式和场景所面临的风险点，设计特色风控方案识别和覆盖每个场景每个环节可能发生的风险。从具体业务场景和流程出发，因地制宜灵活应用产业链特色信用风险评估体系成果。

（二）创新分支行协同作业模式，推出产业 e 贷新产品

一是打造行内银团贷款模式。邮储银行联动全国各地分支机构协同作业，由核心企业所在地机构作为主办行、负责核心企业准入与合作，借款人属地机

构作为经办行、负责借款企业全流程信贷管理，通过业务拆分方式，系统自动实现主办行经办行之间按比例出资、分润、分担风险，从而打造"行内机构银团小微贷款"模式。

二是打造产业 e 贷新产品，推动交易模式标准化。基于去核心化产业链融资风控方案以及行内银团贷款模式，邮储银行推出了面向产业链交易场景小微企业的专属线上信贷产品——产业 e 贷。考虑到各产业链场景的客群不同、行业不同、交易场景不同，邮储银行推动交易模式标准化，通过产品要素参数化配置，区分准入客群（上游 / 下游）、支付方式、限额管理等，实现核心企业的模块化管理、作业模式系统自动化控制，重塑了业务流程。

（三）创新邮储银行特色信用风险评估体系

邮储银行的特色信用风险评估框架和特色指标体系设计，充分考虑产业链上下游企业与核心企业合作的紧密程度和自身经营情况，建立准则层、一级指标层和二级指标多层次指标体系，对产业链小微企业信用风险状况进行多维度全方位的评估；产业链特色评分卡选取行业内前沿主观定权方法进行评分卡开发，并结合无监督机器学习算法进行辅助，解决在项目启动初期无数据表现情况下的建模问题。通过数据准备、指标设计、问卷设计、指标选取、权重计算、变量分箱、模型调优、模型验证等过程，构建特定场景、特定核心企业专属的特色评分卡模型，对产业链小微企业信用风险状况进行有效评价。

四、技术实现特点

产业链大数据风控从业务场景和流程出发，构建服务产业链全流程的风控方案。其中，使用产业链、征信、税务发票、工商司法等多维度大数据，识别和覆盖贷前、贷中、贷后每个环节可能发生的风险，在贷前审批、贷中支用及贷后预警通用评分卡及通用规则的基础上，利用产业链历史及实时交易数据，构建特色信用风险评估框架下的产业链特色指标体系和产业链特色评分卡。

五、项目运营情况及项目过程管理

一是基于本项目成果，创新打造产业 e 贷新信贷产品，快速切入通信、化工、工程、电子、水泥、医疗等多个产业链小微企业交易场景，实现核心企业上下游客户的批量开发。截至 2024 年 3 月末，产业金融共落地 140 余家，累计投放金额超 60 亿元。

二是创新提出业务拆分技术方案，实现行内联合贷款，打破客户归属地管理要求带来的跨区作业困局。通过主办行、经办行借据拆分方式，实现行内合理分责、分润，即由主办行主要负责核心企业商务对接、关系维护、合作机构准入和监控管理等工作，实现引流获客；由经办行主要负责具体业务客户的贷前调查、贷中核实、贷后预警核查等工作，强化单户风险管理，从而有效激发核心企业所在地主办行和上下游小微企业所在地经办行的联动营销积极性。同时，创新跨区作业的"一点做全国"业务模式，激发分行营销推广积极性。

三是筛选客户营销白名单，实现批量优质客群精准定位。根据核心企业提供的交易数据，邮储银行系统基于大数据风控模型进行客户经营实力筛选，形成客户营销白名单，同时通过派单功能推动分支机构完成营销走访、跟踪统计，确保不漏一户。

四是启动"链接百城"产业链拓客专项行动。邮储银行总行引导全国各分支机构，一方面加快部门间联动，共同营销当地上下游具有一定客群规模、内部经营数据管理规范、具有行业领头优势的核心企业；另一方面加快推动产业 e 贷业务在全国各地市落地展业，并将产业链相关业务表现纳入年度经营管理绩效考核指标。

六、项目成效

（一）企业价值

一是业务落地推广快速。基于去核心化产业链开发，邮储银行快速切入通信、化工、工程、电子、水泥、医疗等多个产业链小微企业交易场景。目前邮储银行已与浪潮信息、海螺水泥、蒙牛乳业、五粮液、神州数码、西门子医疗、金光等核心企业完成产业链项目合作对接并实现业务落地，截至 2024 年 6 月末，产业金融新模式累计投放超 70 亿元。

二是创新风控思路、提升风控质效。本案例从业务场景和流程出发，创新设计了服务产业链全流程的风控方案，充分考虑不同产业链模式和场景所面临的风险点，打造贷前、贷中、贷后全流程智能化风控。与此同时，通过产业链业务交易流程直连核心企业 ERP 系统或科技平台数据，较传统模式极大减少交易验真成本，大幅降低假数据、假交易风险。三是业务效率大幅提升。邮储银行通过行内银团贷款模式、跨区作业模式，解决核心企业上下游分布分散带来的异地作业难题，充分激发各分支机构联动积极性，推动业务快速落地；通过交易模式标准化，降低核心企业产业链场景差异化带来的人工管理运营压力与系统开发压力；通过将产业链大数据风控方案应用场景从传统审批场景创新前移至贷前场景，主动筛选优质客户、帮助分支机构定位优质客户，实现精准批量获客、掌握业务发展主动权。整体来说，提升了信贷作业和风险识别的质量和效率、减轻了人工线下管户运营的压力。

（二）社会价值

基于去核心化产业链融资小微企业客群开发，打造邮储银行产业链金融服务新品牌。借助邮储银行与核心企业市场影响力，双方通过线上线下多渠道传播、开设专题大会，帮助小微企业发展，推动金融服务小微企业敢贷愿贷能贷会贷逐步实现，以更有温度的服务陪伴，见证中小微企业的突破和成长。例如，邮储银行与海螺水泥合作，在原材料价格大幅上涨与波动的情形下，为水泥经销商差异化经营提供大力支持，得到了当地政府高度赞扬。

七、项目总结

通过"脱核"产业链融资小微企业客群开发项目，借助银行与核心企业市场影响力，银企双方在深化合作的过程中，能够实现互利共赢。通过银企双方线上线下多渠道传播、开设专题大会，帮助产业链上下游小微企业发展，一方面帮助核心企业提升产业链运行稳定性，另一方面帮助银行快速切入产业交易场景、实现批量精准获客、打造银行产业链金融服务新品牌，同时推动金融服务小微企业敢贷愿贷能贷会贷逐步实现，以更有温度的服务陪伴，见证中小微企业的突破和成长。

八、项目展望

（一）创新驱动提速度

邮储银行未来将不断完善数字化营销、产品、风控、运营、服务的"5D"新体系，打造以"ABCDIX"数字技术为代表的应用模式，运用数字化科技增强核心竞争力，为小微客群提供个性化、差异化、定制化的产品和服务。"A"指人工智能，推出自动审批模型、预警模型并进行迭代，推动线上产业金融快速升级。"B"指区块链，构建了区块链基础系统架构，实现票据、供应链金融、数字政务等8个业务场景的项目落地。"C"指云计算，实现外部场景稳健、敏捷开发，运用云计算等方式，实现数据的高效处理。"D"指大数据，接入全国各地税务、政采、外贸、科技等数据，打通同核心企业、工业互联网平台的数据接口，与近百家地市的政务平台实现信用信息共享，不断创新推出各类数据产品及服务。"I"指"物联网+5G"，探索应用物联网技术，实时监控抵质押物状态、位置等信息，实现风险及时预警。"X"指前沿技术，与外部合作机构共同搭建营销评价和风控跟踪等体系，开展客户数据评估。

（二）智能风控提精度

邮储银行持续优化"客户数字画像+模型规则+风控策略+自动预警"智能风控体系，广泛引入司法、征信、税务等数据，构建包括自动化审批模型策略、贷后预警、智能风控全流程监控等风控模型和策略，并持续升级迭代，提升智能风控策略有效性。

（三）数字科技深赋能

邮储银行将进一步深化运用数字科技赋能，打造"产品数字化、场景线上化"。通过"主办行—经办行协同"、核心企业产品"定制化"及交易模式标准化形成独具邮储银行特色的场景开发能力。

作为一家深耕普惠金融的国有大行，邮储银行始终以"主力军"的姿态，坚持战略引领，构建"特"色服务模式，搭建数字化"新"体系，打造金融"全"生态，助力全面推进乡村振兴，支持中小微企业加快转型创新，推动普惠金融业务的可持续性。

智能平台服务

中信银行

数智驱动下的一体化财富产品综合销售平台及开放运营生态模式

一、引言

（一）项目背景

大财富时代背景下，我国居民的理财意识和实际需求逐年提升。伴随而来的是财富管理市场迅速发展，面向不同客群、满足不同需求的产品种类如雨后春笋般快速供应。商业银行作为财富管理领域的主力军，如何快速响应市场、及时满足人民群众对于各类财富产品的配置诉求成为新的挑战。

在此背景下，如何有效利用数智化手段提高各类代销产品的数字化生态能力，与数百家合作机构建立安全高效的信息传递和赋能方式，从而形成一体化的产品全生命周期管理模式，建立开放式运营生态，最终安全、灵活、高效的支撑大财富时代下大体量、多品类的财富产品销售，成为各个商业银行破题的关键。中信银行坚持科技创新，深化数字金融战略，持续在财富管理领域进行创新研究与尝试，逐步形成了一体化的财富产品线上数字平台及开放式的产品运营生态，提供了以协同运营模式驱动下的一体化财富产品管理运营新方案。

（二）项目目标

中信银行财富产品综合销售及开放运营平台致力于提供一体化及开放式的财富产品运营管理方案。从"前"到"后"，数智化的管理及运营财富产品的全生命周期流程。

"前"：通过"开放货架"模式，借助百家合作机构，完成产品信息双向赋能，快速提高产品上架速度和规模，借助机器学习、知识图谱、自然语言处理等 AI 技术，实现产品智能打分、双边智能对账、智能参数校验等核心功能，从而提效降本，为高质量发展助力。

"后"：一站式、多位一体的数字化综合销售平台，具备创新产品的快速响应及支撑能力；具备多场景、全天候的投资销售模式支持能力；具备多位一体的账户安全体系能力及自动化、一体化的产品运营能力。

二、项目方案

（一）业务方案

中信银行开创"开放货架"模式，打造了以协同运营模式驱动下的财富产品管理新方案。通过与基金、理财、证券公司等合作机构完成链状对接，实现产品信息的双向赋能；同时借力数智能力，搭建数字化全周期全视图管控体系，让产品风险可视化，提前化解潜在的产品风险。借助 AI 技术，通过智能手段提效降本，为高质量发展提供有效助力。

通过一体化财富产品综合销售平台，提供多品类一体化的产品运营管理、账务管理、对客销售处理等综合能力。在产品运营层，一站式智能处理理财、基金、资管、信托、国债等财富产品的参数管理及运营工作；在产品支持层，快速灵活地支持各类创新类财富产品构建与上架，支持场景化的创新销售模式；在产品账务层，具备稳健高效的资金勾兑、到账处理能力。

（二）技术方案

1. 牢筑账务安全防线，保障对客无感迁移

项目通过分批次迁移工艺、仿真工艺及基于平台化多团队实施工艺，完成系统平滑迁移。本项目创新性地打造了基于中后台系统的全流程仿真测试方法，作为行内首个完成中段系统仿真的项目，实现了静态、动态双阶段仿真工艺，保障了重构系统对客无感切换。静态交易仿真，通过双向文件比对，保障

了数据迁移的完整性与正确性。动态交易仿真，项目在生产隔离环境搭建动态仿真工程，与生产实际发生交易进行同步的联机、批量比对验证，进一步保障功能、数据准确性。

2. 深度业技融合，数智化技术重塑销售管理工序

项目建设以最新的平台型研发组织协作模式及研发建设方法为指导，实现业技融合新突破，以企业级架构建模思想为驱动，建设分层业务体系，准确把握业务愿景，打造持续可扩展系统。项目组主动赋能业务，在业务架构规划、应用架构规划阶段提炼产品运营相关共性业务能力、公共服务，进而整合符合架构转型主流的数字运营技术能力与研发脚手架。

3. 打造多财富品类数字化代销系统平台

以多财富产品销售目标，构建了包括特色产品销售功能的业务接入层以及包括业务支撑、技术支撑的业务平台层的财富产品销售一体化平台。通过额度服务、资产服务、费用服务、资金账务、客户账户、风评服务、消息服务等 7 大服务能力支撑理财、基金、信托、资管计划、国债 5 大品类。公司、零售、同业、私行、投行等多条线的产品销售。总结提炼项目实施经验，形成系统平台化中战略层面的定位承接、架构层面的规划设计、实施层面的执行管控与平台建成后的高效运营 4 大实施阶段。

4. 锻造企业级交易系统平台化实施工艺

为了实现系统平台化研发过程的标准化，全过程实施管控以及持续稳健运营的目标，形成了实施工艺、管控方案与项目管理方法，辅以支撑全流程的研发管理。本项目通过统一的规范、工具、配套资源等方式形成标准化的开发工艺、开发标准和管控体系，实现端到端实施工艺拉通，以工艺、管控方法贯穿整体实施流程，保障全流程有标准、全流程有支撑。在整体工艺规范中，基于组织级规范＋平台级工艺形成全流程的管控机制，通过制定必要的规范要求匹配辅助研发工具与管理动作，提升研发过程中的模板化与体系性，降低研发人员的认知偏差，降低评审成本，提升系统研发质量与生产质量（如图 1）。

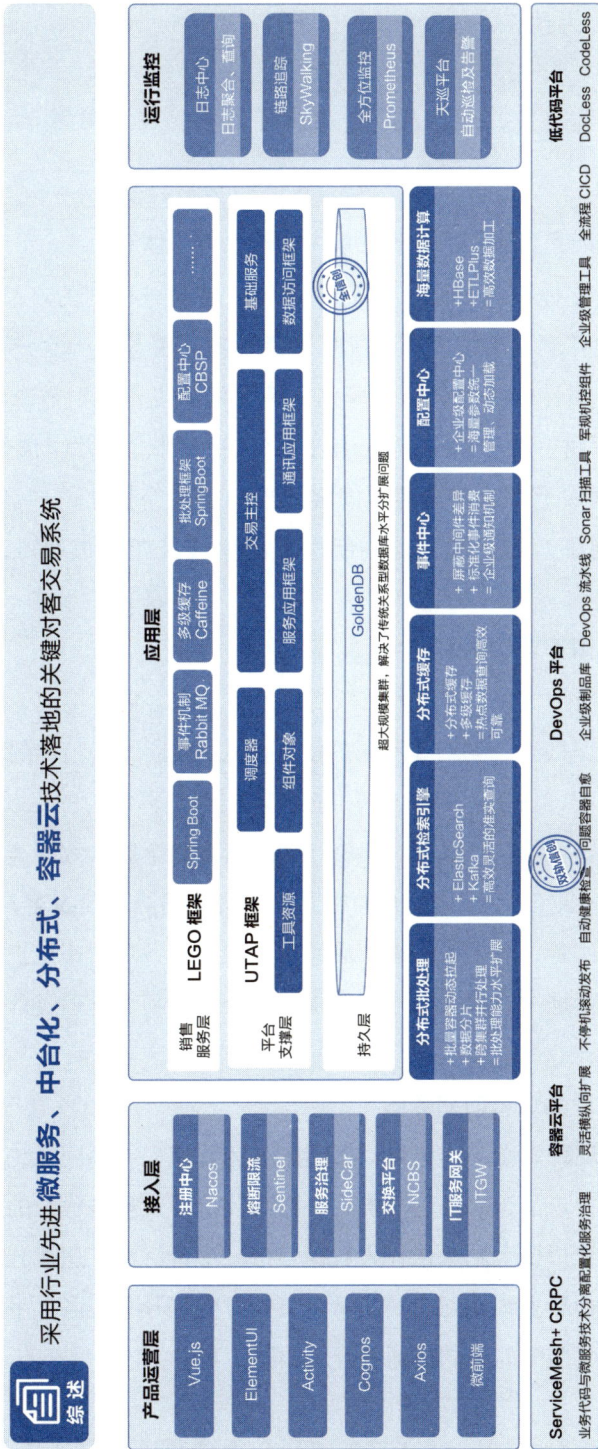

图 1　系统技术架构

三、项目创新点

（一）建成多品类、全客户、全流程贯通的一体化财富产品综合售与协同运营平台

1. 打造多元产品货架能力，建立集中的产品管理体系

平台实现了支撑产品规则、产品参数及产品统一视图的产品管理能力，为客户提供品类齐全、丰富多样的优质产品货架，覆盖全部客户类型、更多客户分类和客户属性的个性化、差异化、综合化的投资理财需求。支持主流财富管理产品理财、公私募基金、信托、资管计划、储蓄国债快速上架对客；对新客、新享、代发、养老等不同客户群体提供个性化的产品配置能力；同时在合规原则下，可快速支撑创新性产品模式，如夜市理财，商业养老金等。

2. 全面提升销售管理能力

额度体系创新性优化：构建多维额度矩阵，支持客群、渠道、区域多个维度的使用规则及保底型、竞赛型不同的使用模式；建立严格精准的额度回溯体系，实现额度分配、占用、回收的精准控制。实现清算能力的飞跃：建立多位一体的资金账户安全体系，确保客户资产账及资金账全局一致，实现确认—勾兑—划款全流程化、去手工化，全面提升机构资金清算速度及客户上账时效。中收费用自动化匡计，线上化管理产品销售过程中的各项费率维护、计提、核对、核销流程，落地中收权责发生制要求，统一中收利润管理及分支行绩效考核管理。

3. 实现财富产品运营的业务闭环

平台通过实现跨系统工作流程，打通产品运营流程中不同系统间的业务审批链路，搭建了"产品选品—运营推广—跟踪评价—策略迭代"的产品运营闭环。借助金融量化投资大脑、依托大数据分析，平台沉淀了运营分析数据，在售前产品推荐、售后业绩跟踪及产品承接策略方面提升了服务水平，实现了财富销售能力与运营服务能力的贯通融合（如图2）。

行动之基

以全行全投资品支撑为己任、以服务化、平台化为设计理念，形成多业务品类销售服务支撑，多租户接入的销售服务平台。完成10大共性业务能力提炼，根据产品特性定制编排销售流程，大幅提升系统稳定性，降低研发成本。

多产品支撑

理财			基金		信托	储蓄式国债	新增业务线
净值型	货币式	持有期	日开	持有期	资管计划	3年期、5年期	保险、贵金属等

多品类交易流程定制编排

能力聚合

产品运营工作台：收益计算、场景化销售、客群销售、产品上架、赎回垫资、产品定投、名单制销售、交易组合

业务平台能力：账户体系、销售参数、销售额度控制、销售协议、风险评估、合作方管理、费用管理、资金划付、中收匡计、订单流水、交易费用、监管数据准备、销售报表

租户化开放协同

合作方管理、产品中心、用户中心、接口定制化、交易防窜层、开放直连

企业级业务中台

营销中台、流程中心

统一接入

全监管标准对接

全市场接口适配

产品管理方

基金TA（200家）、理财TA（15家）、信托TA（40家）、中登TA、保险公司（30家）、国债公司

外部资讯

Wind、东方财富

登记报送方

中登、理财登、中债登、银保信、国债公司

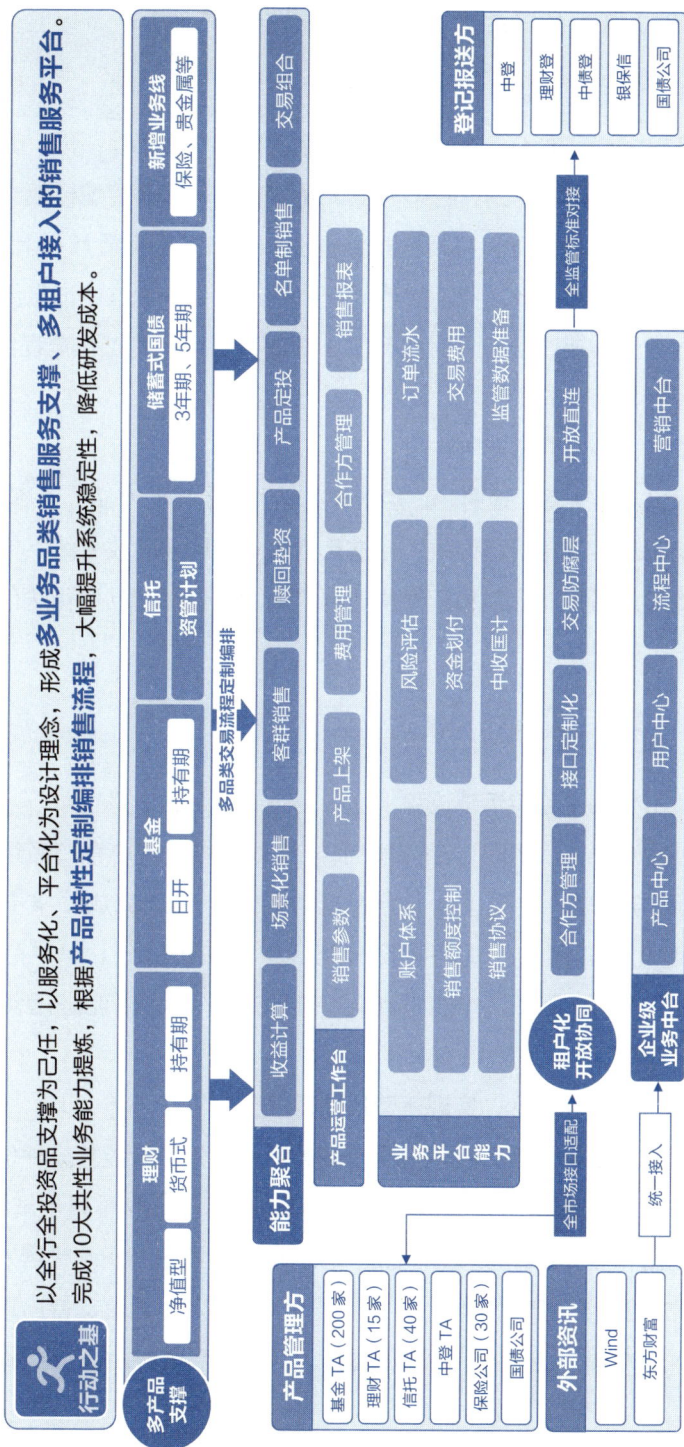

图 2　一体化产品快速支撑架构

（二）打造以开放协同运营模式驱动下的财富产品管理新方案

1. 搭建开放式链接通路，打造开放货架

与合作机构在产品准入、产品上架、产品运维、业绩跟踪评价、临期管理等节点实现线上交互信息速达，打造开放式货架，统一产品管理模板、管理产品文档资产、线上跟踪进度、可视化产品视图，保障了数据质量和上线效率，彻底解决了合作机构的开放协同不够的问题和产品上架和运维中消息传递低效问题，产品参数运维速度从 6 小时提升至 1 小时，日常运营工作流程由平均 2 个工作日缩短为 0.5 个工作日。

2. 双向赋能，助力产品策略迭代

平台与 100 余家基金、理财、证券公司实现了线上双向产品管理流程串接，解决产品上架和运维信息传递低效、标准化低等痛点问题，改变线下传递信息模式，打造货架产品极速上线和运维快速响应能力，促进产品优化迭代升级和销售策略调整（如图 3）。

（三）全面构建一体化高效产品运营模式

1. 支持线上化集中管控运营流程

本项目构思并落地采用了全新的数字化业务流程，对现有产品运营流程进行全面拆解与重塑，实现了全部产品运营流程一站式完成、集中管控运营流程、数字化运营视图。提高额度分配、中收费用清分、单产品来账勾兑、资金划拨等关键运营工作的自动化标准化水平，大幅促进运营工作降本增效。

2. 广泛运用智能化技术，实现运营质效双提升

产品准入通过量化投资大脑实现全市场公募基金产品智能打分评价，助力优质产品筛选；对账运维引入 OCR、NLP、RPA 实现中收对账单智能识别、自动对账等应用，提升工作效率；产品运维利用机器学习、RPA 机器人流程自动化等技术比对和校验产品参数，大幅提升参数准确度；运营支持内置运营业务规则库及风险模型，进行运营风险监测，对代销产品全生命周期逐点管控，重点工作自动提醒，提高运转时效。

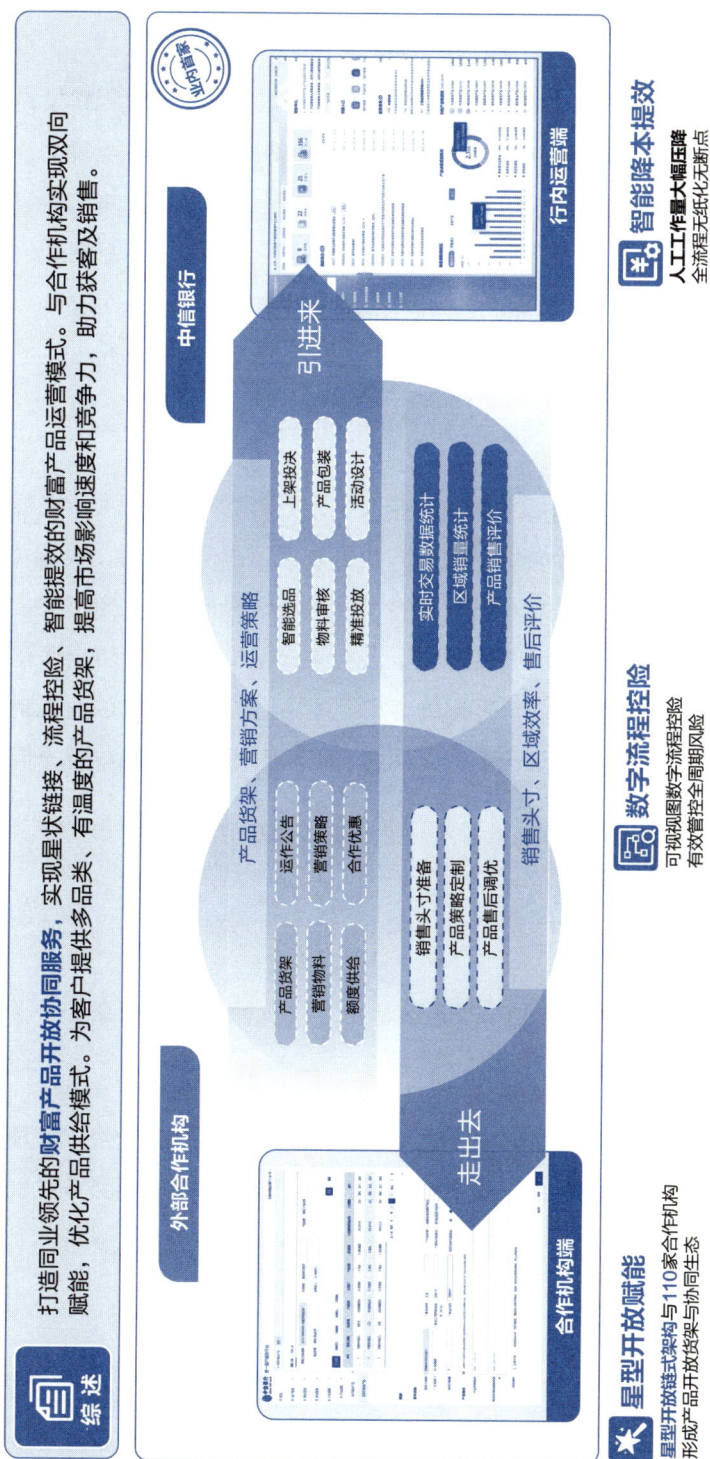

图 3　开放协同运营生态架构

综述

打造同业领先的财富产品开放协同服务，实现星状链接、流程控险、智能提效的财富产品运营模式。与合作机构实现双向赋能，优化产品供给模式，为客户提供多品类、有温度的产品货架，提高市场影响速度和竞争力，助力获客及销售。

星型开放赋能
星型开放链式架构与110家合作机构形成产品开放货架与协同生态

数字流程控险
可视视镜数字流程控险有效管控全周期风险

智能降本提效
人工工作量大幅压降全流程无纸化无断点

（四）覆盖全渠道全场景的财富管理诉求

建立定制化灵活化的业务适配支撑体系。通过销售活动流程建模，将销售活动规则抽象化，进而映射到产品信息、交易控制及客户账户配置上，即可快速上线多样化的销售活动，包括名差异化销售（专属产品、区域化销售、爆款活动）、多时间段销售（夜市理财）、专项投资（子女教育、养老规划、出国金融）、场景化定投销售（攒钱计划）、跨条线混合销售。

全渠道全场景的营销活动为客户提供了贴心的投资理财服务。

（五）以客户为中心，提供全销售旅程的极致客户体验

紧贴客户全流程销售服务需求，全面提升客户感知。交易前：完善产品标签的统一收口及对外输出能力，使客户更直观地了解产品特性。交易中：实现了多场景全天候的投资销售模式，支持 7×24 小时无断点的对客销售；支持基于客群匹配的定制化活动、费用折扣，及专属产品交易控制；更全面及时的交易时间轴信息。交易后：统一客户及客户经理渠道的消息通知触发机制，丰富客户消息通知场景；提供统一的资产视图、更新时效高的多维收益分析数据及收益账单。

四、技术实现特点

（一）基于业务建模方法构建以客户为中心的产品销售服务体系

1. 全面应用业务建模方法

通过业务建模方法重塑业务流程，形成稳定、灵活的企业级流程模型、产品模型和实体模型，共产出三级活动 77 个，四级任务 669 个，业务对象 14 个，业务实体 270 个，实现业务需求的标准化、结构化和条目化，从根本上解决了业务产品条线多，产品配置复杂、难管理的痛点问题。

2. 建模开发一体化低代码研发

为保证业务建模成果与项目实施的一致性，引入低代码研发平台 CBF，本项目有约 25% 的组件的设计、开发在该平台完成。CBF 的引入实现了 DocLess 和 CodeLess。应用线上化建模设计，支持高度可视化的结构化设计，设计成果存储在数据库中，可定制生成文档，实现设计即文档；拖拉拽的可视化编程，可视化设计与开发平台将应用设计开发流程串联在一个工具上，统一界面和语言，促进设计开发过程的融合，使其成果彼此承接关联，从而解决设计文档和代码不一致问题，有利于设计资产的积累和更新。

（二）结合技术中台、业务中台服务能力打造财富产品销售一体化平台，形成系统平台化实施工艺、管控方案及项目管理方法

以多财富产品销售为目标，构建了包括特色产品销售功能的业务接入层以及包括业务支撑、技术支撑的业务平台层的财富产品销售一体化平台。通过额度服务、资产服务、费用服务、资金账务、客户账户、风评服务、消息服务等7 大服务能力支撑理财、基金、信托、资管计划、国债 5 大品类，私行、零售、金融同业、公司、投行 5 个条线的产品销售。总结提炼项目实施经验，形成系统平台化中战略层面的定位承接、架构层面的规划设计、实施层面的执行管控与平台建成后的高效运营等 4 大实施阶段。同时，为了实现系统平台化研发过程的标准化，全过程实施管控以及持续稳健运营的目标，形成了实施工艺、管控方案与项目管理方法，辅以支撑跨团队、全流程的研发管理。

（三）基于生产全量数据的全流程仿真测试

1. 测试环境离线仿真

为保障新老系统对客无感切换，搭建端到端全链路仿真测试环境。按照恢复数据、交易回放、结果比对三大步骤循环执行达到准出。数据恢复方面，由于生产环境数据和测试环境数据的天然差异性，通过统一脱敏规则制定，保障数据库数据与日志数据脱敏结果的一致性。交易回放方面，通过引入 ES、MQ 等技术保障交易重放的有序性和高效性。结果比对方面，通过配置化字段比对规则灵活调整业务处理差异，除关注交易响应报文外，还关注数据库中最终存入数据的一致性，交互文件一致性等多个维度。最终实现生产交易 100% 覆盖、数据迁移 100% 成功、业务处理 100% 成功的"三百目标"，保障新系统功能的正确性以及非功能的高可用性。

2. 生产环境动态仿真

在生产隔离环境搭建完整系统运行环境，对生产真实网络流量进行引流，借助回放工具准实时回放，通过观测分析交易监控的成功率、响应率、响应时间来达到交易准出目标。隔离环境的权限完全按照生产环境管控，交易仿真同时也做到了对运维人员的运维变更模拟。

3. 多租户代理销售方案

随着中信银行客户量的增长，客户对于产品丰富度的需求逐步提升，为支撑 200 余家基金公司的对接合作，同时为满足新基金公司的快速接入，设计了多租户代理销售方案。在三方对接上，通过合作方类型、合作方代码、监管行业代码三个维度统一进行合作方管理，基于模板化的接入配置，统一了与三方的交互协议、交互文件格式、字典转换等，同时为满足不同合作方不同的监管机构，向上封装了基础通信接口、文件处理规则，保障了合作方的处理逻辑统一，并支持合作方快速接入（如图 4）。

五、项目运营情况及过程管理

（一）项目运营情况

一体化财富产品综合销售及协同运营平台通过开放货架模式，已对接 100 余家合作机构开展开放运营模式下的双向赋能业务，同时已面向行内 37 家分支机构，提供数据上的支持服务。当前已支持理财、基金、资管、信托、储蓄国债五大品类产品的管理及销售处理能力。交易层面，日均交易吞吐量约为 1400 万笔，联机交易整体 TPS 不低于 1100，日均交易响应时间低于 45 毫秒，其中普通业务查询交易响应时间小于 30 毫秒，复杂业务查询交易响应时间小于 75 毫秒，普通业务处理交易响应时间小于 220 毫秒，复杂业务处理交易响应时间小于 540 毫秒。批处理层面，本项目借助分布式批处理调度框架，解决了高作业量场景下批处理调度效率问题。系统全量近 40000 个批处理作业，净执行时间 2 小时以内，且在批处理期间联机无影响。

致用之道

作为我行架构转型标杆项目，致力于打造大型交易系统新建重构标准化项目实施工艺。在圆满完成项目投产任务后，开创系统平台化研发模式，打造多团队合作研发模式，解决能力共享复用问题，实现降本增效提质目标。

平台化研发工艺

能力识别管理
打造专项平台型研发团队，主研能力提炼与关键方案把控

跨团队协作交付
建立研发标准与合作规约，以派驻驻式、独立建设方式合作研发

全流程集约管控
全流程研发体系化评审管控，功能＋非功能标准化实施管理

平台社区与效果度量
平台能力保鲜与再生产，建立平台社区与成熟度量体系持续优化。形成平台化研发工具，社区与辅助研发工具。

1. 系统平滑迁移重构

基于业务建模设计工艺

中段系统仿真测试方法

2. 高效迭代交付

业务平台型团队打造

跨团队协作研发工艺

重构实施工艺

业务建模实施工艺
通过业务建模梳理近 10 年存量业务逻辑，实现服务化建模与实体设计，需求矩阵式管理，有序释放，试点 CBF 业务建模与低代码技术

研发质量管控
针对方案评审、测试质量跟踪等全流程高质量推出这一组件，研发过程高质量门禁与标准化流水线质量监控，接口跟踪评审、数据质量、全量

全程盖仿真
首创中段系统静态、动态仿真，实现中段联机交易，批量处理的全数据操作，保障数据，功能对客无感迁移、仿真

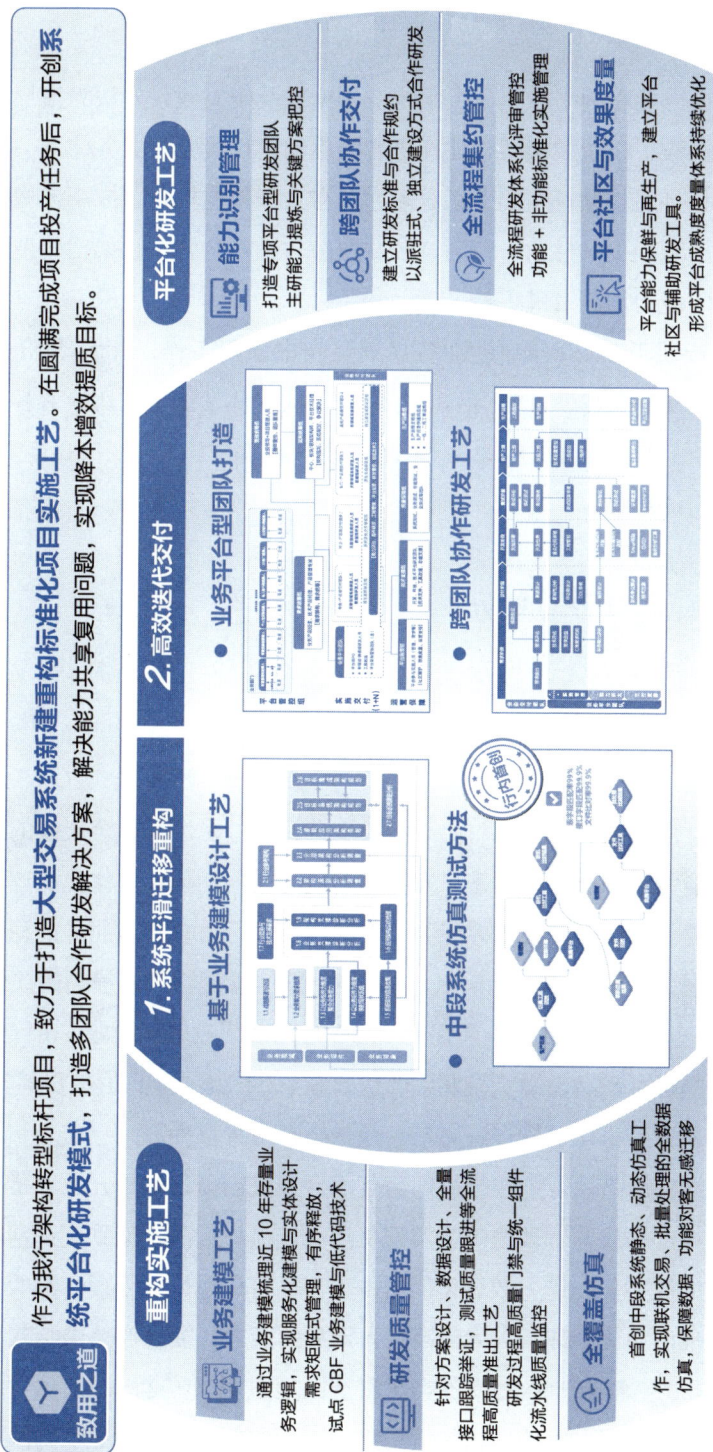

图 4　企业级交易系统平台化实施工艺

（二）过程管理

项目建设以最新的平台型研发组织协作模式及研发建设方法为指导，实现业技融合新突破，以企业级架构建模思想为驱动，建设分层业务体系，准确把握业务愿景，打造持续可扩展的系统能力。在业务架构规划、应用架构规划阶段提炼产品运营相关共性业务能力、公共服务，进而整合符合架构转型主流的数字运营技术能力与研发脚手架。

本项目一期于 2020 年启动业务规划及技术预研工作，2021 年 3 月通过立项正式启动实施工作，2022 年 3 月 20 日完成主体功能正式切换对客。本项目二期于 2022 年 7 月正式启动，采用敏捷迭代实施方法，于 2023 年 11 月完成投产系统增值功能。

六、项目应用与成效

（一）经济效应

1. 促财富产品规模稳步增长

一体化财富产品综合销售与协同运营平台，通过多场景、全天候的投资销售模式支持能力、多位一体的账户安全体系能力、自动化、一体化的产品运营能力及灵活高效的创新产品支撑能力，带动中信银行财富管理业务的稳步增长与高质量发展。截至 2023 年年末，中信银行整体管理资产规模超过了 3 万亿元，管理资产规模距项目投产前提升 5780 亿元，营业收入首超 200 亿大关，通过该平台的财富产品代销交易发生额达到 5.4 万亿元 / 年，价值贡献显著。

2. 全一站式产品运营管理，财富产品供给数量大幅提高

一体化财富产品综合销售与协同运营平台通过创新性的"开放式货架"与一站式自动化产品运营管理模式，实现从产品选品、产品上架到产品清盘全流程无断点式的数字化，借力数智化能力，在产品打分、公告处理、参数校验等多个环节实现自动化处理，大大提高接入产品的能力，提高产品供给数量。

截至 2023 年年末，共上线各类财富产品超过 1600 支，涉及运营维护的存量产品 8000 余支，对接新机构 32 家，产品供给同比增长超过 20%，业务

运营管理量同样增长超过 20%。

3. 灵活支持产品场景化创新，带动获客取得突破

一体化财富产品综合销售与协同运营平台创新性地实现场景化配置账户体系，面对新客、新享、代发、养老等不同客户群体提供个性化的产品配置能力。同时在合规原则下，可快速支撑创新型产品模式，其中养老理财、夜市理财等产品得到了广大投资者的喜爱，截至 2023 年年底，该平台已服务签约客户达到 3100 万户，提升了获客能力。

4. 开放式货架模式双向赋能，高效助力产品信息传递

一体化财富产品综合销售与协同运营平台通过星型开放链接的模式与 100 余家基金、理财、证券公司等合作机构完成链状对接，解决产品上架和运维信息传递低效、标准化低等痛点问题，改变线下传递信息模式，借力合作机构和资讯数据，打造货架产品极速上线和运维快速响应能力，产品参数维护速度从 6 小时提升至 1 小时，以更快、更强的姿态应对市场展业拓新竞争。

5. 数智化运营提效降本，管理智效双提升

一体化财富产品综合销售与协同运营平台借力智能 AI 技术，实现产品智能打分评价、双边智能对账、智能参数校验等功能，产品管理效能和质量双提升。

通过量化投资大脑智能打分，节约人力 1 小时 / 天；智能对账核销，节约人力 2 小时 / 天；智能校验参数节约人力 1.5 小时 / 天，实现整体人工工作量压降 40% 以上。

（二）社会效应

1. 践行数字金融战略，全流程数字化财富代销产品运营管理

一体化财富产品综合销售与协同运营平台全面践行国家科技创新与数字金融战略，持续在财富管理领域进行创新研究与尝试，不断探索和优化财富产品运营的新模式，全面解决财富产品全生命周期流程中的断点。通过数字化手段，逐个击破产品引入、打分、上架、存续及清盘等各个流程中的痛点问题，在财富产品运营管理上提供全数字化的解决方案。

2. 切实服务客户实体，以客户为中心提升投资体验

一体化财富产品综合销售与协同运营平台通过多场景全天候的平台能力，

实现 7×24 小时无断点的对客销售，同时通过多位一体的账务体系能力，实现客户投资财富产品到账效率的切实提升，实际到账效率提速 3 小时以上，保障客户灵活使用资金的诉求。

3. 数智化运营全视图，有效防范金融风险

一体化财富产品综合销售与协同运营平台致力于解决原有流程分散、手工台账多、资料存档等问题。借力数智能力，搭建产品代销数字化全周期全视图管控体系，将产品的智能模型打分、科学有序投决、资讯双验参数、合规内嵌管控等纳入流程节点，让产品风险可视化，为持续有效化解金融风险提供坚强保障。

4. 双向合作机构赋能，带来合作新动能

一体化财富产品综合销售与协同运营平台通过星型开放链接的模式，与100 余家基金、理财、证券公司建立深度合作机构。从输入看，赋能中信银行，改变线下传递信息模式，借力合作机构和资讯数据，打造货架产品极速上线和运维快速响应能力；从输出看，赋能各个合作机构，为合作机构提供营销数据服务，提升合作满意度和黏性，建立与合作机构的双向赋能机制，带来合作新动能。

七、项目展望

中信银行始终坚持科技创新与数字金融战略，在财富管理新形势下，"财富产品综合销售与协同运营平台"，以协同共赢及数智化模式，提出了财富产品运营管理的创新解决方案。未来，将持续探索该模式下的新机遇，持续拓宽产品范围、加强产品管控水平、提升管控精细度，构建行业内领先的财富产品中台开放体系，持续提供行业内领先的财富产品创新解决方案。

中信银行将始终坚持科技金融及数字金融战略导向，以客户为中心，积极履行社会责任，依托行业内外协同力量，通过科技创新，为客户提供"有温度"的财富产品服务，为客户的财富增值保驾护航。

江苏银行股份有限公司

江苏银行大语言模型服务平台的探索与应用

引言

　　人工智能正逐步渗透到各个行业，并引发了深刻的变革。以 ChatGPT 为代表的大语言模型（LLM），不仅在文本生成、交互对话等领域展现出卓越的性能，还在金融领域体现出巨大的潜力。金融行业作为信息密集型行业，对高效、精准的信息处理需求尤为迫切。传统的金融信息处理方法存在数据处理速度慢、人工成本高、准确性有限等问题，无法完全满足现代金融业务的复杂需求。江苏银行顺应时代潮流，积极探索大语言模型与金融相关的场景，致力通过技术创新提升业务效率，降低运营成本，提高行内办公效率，增强客户服务体验。本章旨在探讨江苏银行大语言模型服务平台的探索与应用，通过对其技术架构、应用场景及实践效果的分析，发挥其在金融领域的重要价值。我们将详细介绍平台的设计理念与实施路径，分析其在智能客服、智能研发、智慧办公三大方面的具体应用，总结其在实际应用中的优势与挑战，以期为金融行业的技术创新提供借鉴和参考。

一、项目背景

　　自然语言处理技术作为大语言模型的前身在金融尤其是银行业的应用已经历了多个阶段，早期被应用于简单的文本处理与反馈意见分析。然而，这些应用大多基于规则或特定场景，仍处于单任务、单领域、小模型水平。而基于自注意力神经网络的大语言模型凭借其通用特性，完全颠覆了过去一个场景一种模型的作坊模式，天然契合金融科技中的相关业务场景。因此对金融领域而言，应用大语言模型是必然趋势。

二十届中央财经委员会第一次会议明确提出要推动人工智能等新科技革命浪潮。《金融科技发展规划（2022—2025 年）》等文件的发布也为银行业新技术的应用和创新建立了受控、安全、有界的监管框架，积极有序地引导大语言模型落地。现阶段，国内高校与科技公司也相继推出了许多优秀的开源模型，涵盖几十亿至上千亿参数不等，使得大语言模型在商业银行的落地成为可能。

现阶段，国内外主流大语言模型一般包含上千亿参数，并有朝万亿发展的趋势。国外主流模型有 OpenAI 研发的 GPT-4，谷歌研发的 Gemini，MetaAI 研发的 LLaMA 模型，以及欧洲初创公司的 Mistral。国内主流模型有百度研发的文心一言，阿里研发的通义千问等。

二、项目难点

但具体到金融行业，当前商业银行大语言模型落地主要存在基础设施构建成本巨大、人力标注成本偏高、专业模型人员缺失、数据安全和隐私存在隐患等问题。

（一）基础设施构建成本巨大

大语言模型需要大量的训练数据和计算资源才能获得良好的性能，二者缺一不可。上百亿参数的大语言模型需要大量的算力硬件投入，包括配套的算力、存储和数据资源。

（二）人力标注成本偏高

大语言模型所需的人力成本也相当高昂，大语言模型的训练需要高质量的标注数据集，要求投入大量的人力进行数据清洗与标注工作。涉及专业业务知识的标注时，对数据清洗与标注人员素质的要求更高。

（三）专业模型人员缺失

多数商业银行缺少相关的专业模型训练人员，无法实现模型参数调优、训练和优化，在模型适配和部署阶段也缺乏足够的理论指导和技术支撑，无法独自完成从标注到反馈的全链路流程。

（四）数据安全和隐私存在隐患

保护客户数据安全是商业银行的首要任务，数据传输越频繁，越可能出现客户敏感信息或机构核心信息泄露的风险。因此，商业银行在构建大语言模型应用时，不能直接调用公有云上的大语言模型服务，需要建立安全传输渠道或对用户数据进行加密处理。

三、项目方案介绍

对此，江苏银行依托现有产品与开源方案，结合国内外同业成功案例，围绕自主研发的"智慧小苏"系列模型，构建了一套行业级大语言模型服务（MaaS）平台，深度赋能金融业务服务数字化转型。

（一）项目设计理念

模型算力集约化，可以集中算力资源，推动产业技术融合，助力产业数字化转型。大语言模型是基于"算力 + 数据 + 算法"进行训练的，是一个复杂的体系性工程，其对基础设施有很高要求，要持续投入巨大的财力和人力，而这正是中小型商业银行的短板。通过大语言模型行业级平台的建设，可以整合算力，并且通过软件即服务的交付理念，提供服务化接口，赋能金融机构调用与训练，大大降低大语言模型的使用门槛。除此之外，各银行所需训练的数据集经自己清洗后由平台统一管理，一旦泄露即可追究责任，降低银行数据集泄露的风险。

开发流程工业化，可以快速训练下游任务模型，降低开发成本，大幅提升应用效率。大语言模型的微调能力，不仅允许银行针对特定场景训练对应的模型，还能将成本降至最低。商业银行需要加快形成一套高标准、低门槛的大语言模型应用模式。可以在预算有限的情况下，根据业务需求精准部署小模型，组成整体的企业系统，通过统一的标注、训练、部署流程，实现低成本模型迭代、维护，并提供个性化的服务和解决方案。

应用生态通用化，可以立足国家级技术竞争，促进研究与应用，解决"卡脖子"问题。商业银行的技术攻关力量有限，往往不具备研究大语言模型底层算法的能力。因此，银行科技部门可与科研院所、高新企业在自然语言方面进行协作，使其可以通过平台进行实验，验证和改进现有的算法和模型，从而引领自然语言处理领域的进一步发展，并建立一个标准可制定、技术可信任、资源可共享、商业可持续的行业大语言模型生态圈。

（二）技术架构方案

当前，江苏银行"智慧小苏"大语言模型服务平台已围绕自主研发的智慧小苏系列大语言模型，构建了基础设施层、工具层、模型层、服务层与应用层五层架构，如图 1 所示。

图 1　大语言模型服务平台五层架构

基础设施层：负责支持整个平台的运行，提供稳定、高效的计算、存储和网络资源，基础设施层依赖江苏银行的国产虚拟化与国产 TKE 容器云技术实现了训练、部署资源的动态分配和优化，为工具层和模型层提供了强有力的支持。

工具层：负责为智慧小苏系列大模型提供运行环境，实现模型的加载、运行和优化。在这一层，大语言模型服务平台集成了多种深度学习框架，如 PyTorch、Transformers 等，并提供了配套工具链，包括用于推理加速的 FlashAttention，以及用于量化的 GPTQ 等。同时也集成了包括 Mindspore 等优秀的国产化学习框架，最大程度兼容国产软硬件设施。

模型层：包含了智慧小苏系列大模型的核心算法和数据。这一层依托于大量的知识库、语料库和专家经验，通过持续训练和优化，使得模型具备较强的自然语言理解和生成能力。模型层还会根据实际应用场景的需求，定期更新和升级，以提高模型的准确性和适用性。

服务层：作为整个平台的核心，负责将模型层的能力通过 FastAPI、PythonSDK 等多种形式向外提供。服务层将模型层的各种功能进行封装、组合和优化，形成了一系列可复用、易于接入的服务。不同的业务系统可以通过服务层快速构建出丰富的应用场景，实现语言理解、对话生成、文本摘要等功能。

应用层：作为平台与用户的接口，它包括了多种应用场景，如智能客服、IDE 代码补全插件等。通过与服务层的紧密结合，应用层实现了高度定制化的功能开发，满足了金融垂直领域不同任务的需求。

（三）应用架构方案

应用服务方面，平台针对各类通用底座，采用模块化、产品化的设计思想，并通过集成接口向外提供能力，提供了一系列可复用、易于接入的服务，实现语言理解、对话生成、文本摘要等功能。如图 2 所示，以此为基础，江苏银行大语言模型服务平台实现了高度定制化的功能开发，满足了金融垂直领域不同任务敏捷开发的需求。

（四）数据架构方案

平台拥有非结构化数据、日志数据、向量数据、知识库数据、训练集数据五部分数据，通过人工标注与其他数据清洗技术对原始数据进行降噪，提高数据的可用性。

非结构化数据：包含文档、图片等不可直接处理为纯文本的数据，允许快速替换与更新，并在模型生成的回答中进行引用与溯源。

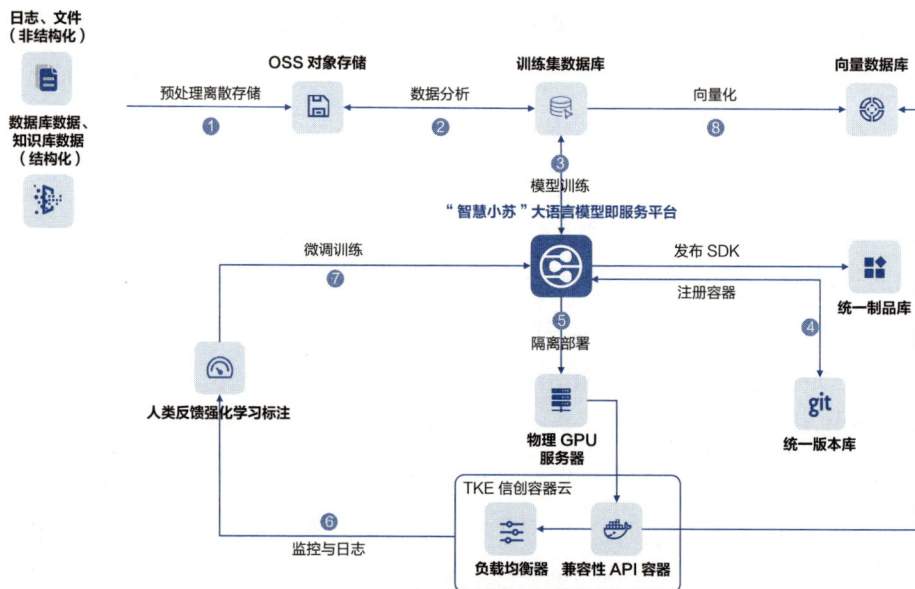

图 2　大语言模型服务平台训练部署生命周期管理

日志数据：包括经过人工标注的生产交互数据，例如，用户正面与负面的反馈，通过人类偏好强化训练对模型进行优化，使回答更符合业务领域。

向量数据：包含各类知识库向量化后的数据，用于匹配相似知识与回答，减少模型可能存在的幻觉现象。

知识库数据：包含各类场景的内部知识库与内部问答库数据。

训练集数据：包含针对不同业务场景人工标注的训练数据集，进行版本控制与更新。如图 3 所示。

（五）安全架构方案

网络安全防护方面，大语言模型服务平台接入行内国产化动态应用防护系统，对业务交互报文持续动态变化，增加服务端的不可预测性，提升攻击成本，同时防范自动化攻击、漏洞扫描等恶意攻击行为；通过国产化应用安全防护系统对应用流量中的恶意代码、疑似漏洞利用的请求进行进一步的清洗，并对大语言模型服务平台涉及的网络区域实施网络流量侧入侵防御和风险态势感知，分析多种协议交互中的异常请求、入侵行为等综合性风险，对可疑的行为流量进行检测告警和阻断。

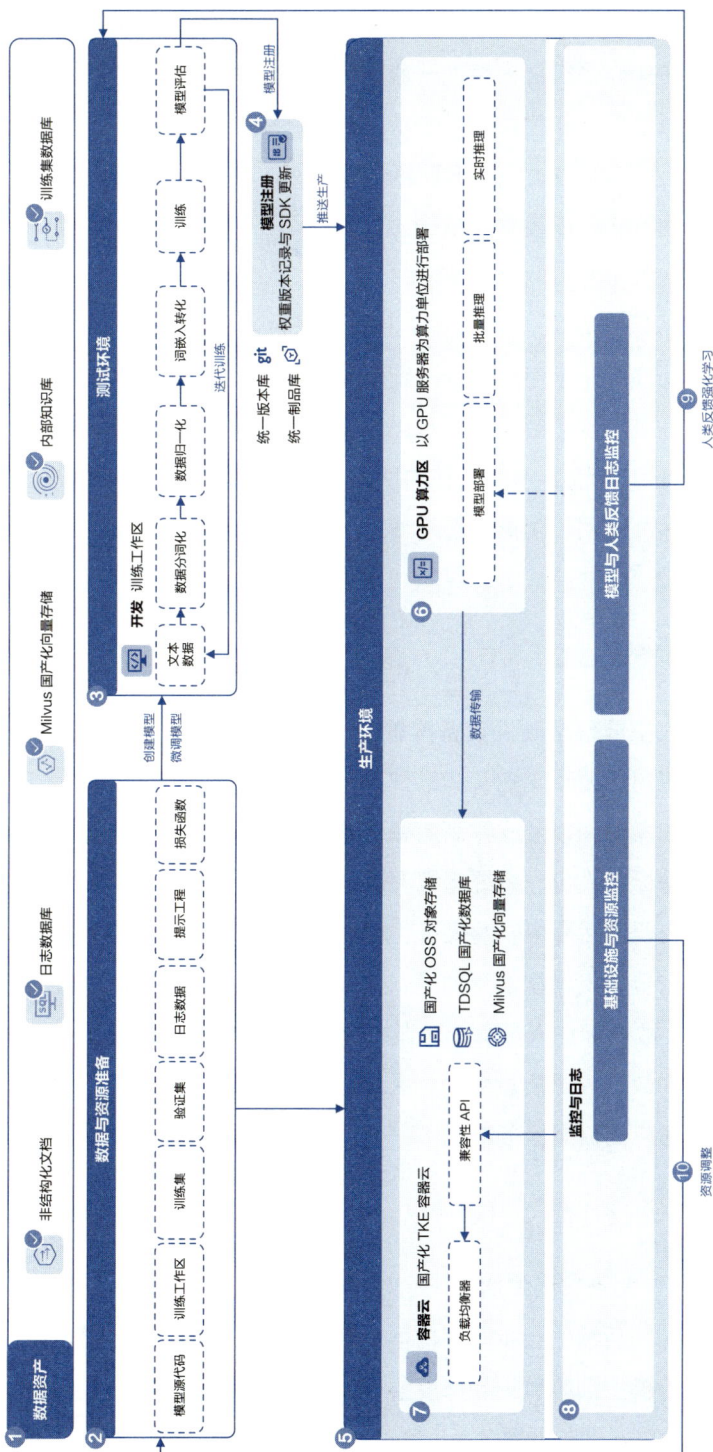

图 3 大语言模型服务平台数据流程

主机安全防护方面，大语言模型服务平台所有物理服务器均覆盖自适应主机安全套件，在操作系统层面增加一道安全屏障，在掌握资产动态、系统健康度的基础上，有效发现和拦截异常登录、异常网络连接等主机安全风险。针对大语言模型服务平台的国产化 TKE 容器云实例，则通过安全防护日志统一收集、定制监控等方式，以自动化编排为手段联动互联网边界防火墙，保证发现异常攻击源并自动阻断。

数据与隐私保护方面，大语言模型服务平台对接行内标准的数据脱敏沙箱，实现人类反馈强化学习的数据清晰和隐私脱敏，并且结合人类反馈阶段的人工数据清晰，进一步隔绝隐私信息误入模型训练集。此外，大语言模型服务平台完全运行于江苏银行本地，在内网服务器运行所有模型数据进行数据交互，完全与外部互联网相隔离，最终通过江苏银行互联网边界实现了强数据安全性。

（六）项目资源配置

项目的投入主要包括硬件设备购置、人力资源投入等方面的费用。其中，硬件设备购置费用主要用于购买和维护高性能计算设备和存储设备，以便进行模型的预训练和微调，以及支撑高效率部署运行。人力资源投入主要包括模型研发人员、数据标注人员、系统运维人员等的薪酬。

项目人员主要包括模型研发人员、数据标注人员、系统运维人员等。其中，模型研发人员主要负责模型的预训练、监督学习和人类反馈强化学习，以及模型优化和更新。数据标注人员负责对训练数据进行清洗和标注，去除隐私数据、重复数据、有误数据等低质量数据。系统运维人员负责平台的运行维护和故障排查，并研发对应的模型服务功能。

（七）项目建设过程

"智慧小苏"大语言模型服务平台由 2023 年 2 月正式立项，于 2023 年 5 月正式上线，并在后续的一年时间内不断迭代完善。江苏银行充分利用了开源的大语言模型、模型训练数据和深度学习框架，降低了平台的研发成本。项目由需求出发，对功能进行拆解分析，测试并匹配合适的底座模型与训练数据集。

为满足行内多服务高速运行，项目着重保障了高并发使用的设计落地。在项目建设过程中，为保障数据安全，江苏银行严格遵守国家和行业的数据安全规定，对所有数据进行加密、脱敏处理，并建立了完善的数据安全管理机制。此外，项目还构建了一套完整的模型训练和应用的监控系统，以实时监测模型的运行状态和性能。

三、技术创新点

（一）大语言模型技术特点

1. 大语言模型具有处理通用任务的"涌现"能力

对于传统模型而言，参数指的是模型的神经元数量，当模型规模较小的时候，模型的效果与参数大致呈线性增长。然而，以 GPT-3 为代表的千亿参数大语言模型在参数量提升后可以实现能力的指数提升，解决部分未训练任务，这种现象被称为"涌现"。"涌现"能力是大语言模型和其他语言模型的本质区别，这意味着大语言模型可以通过较低的时间和数据成本来完成训练任务。

2. 大语言模型能够实现多任务、多模态融合

大语言模型基座具有极强的可拓展性，能够实现单任务向多任务的演进，还实现了文本、音频、图像等多模态数据融合，构建跨模态人工智能底座。此外，通过"预训练 + 微调"的开发范式，大语言模型让模型研发过程更加标准化，大幅降低了人工智能应用门槛，成为 AI 走向工程化应用落地的重要手段。

（二）江苏银行大语言模型服务平台技术特点

1. 自主研发大语言模型

基于开源预训练大语言模型基座进行微调，江苏银行研发出了全链路自主可控的"智慧小苏"系列大语言模型，包括用于代码生成的 C 系列模型、文本生成的 L 系列模型、图像生成的 A 系列模型等。其中 L 系列文本生成模型又分为 L0（基础底座）、L1（词嵌入生成）、L2（金融客服专业模型）和 L3（通

话摘要专业模型）等各类细分模型。

2. 金融领域垂直模型

基于行业领先的大模型底座，江苏银行利用自身在金融领域积累的丰富数据和专业知识，对开源通用大模型进行了深入定向训练和优化，使模型能够更精准地适应金融垂直场景下的语境和客户需求。通过定制化的微调，江苏银行"智慧小苏"大语言模型改变了"一个需求，一次定制"的作坊模式，允许需求快速开发部署。

3. 模型即服务（MaaS）

通过将模型作为一种服务进行部署，可以实现模型的高效共享和灵活调用。因此，不同的下游业务系统可以更方便地利用这些模型，并以此提高了整体的计算资源利用率。模型即服务将传统部署于单个 GPU 服务器的模型资源虚拟化、池化、调用接口化和解耦化。

4. 向量检索

向量检索可以对文本进行分词，将文本转化成一组特征向量，并根据距离算法进行相似度比较，大大提高匹配准确度。此外，通过 FAISS 算法配合建立 IVF_FLAT 向量索引，可大幅提升检索速度，将查询阶段的检索次数降低到原先的 10%，实现可用于生产的向量检索。

5. 推理加速

在模型推理加速上，江苏银行自主研发了类 BetterTransformer 技术，结合开源 vLLM 等模型加速框架与连续批处理技术，显著提高服务的并发量，从而在有限的计算资源下完成更多的运算。由于"智慧小苏"系列模型占用显存过大，在生产中，为了保证稳定性，项目采用量化技术来降低模型的运行需求，通过 4 比特、8 比特等量化技术，平台将模型的显存占用降低至 1/2。以上各类技术共同提高了模型的生成速度，提升用户体验。

6. 高效微调

对于包含多个注意力层的大语言模型，每个注意力层中的权重矩阵可以分解为一个较小的旁路矩阵和一个较大的主矩阵。透过 LoRA 旁路微调技术与 DeepSpeed 训练框架，平台可以减少每个注意力层中的参数量，从而减小所需数据集规模与计算复杂度，提高训练效率。

7. 信创化程度高

依赖江苏银行的高算力网络与 TKE 国产化容器云（鲲鹏 920CPU、麒麟 V10 操作系统、深信服应用交付网关），平台实现了训练、部署资源的动态分配和优化，并同步实现了自注意力神经网络架构模型的加载、运行和推理加速。此外，平台还集成了多种深度学习框架（百度飞桨、Transformers）与配套工具链，同时具备向量数据库（国产化 Milvus 数据库）和训练数据库（国产化腾讯 TDSQL 数据库、华为高斯数据库）的管理能力。

四、项目应用场景

江苏银行构建的行业级大语言模型服务平台主要聚焦智能客服、智能研发和智慧办公三大领域，其主要应用在辅助工作场景，提升工作质效。

（一）智能客服场景

1. 在线客服

传统客服机器人通常基于规则和模板，即使客服人员针对回答预先设定好大量相似问题，机器人对于复杂或新颖的问题依旧无法给出准确回答。同时传统的问答机器人不能很好地理解上下文内容，无法准确识别用户诉求。大语言模型服务平台运用针对客服垂直领域进行微调的 L2 模型与向量数据库，根据客户的提问抽取知识点中精确内容或者横跨多个知识库条目，解决了传统问答机器人不能精准匹配问题的痛点。同时，相较传统机器人，大语言模型能够支持多轮对话，结合上下文了解客户真实需求，也让回复内容更具拟人化色彩，大幅提升用户体验，保证客户忠诚度及黏性，进一步提高回答准确率。如图 4 所示。

2. 坐席辅助

人工客服在介入时，通常根据问题关键字手动在知识库中搜索，缺乏有效的自动化工具。为解决传统人工客服查询知识库缓慢、不准确等问题，大语言模型平台会对聊天内容进行拼接整理，并运用 L2 模型强大的上下文理解能力，一键生成相应的备选回复，以供客服编辑与审核，平均每个问题回复时间缩短 30%，从而有效提升客服服务效率与满意度。

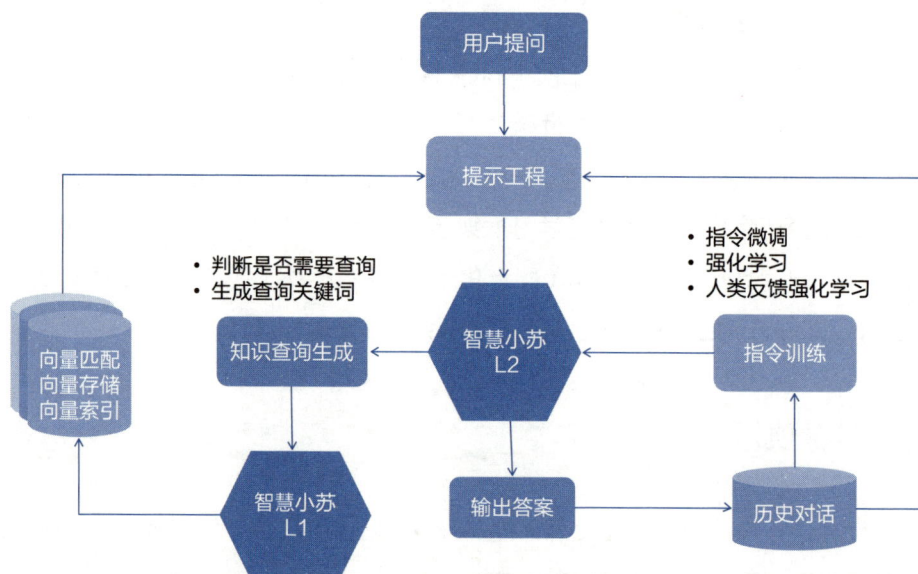

图 4 L2 大语言模型服务平台客服解决方案

3. 客服工单代填

江苏银行客服在每通热线电话结束后，需手动填写通话内容摘要，并复制电话号码、九要素等重要信息，耗费大量时间成本。如图 5 所示，平台基于底座模型针对客服工单代填场景进行微调，生成"智慧小苏 L3"。通过 L3 强大的文本摘要能力，概括通话内容以生成工单，大幅提升客服工单填写的速度。

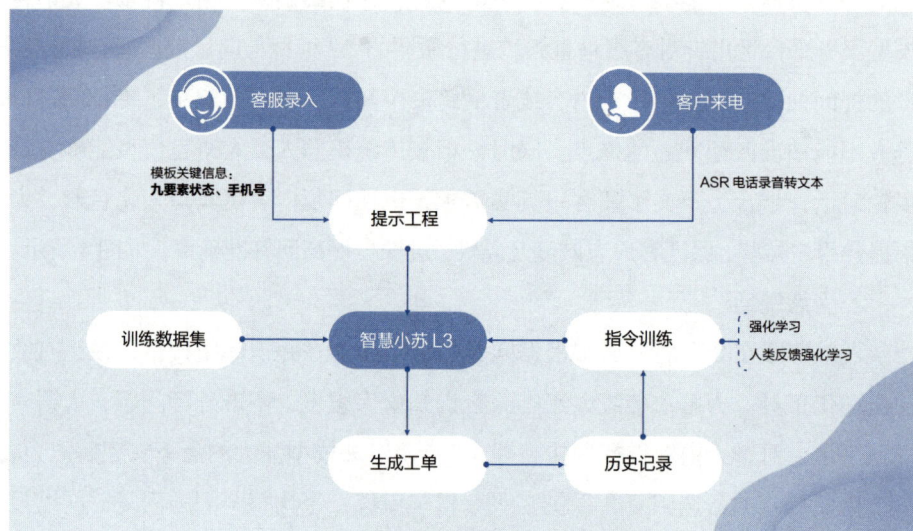

图 5 L3 大语言模型工单代填解决方案

4. 客服热点问题分析

江苏银行内平均每周会收到数万条客服电话热线，但缺乏有效的数据分析工具，无法对来电内容进行深入的分析和挖掘。大语言模型服务平台基于底座模型，进行数据清洗、类别标注、模型微调，并对每周数万客服电话内容进行智能归类，统计各项业务类型与涉及的问题，为我行相关团队提供数据支持，也为客服展示需要重点关注的高频问题。

（二）智能办公场景

1. 通用问答

大语言模型服务平台能够运用 L0 基础对话底座模型，结合向量数据库等工具，改进银行内部的信息检索系统。模型也可通过对上下文的理解，准确定位行员需求，辅助检索人员联系方式、规章制度、产品手册等相关材料，从而提高行员的工作效率、强化团队间的分工协作、简化操作流程。平台也整合相关模型，提供文档处理等功能，允许用户上传文档并对文档内容进行提问。模型会搜索与摘要问题答案，帮助用户快速梳理相关要素。

2. 文档助手

根据行内访问调研，小企业客户经理等基层员工在企业授信调查报告填写中，需耗费大量时间整理信息。大语言模型服务平台可结合图片 OCR 扫描与语音模型，多种形式提供强大的技术支持，显著减轻工作负担并提高工作效率。图片 OCR 技术可以用于自动识别截图、纸质文档（如身份证、营业执照、企业百科）上的文字信息，避免了客户经理手动输入数据的烦琐。音频模型可以将客户经理与客户的会谈、电话沟通等音频资料自动转录为文本，便于进一步分析和记录，也为客户经理节省了大量手动记录的时间。大语言模型可以基于 OCR 提取的数据和音频转录的文本，自动生成部分企业授信调查报告。通过预先定义的模板和意图，大语言模型能够结构化地整合归纳企业经营信息，同时与行内客户舆情系统结合，自动匹配数据库并进行风险评估。

（三）智能研发场景

为了快速响应市场变化和业务需求，江苏银行采用敏捷开发方法方式，但开发人员在面对新任务的同时也面临着新的挑战。基于"智慧小苏"大语言模型服务平台 C 系列模型结合自研 IDE 自主开发的代码补全插件，在应用交付测试管理平台项目组上进行了试点应用，取得了显著的效果。测试管理平台的压力测试服务三层架构完全使用 AI 模型自动化编写与校验，除部分提示工程外，无人工编码干涉。代码补全成功完成了分布式压力测试、高并发处理等高难度的编程任务，体现出强大的代码编写能力，日均调用 1500 多次，大大提高开发效率，深度赋能软件工程与系统运维。如图 6 所示。

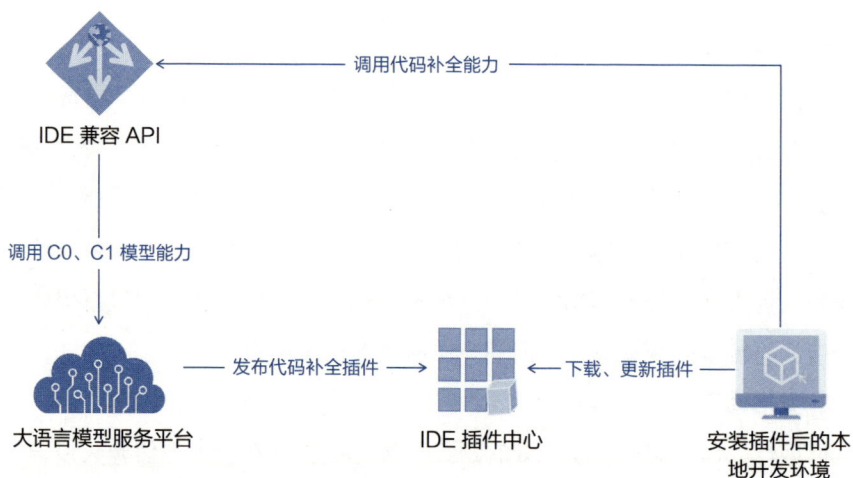

图 6　大语言模型服务平台代码补全业务架构

五、应用成效

（一）经济价值

客户服务领域：基于大语言模型研发的新型智能客服应答准确率从 93% 提升至 97%，并衍生出坐席辅助、工单代填两大场景。前者可根据会话内容辅助生成备选答案供坐席使用，平均减少 35% 的查询时间。后者运用大模型协助生成工单摘要，相较手动输入来电内容，使用模型转译可减少 60% 的填写时间，进而大幅提升整体服务效率。

智能办公领域：基于大语言模型开发的"智能文档助手"已在移动端、PC

端双渠道落地，客户经理可随时随地开展尽调工作，大幅提升企业授信效率，预计每年节省全行客户经理约 1.5 万工时。基于行内规章制度、产品政策，操作流程等各类资料打造的"移动智库"则提供了准确查询解答问题的途径，无论是基层经营机构还是后台支撑部门，都能快速获取信息，提高管理决策的科学性与前瞻性，显著提升业务办理效率及客户服务体验。

智能研发领域：基于"智慧小苏"大语言模型服务平台提供的代码补全插件，已集成至行内专业 IDE 开发工具，可辅助实现分布式压力测试、高并发处理、安全沙箱、边缘计算等高难度的编程任务，体现强大的代码编写能力，现该服务的日均调用量达 1500 余次，深度服务敏捷开发，助力业务需求的快速响应。

（二）社会价值

"智慧小苏"大语言模型服务平台使用小训练集微调形成专业垂直模型和带来搜索质量提升的向量检索等先进的技术，可以对输入的文本进行深度学习和语义分析，并实现更加高效、准确地搜索、推荐和信息处理。我行也借助此项目成为国内第一家落地实际应用的城商行。

在开发过程中，平台采用了多项创新技术，使其能够快速适应市场变化和业务需求。同时，通过培养相关人才，江苏银行也深入了解大语言模型相关的应用原理和技术架构，为今后在这一领域的研发和创新奠定了基础。该平台的落地也促进了江苏银行数智化建设和人才的培养；"智慧小苏"的 C 系列代码模型的推广也将有助于提高业内项目管理水平和软件开发规范化。江苏银行在业务应用方面充分利用了"智慧小苏"的多项优点，创建了高质量、高可靠性的智能客服、代码补全等应用系统，提高了服务效率和用户体验，进一步巩固了自身在银行业内 AI 应用领域的领先地位。"智慧小苏"大语言模型服务平台可以为银行业的落地推广提供优秀的案例，并促进金融机构数字化转型的发展。

六、项目总结与展望

（一）大模型发展方向

国内外大语言模型经历一年左右的发展，在参数、数据集等方向上的增长已趋于平缓，盲目追求参数量有着较低的边际效益。谷歌 Gemini-1.5 与 OpenAI 文生视频模型 Sora 的发布，预示着大语言模型正朝着多模态、超长文本输入以及文生视频的方向发展，江苏银行将持续探索新技术在业务中的运用。

1. 多模态颠覆传统交互方式

人类交流和信息消费不仅仅限于文本，还包括图片、视频、音频等多种形式。多模态模型通过整合这些不同类型的数据，能更全面地理解和生成信息。通过结合视觉、听觉和文本内容，模型可以更准确地理解图片、视频，以及用户的真实意图，提高对现实世界情景的认知，同时提供更丰富、互动的体验。将交互逻辑从过去一类信息一种场景的作坊模式转变为真正的通用人工智能形式。仅需匹配相应模块，无须烦琐开发多种场景，大大加快新应用的上线周期。

2. 超长文本输入提升文档处理能力

传统的大语言模型在处理长文本时面临着注意力和记忆力的限制，这影响了模型在理解和归纳长篇内容上的能力，模型回答的准确性会随着输入变长而降低，超长文本输入的探索旨在突破这些限制。模型对上百页长文本的传统解决方案为切割划分，进而先理解局部，再重新合并为整体，但这类方法往往会丢失部分信息。拥有超长文本输入能力的模型在处理长篇内容时，模型能够更好地保持主题一致性和逻辑连贯性，生成的内容质量更高，在金融产品、法律法规、长篇小说等领域有着巨大潜力。

3. 文生视频助力营销模式

传统的视频创作难度极高，且花费巨大，但短视频内容的消费日益增长，文生视频技术旨在简化这一过程，通过自然语言描述直接生成视频内容，从而极大地提高内容创作的效率，降低创作门槛。未来文生视频技术可以迅速响应市场变化，商业银行可根据营销活动及时生成营销视频，不仅极大地缩短了视频的制作周期，还使得中小型银行在有限预算的情况下也能够产出高质量视频内容。并且，通过分析客户数据和偏好，文生视频技术可以生成针对特定客户群体的定制化视频，引起客户的共鸣，从而提高营销活动中的客户转化率。

（二）江苏银行大语言模型服务平台未来规划

商业银行正处于利用大语言模型加速业务创新和优化服务的关键时刻。江苏银行将进一步提高国产信创程度，降低系统各项风险，同时积极提升硬件算力水平，满足多场景的计算需求，从而提供更优质的使用体验。未来江苏银行将持续跟进大语言模型的发展趋势，定期进行模型的迭代升级，通过引入最新的研究成果和开源技术，不断优化模型的性能和业务逻辑，以适应不断变化的需求和挑战。

厦门国际银行股份有限公司

绿色金融综合服务平台——绿金通

一、背景及目标

（一）项目背景

随着全球气候变化，环境保护与可持续发展已成为全球关注的焦点。2020年我国提出"要在2030年前实现碳达峰、2060年前实现碳中和"的绿色发展战略要求。2022年监管机构发布绿色金融指引，要求银行保险机构应当根据自身实际积极运用大数据、区块链、人工智能等科技手段提升绿色金融管理水平，不断完善产品开发、经营销售、投融资管理等业务流程，优化对小微企业融资、线上融资等业务的环境、社会和治理风险管理，结合业务特点在风险评估、尽职调查、合规审查、信贷管理、投后管理等方面采取差异化、便捷化的管理措施，提高风险管理的覆盖面和有效性。

未来三十年内，我国实现碳中和所需绿色低碳投资的规模巨大，将为绿色金融带来巨大的发展机遇。商业银行作为金融体系的中坚力量，在引导资金配置和提供绿色金融服务方面发挥着重要作用。

厦门国际银行积极贯彻国家"双碳"目标，落实监管政策指引，努力推动全行绿色金融运行机制的建立，从2018年起主动变革，总体部署全行绿色金融发展战略。2021年，在银行第五个五年发展规划中明确"创新、协调、绿色、开放、共享"的新发展理念，将绿色金融纳入高质量发展指标体系，积极发展绿色金融业务，推动绿色金融体系建设，加强对低碳经济、循环经济、绿色经济的扶持力度，促进绿色金融发展，提升绿色金融服务水平和能力，深耕绿色金融业务发展，绿色金融业务发展虽取得一定成效，但依然面临诸多挑战。

一是绿色业务认定难度大。识别绿色属性要求专业度较高，绿色标准及口径较多，且业务人员对现有绿色标准和政策的认知存在差异，人工认定方式易出现错认漏认等问题。二是环境效益测算难度大，测算绿色业务的环境效益，是绿色信贷业务的重要组成部分，也是监管机构要求报送的重要数据。根据监管机构发布的环境效益测算指导目录，环境效益测算公式复杂，测算难度大，对经办人员专业度要求较高。三是环境风控体系待优化。缺乏客户的环境表现的有效数据来源，无法开展基础分析工作，且各地区生态环境部门信息不互通，无法通过人工查询手段做到应查尽查；环境、社会和治理风险分类管理需完善，实现对信贷业务的全流程环境、社会和治理风险分类管理；缺乏贯穿信贷全流程的环境风险持续监测机制。四是缺乏绿色业务数据统一化管理。银行信贷系统仅支持基础导出功能，无法直接对绿色金融数据进行深度分析；信息渠道分散，缺乏有效信息共享平台供业务人员学习内外部绿色政策。

为更好地开展绿色金融服务并不断提升银行绿色金融业务管理水平，厦门国际银行从可持续发展及全流程管理角度，打造绿色金融数字化管理系统，绿色金融服务平台——绿金通。

（二）项目目标

"绿金通"将金融科技与绿色金融相结合，创新绿色金融数字化管理方式，以打造具有国际化特色的"绿色银行"为建设目标，将绿色元素、环境要素、监管要求等融入绿色金融业务流程。平台以NLP自然语言处理、大数据分析、OCR图像处理技术等技术为依托，建立覆盖多类型资产的绿色智能识别模型，实现基于人行及金融监管局的多套标准的绿色智能识别，提供专业、精准、便捷的环境效益测算服务，构建企业绿色画像及环境风险预警体系，并将其有机整合至贷前、贷中和贷后环节，实现绿色信贷业务全流程及后台管理的专业化赋能，完善健全环境信息披露机制。有效解决了绿色业务认定效率低、环境效益测算难度大、环境风控体系待优化、绿色数据信息分散等问题，提升商业银行绿色信贷管理能力，推动商业银行绿色化转型，助力绿色金融业务高质量可持续发展。

二、项目方案

（一）业务方案

"绿金通"从环境效益和环境风险两大维度出发，将绿色金融经营理念嵌入信贷全生命周期流程管理，将环境风险管理纳入全行授信管理体系。平台功能架构如图1。

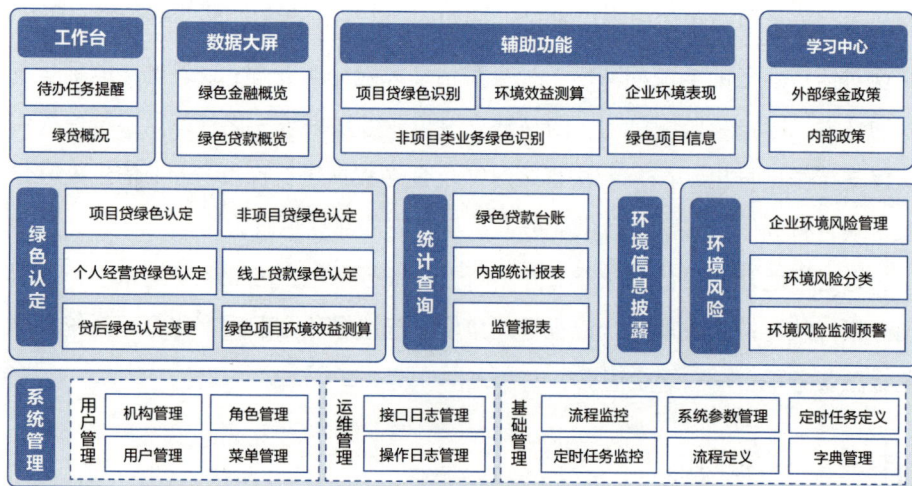

图1 绿金通平台功能架构

环境效益方面，建立基于 NLP 技术的覆盖多类型资产的绿色智能识别模型，实现人行及金融监管局多标准的绿色智能识别；内置118个环境效益测算模型，提供专业、精准、便捷的测算服务；支持多维度可视化的绿色金融业务统计分析；根据国家及厦门市环境风险披露要求，录入银行经营过程活动产出的温室气体排放和自然资源消耗的定量指标、统计绿色贷款对环境产生的影响，生成环境信息披露报告。环境风险方面，引入外部环境风险数据，构建企业客户绿色画像及环境风险预警机制，提供企业环境信用风险查询，设置学习中心，为学习内外部绿色政策提供便捷途径，有效实现为各条线各岗位人员赋能、提质、增效。如图2所示。

（一）环境效益维度

1　绿色资产认定

- 信贷资产绿色认定：根据项目建设内容及规模、贷款资金用途等，运用自然语言处理技术，实现智能化认定绿色贷款；
- 针对其他类种金融资产：根据资金用途、借款人所属行业等信息，系统提供智能绿色遴选功能。

2　环境效益测算

按照监管机构环境效益测算具体要求，建立专业的环境效益测算模型，计算绿色项目的环境效益指标。

3　环境信息披露

实现满足监管报送要求的数据统计；按照中国人民银行环境信息披露要求，完善金融机构环境信息披露能力。

（二）环境风险维度

4　客户环境风险管理

- 针对金融机构企业环境风险管理实际需求，提供及时、可靠的企业环境画像，为客户准入、尽职调查、授信定价等提供支持。

5　环境风险分类管理

根据监管机构绿色信贷指引，对企业进行环境与社会风险 A/B 分类，并快速识别两高一剩业务。

6　环境风险监测预警

监测信贷企业的环境表现，当出现新的环境风险时及时发出预警，提示行里做好风险处置相关工作准备。

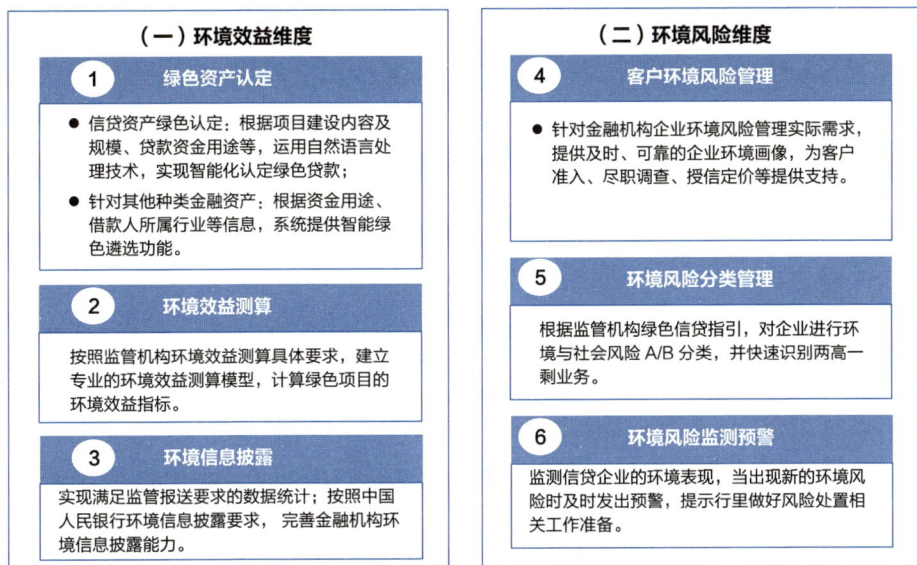

图2　从环境效益、环境风险两大维度帮助银行增强绿色金融管理能力

平台的创新设计主要体现在以下七方面。

1. 建立覆盖多类型资产的绿色智能识别模型

建立基于 NLP 自然语言处理技术、OCR 图像处理技术的绿色智能识别模型，支持按照人行、金融监管局的各类绿色金融标准，实现对项目类贷款、流动资金类贷款、零售贷款、票据等多类型绿色金融资产进行智能识别，自动判断是否符合绿色金融标准，以及符合绿色金融标准下的哪项细则，提高绿色认定及业务处理效率。

2. 建立专业、精准、便捷的环境效益测算能力

借助绿色金融科技，建立全面符合监管机构发布的《绿色信贷项目节能减排量测算指引》，高效、友好、操作性强的环境效益测算服务，从 11 项指标精准计算绿色项目贷款的环境效益，满足监管要求，提升环境信息披露的数据质量。系统根据绿色项目分类，展示不同的必要环境参数，客户经理只需手工录入相关参数，系统即可通过调用内置模型自动计算该绿色项目的各项环境效益。绿色项目环境效益测算结果，可作为项目贷款获取商业银行信贷利率优惠的参考依据，提升客户经理业绩，同时也为商业银行后续开展环境信息披露工作打好基础。

3. 建立健全的环境风险监测机制

建立基于大数据分析技术，整合内外部企业客户环境数据的全流程动态环境风险监测管控机制。提供企业环境信用风险查询工具，贷前可以便捷查询企业环境风险，为客户准入、尽职调查提供有力保障。结合客户环境、社会和治理风险分类，"两高一剩"认定结果，内外部环境风险数据等内容，构建客户绿色画像及环境风险监测预警机制，贷中贷后可以全面准确地掌握客户环境风险动态及环境风险，实现将环境风险管理融入信贷全流程，建立全生命周期的绿色信贷管理能力。

4. 建立动态监测客户环境、社会和治理（ESG）风险评估防控机制

整合外部环境风险数据，厦门国际银行对客户的环境、社会和治理风险分类予以动态评估与分类管理，根据授信项目类型或授信客户从事主业，并综合考虑客户目前的经营情况、已造成的环境与社会影响、地方环保局评级等，将授信客户分为 A、B、C 三类。对于出具负面审查意见的 A 类或 B 类客户，原则上不得进入授信审批流程；对于环境和社会表现不合规的客户，不得授信。建立重大环境和社会风险的客户名单管理机制，定期收集和整理存在重大环境和社会风险的客户，并对名单内的授信客户采取个性化风险缓释措施。

5. 完善环境信息披露能力

支持银行按照中国人民银行或中国人民银行厦门市分行环境信息披露要求，从定性和定量两方面披露包括银行自身运营对环境的影响、投融资过程中对环境的影响、环境因素对金融机构的机遇和风险等相关信息，助力金融机构提升气候与环境风险管理水平，推动企业微观主体减少环境风险，从而促进经济绿色转型和发展。

6. 有效提高绿色金融决策和管理能力

通过数据报表、数据大屏等形式，提供多维度可视化统计和分析功能。数据大屏实时展示多维度统计的绿色信贷仪表盘，包括多类型资产、不同分支机构的资产规模、环境效益贡献、资产质量等统计指标及业务发展趋势；实现不同分支机构绿色排名；现实不同客群的环境风险分类结果排名等。数据报表支持按照不同维度查看并导出相关数据，支持银行按照绿色金融监管标准及时、准确掌握当前业务发展情况，在提高统计分析效率的同时，也为管理层把握绿

色金融发展的机遇和挑战提供强有力的信息支撑。

7. 提升绿色金融业务拓展能力

基于"双碳"目标下的绿色产业链出发，逐步建立绿色企业和项目库，坚持本地化发展与绿色低碳转型，为一线人员提供绿色商机，助力市场营销；通过学习中心，绿色金融政策查询功能，为行内人员学习内部政策制度和外部监管政策提供便捷渠道，进一步强化员工绿色意识，助力员工提升绿色金融方面的专业能力。

（二）技术方案

技术层面，一是平台采用云上容器化部署方式，拆分功能模块实现微服务部署，降低功能模块间的耦合，功能组件化、模块化，容错性强的同时，也支持后续新产品的快速对接、系统快速迭代更新。数据库采用一主三从的热备方式部署，若主机发生故障时，自动切换，具备高可用性。二是平台对接行内现有的信贷管理系统、大数据应用平台、外部数据管理平台、智能图像识别平台、影像管理平台、ESB 企业服务总线、统一身份认证平台、AD 域系统、邮件系统等，保障数据安全稳定传输，业务流程流畅易操作。系统部署架构图如图 3 所示。

三是平台搭建了一套基于 NLP 自然语言处理技术的，可以覆盖多类型资产的绿色智能识别模型，可以解析人行、监管机构多套绿色标准，为用户提供智能化、广覆盖、易操作的便捷服务。四是深度解析监管机构发布的《绿色信贷项目节能减排量测算指引》，搭建 118 个环境效益测算模型，精准计算环境效益 11 项指标。五是基于大数据分析技术，将环境行政处罚、安全行政处罚、重点排污源等外部环境风险数据，融入贷前、贷中、贷后全流程，实现信贷全流程监控环境风险。

三、项目创新点及风险点

（一）创新点

1. 以金促绿，依托金融科技手段，创新绿色金融数字化管理

"绿金通"以大数据分析、NLP 自然语言处理、OCR 图像处理技术等技术

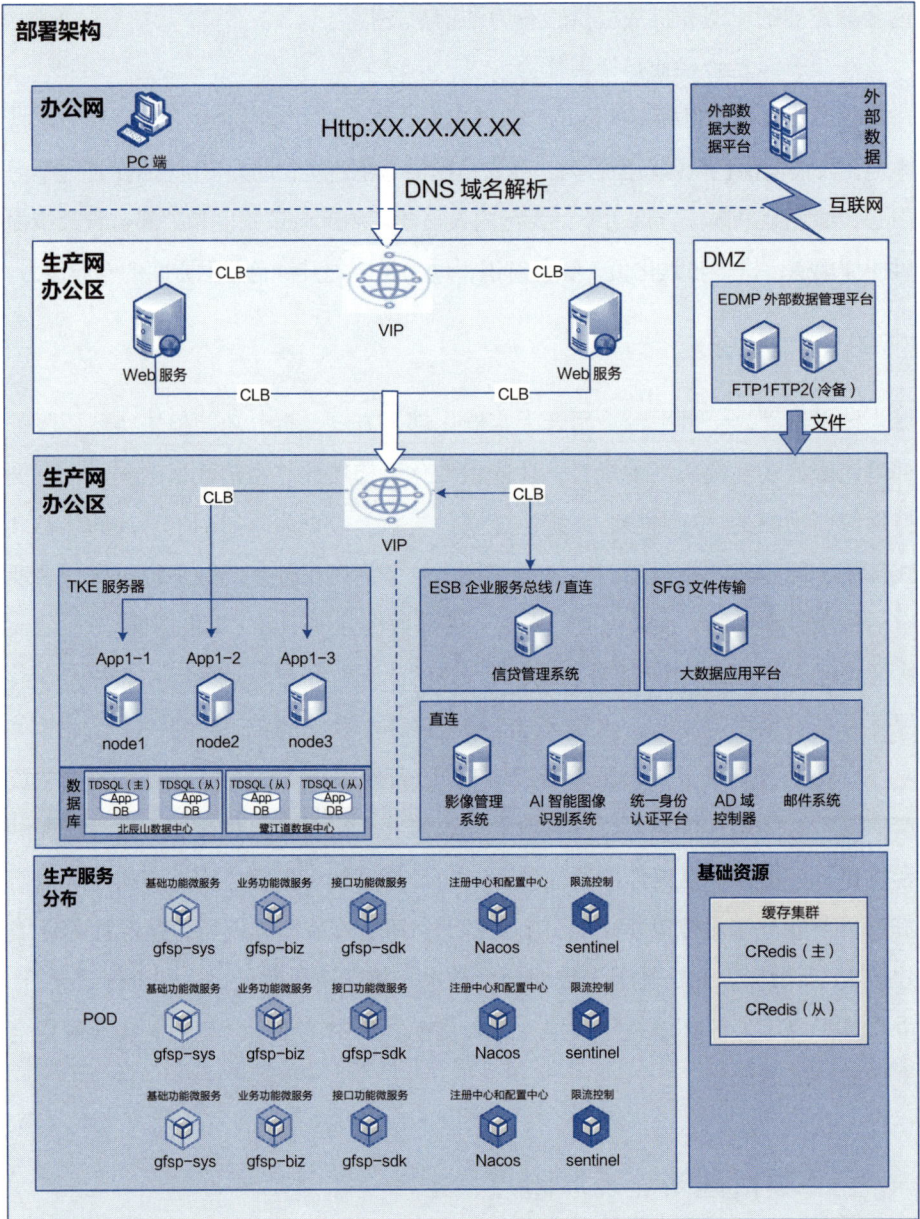

图 3　系统部署架构图

为依托，建立覆盖多类型资产的绿色智能识别模型，解决识别绿色属性要求专业度高，绿色标准及口径复杂，人工识别易出现漏认等问题。搭建环境效益测算模型，提供专业、精准、便捷的环境效益测算服务，解决了环境效益测算公式因子多，测算复杂、难度大的问题。引入外部环境风险数据，构建客户绿色画像及建立环境风险持续监测机制。全方位提升绿色金融数字化管理能力，降低管理成本。

2. 点绿成金，将绿色理念融入作业流程，实现绿色金融全流程管理

将绿色理念融合嵌入贷前、贷中、贷后全流程，从可持续发展及全流程管理的角度，提升银行绿色金融服务效率及绿色业务规模。贷前增加绿色认定、环境效益测算、企业环境信用表现查询等小工具，助力市场部门发现和掌握绿色金融业务营销机会，促使资金资源向绿色产业倾斜；贷中实现对接人行及金融监管局多套绿色标准的快速认定，有效解决绿色信贷认定复杂、识别不准、核查困难等问题，实现环境效益测算线上化，有效解决环境效益测算难的问题，提高业务处理效率；贷后持续监测企业环境风险，助力气候与环境风险管理水平的提升，同时发挥金融机构的中介作用，推动企业微观主体改善环境风险，从而促进经济绿色转型和发展。

3. 信息整合，提升绿色金融决策和管理能力

绿金通提供多维度可视化统计和分析功能，支持银行按照绿色金融监管标准及时、准确掌握业务发展情况，提高统计分析效率，也为管理层把握绿色金融发展的机遇和挑战提供强有力的信息支撑。提供绿色金融政策学习功能，为行内人员学习内部政策制度和外部监管政策提供便捷渠道，帮助员工提升绿色金融方面的专业能力。

4. 产品创新，打造业务发展与环境保护良性循环"生态圈"

根据国家"双碳"工作要求，厦门国际银行秉持本地化作业方向，及时调整信贷政策，因地制宜开展绿色产品创新，相继颁发"减碳贷""碳汇贷""绿色建筑贷""茶厂贷"等一系列绿色金融产品及服务，通过丰富绿色金融产品，助力本地企业低碳转型发展。作为海洋资源大省，福建省坐拥13.6万平方公里的海域，海洋文化底蕴深厚，特色鲜明。厦门国际银行立足福建资源优势，积极响应党的"发展海洋经济，保护海洋生态环境，加快建设海洋强国"号召，持续研发蓝色金融产品，全力助推海洋可持续发展，为经济高质量发展提供"蓝色引擎"。同时，厦门国际银行积极响应绿色金融与碳减排政策号召，充分发挥跨境联动优势，多维度探索绿色金融新模式，明确支持绿色、可持续发展

等领域投资，强调关注各类绿色金融资产的投资机会，逐步提高厦门国际银行绿色债券投资规模。充分利用港澳区位优势，发行广东首单，于澳门、新加坡两地挂牌上市的绿色"明珠债"。

（二）项目风险点及防范措施

一方面，因绿色金融涉及贷款等重要业务，需保障业务连续性，所以系统采用云上微服务容器化部署的方式，有效避免单点故障，方便服务数量拓展，保障业务持续稳定运行及快速拓展。另一方面，绿色金融包含较多业务敏感信息，对于业务敏感信息，需保障数据安全性，因此系统对关键数据内容采用加密保存，对于不同分行的业务数据，进行数据隔离，有效保障数据安全。

四、项目运营情况及项目过程管理

"绿金通"自 2022 年 11 月上线至今，运行稳定，为绿色金融业务稳定发展提供强有力的平台支撑，全面提升银行绿色金融数字化管理能力。

项目建设共分为两个阶段，一阶段实施内容包括：搭建"绿金通"，实现支持业务部门快速识别绿色项目、环境社会和治理风险分类、环境效益测算等核心功能，对接信贷管理系统，实现客户经理在对公授信申请发起前，通过信贷管理系统调用本系统，进行授信绿色认定，从大数据平台接收客户信息、授信贷款信息等；二阶段实施内容包括：对接信贷管理系统，将绿色业务识别、环境风险分类等结果应用授信全生命周期流程，完善企业绿色画像、增加环境预警监测，同时对接大数据平台、1104 及人行大集中监管报表报送平台优化监管报表等功能。

在项目建设初期，首先对项目整体建设情况按照项目立项、需求分析、系统设计和开发、系统测试、投产上线五个大阶段进行划分，制订整体项目计划，并逐项细分颗粒度，制订最长不超过 5 个工作日的详细项目进度计划表。

在项目建设时期，需求分析阶段，项目组成员组织各项目干系人，详细讨论项目需求范围，明确系统实现细节，遇到无法确定的需求内容，积极协调沟通各方确定解决方案。在系统设计和开发阶段，项目组严格按照项目进度计划表推进执行，组织各系统负责人每周固定召开一次项目例会，对齐项目开发进度。

在项目测试阶段，预先准备并部署测试环境，组织测试相关人员拟写测试案例，开展测试培训，并按照项目计划及时跟进项目测试进度。在项目测试期间，项目组每周组织项目周例会，沟通对齐项目测试进度，提出测试执行过程中遇到的困难及可能存在的风险，由项目经理负责统筹协调解决问题。同时，项目经理每天查看并跟进测试案例执行情况，技术负责人每天查看并跟进测试案例缺陷率及缺陷解决情况，要求小缺陷当天完成修正，大缺陷在3个工作日内完成修正，如果遇到无法确定的需求点或技术问题，及时提出，项目经理组织业务负责人、技术负责人与开发人员，共同商讨解决。在项目进入验收测试阶段，同步开展系统非功能测试，保证系统功能完善、性能稳健。最终，经过项目组成员共同的努力，"绿金通"项目顺利如期上线。

五、项目成效

"绿金通"的建设既满足了业务发展需求，也具有一定的先进性和示范性。平台依托金融科技力量提升了绿色金融业务办理效率和专业化水平，促进了绿色金融业务快速规范式增长，发挥绿色政策促进信贷结构调整，推动实现自身社会责任和业务规模的双向可持续发展，经济效益和社会效益明显。

经济效益方面，"绿金通"大幅提高了绿色金融业务办理效率，提升了数据价值挖掘和分析能力，有效助力市场人员快速发现及识别绿色项目业务，优化客户体验，不断提升金融服务质效。自项目上线截至2023年12月末，全行已累计完成认定超过16万笔，约节省人力成本900人/月，按人行统计口径，银行绿色金融业务总额达203亿元，其中绿色信贷余额175亿元，较年初增加近60亿元，同比增速52%。

社会效益方面，厦门国际银行绿金通的系统建设实践是支持生态文明建设、服务实体经济以及推动各项绿色产业发展政策落地的良好实践，是积极响应国家"双碳"目标、响应厦门市申创国家绿色金融改革试验区的重要举措之一，对同业和其他城市商业银行建设各自绿色金融业务系统具有重要参考和借鉴意义。

　　"绿金通"参展第二十一届中国海峡创新项目成果交易会，并荣获了2023年银行家"2023年度银行家绿色金融创新优秀案例"、第四届长三角金融科技创新与应用全球大赛"2023年度金融科技·金融机构最佳实践奖"、第四届厦门市金融科技优秀项目二等奖、"科创中国"金融科技创新大赛三等奖、第14届中国金鼎奖"年度卓越绿色金融奖"、第六届中国数字普惠金融大会"一起益企"优秀案例等多项荣誉。

六、项目总结

　　绿色金融是国家的政策导向，践行绿色理念，推进绿色金融发展是商业银行战略转型的重要方向。厦门国际银行将绿色金融作为特色业务，纳入银行第五个五年规划，将绿色理念融入银行日常经营方方面面，在明确了绿色金融作业方向的基础上，通过搭建绿色金融综合服务平台"绿金通"，夯实绿色业务量化管理的基础。"绿金通"的建设是落实国家大政方针、顺应国内经济绿色转型趋势、建立完备环境风险管理机制的举措，是落实"碳达峰、碳中和"重大战略部署的核心抓手，是商业银行向"绿色银行"转型的关键步骤。"绿金通"的应用能够助力资金资源向绿色产业倾斜，提升银行的绿色金融业务规模和余额，推动商业银行绿色化转型。

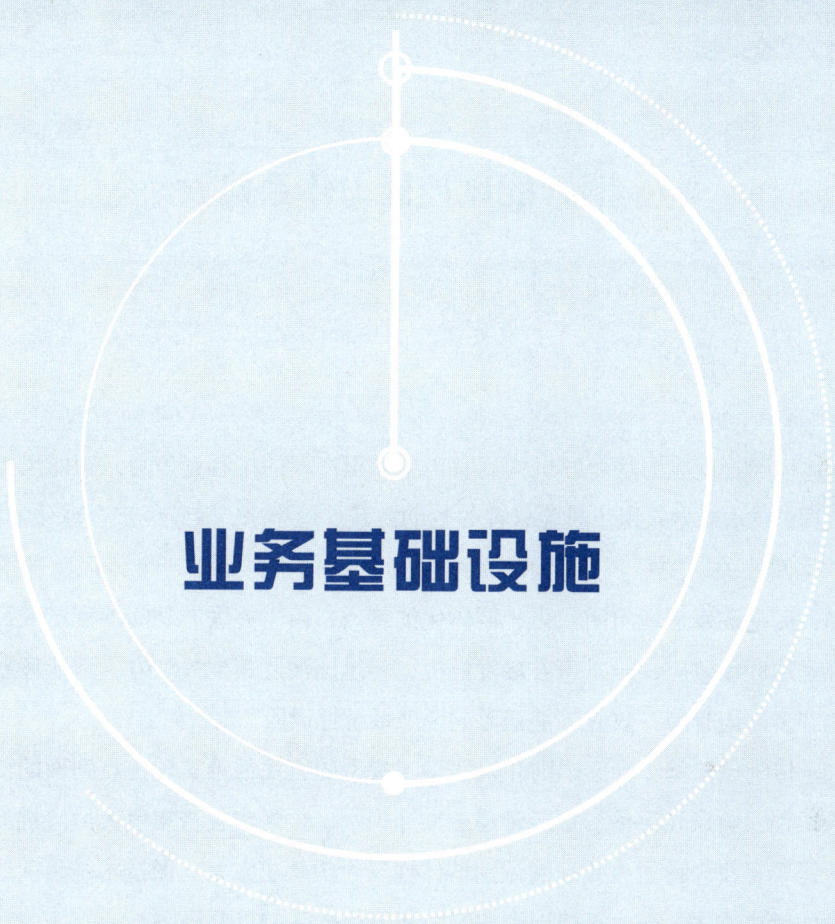

业务基础设施

Business Infrastructure

中国建设银行
建信金科

图智能风控能力体系建设

一、引言

风险管理能力是金融机构具有自主知识产权的核心竞争力，智能风控是将数据、技术能力应用于风险管理的生动实践。近年来，随着经济全球化的推进，个体间的关联关系日趋复杂，银行风险的评估不再是单一个体风险的简单累加，而是逐步呈现出团伙化、群体化的特点，由于关联方之间的资产或经营状况呈现联动效应，一旦一方爆发危机，将迅速波及其他关联方，造成风险传导的"多米诺骨牌"效应，甚至形成金融系统性风险。

传统风控基于专家规则和机器学习模型的方法很难实现由点到面的潜在风险识别，给风险评估、贷后管理、欺诈识别、合规审查带来巨大风险挑战。因此需要寻找一种能有效准确识别群体性风险的解决方案。图技术是目前这类问题的解决方法之一，是建设企业级智能风控体系的重要拼图。

秉承业技融合的理念，建设银行与建信金科公司联手打造适应数字经济的银行图智能风控能力，诠释建行风险管理思想"由点到面"全面转变，同时基于异构体神经网络、动态时序图等前沿创新技术实现复杂网络信息充分挖掘的强大能力，形成对全业务、全流程、全渠道和全客户的多维度群体性风险前瞻性挖掘和评价，提升金融风险防范化解能力。

二、项目方案

在本项目整个实施过程中业务部门与项目组技术人员紧密配合，组成金融科技项目组。建设银行风险管理部从全面风险管理角度出发，提出智能风控升维的策略方针，风险计量中心提出相应的业务需求，并进行用户测试。建信金融科技有限责任公司 Big Data 中心基于中台能力，充分将图技术与我行各类风控场景融合，给出图智能风控体系构建的解决方案，并将其落地实施到建设银行的新一代系统体系中。

总体组织架构运行如图 1 所示：

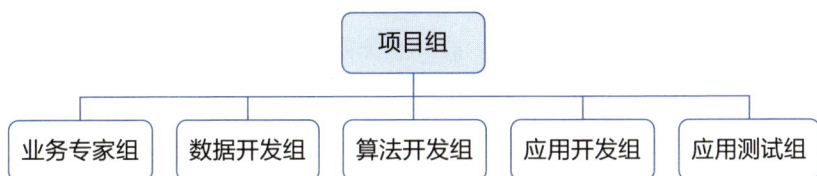

图 1 项目组织架构

各小组主要职责为：

（1）业务专家组：负责全面风险管理体系的业务指导，验证成果是否符合预期目标。

（2）算法开发组：调研适用业务场景的图风控模型算法，进行项目中风控模型的统一开发。

（3）数据开发组：负责接入明细数据、数据分析验证、基础图谱加工以及调度配置等工作。

（4）应用开发组：负责项目前后端应用部分的技术设计、代码开发、接口发布等。

（5）应用测试组：负责测试案例编写，涉及接口测试、应用组装测试、用户测试以及测试报告编写。

在数字经济时代，银行面对的风控环境越来越复杂，比如，企业信用风险以网络形式扩散，各类信贷欺诈以团伙方式作案等，越来越多的风险行为/事件呈现网状结构特征，给银行风控业务带来新的挑战。建设银行通过构建全行统一的金融知识图谱，使用异构图神经网络等先进的图智能算法研发各类图智能风控模型，实现各种潜在风险的早发现和早处置，以及风险因素全链路刻画，从而解决传统风控碎片化的问题，实现集团风控水平由"点"到"面"的智能化升维。下面，本节从金融知识图谱建设、图风控模型能力建设和风控场景支撑三方面对建行的图智能风控能力体系建设方案进行介绍。如图 2 所示。

（一）金融知识图谱建设

金融知识图谱是建设银行数据中台的一个重要组成部分，它为其上的图应用提供基石燃料。在图谱建设过程中，使用流批一体化大数据计算和人工智能等技术，对集团内部数据、第三方数据和互联网数据的各种类型的实体和关系进行采集、加工和整合，形成一套内涵全面的金融知识图谱，包括组织机构图谱、个人关系图谱、资金关系图谱、零售信贷图谱、产业链图谱、媒介图谱、事理图谱等十多个专业领域的知识图谱。建行的金融知识图谱以"全行一张图"为目标进行建设，减少图谱的重复建设工作，保证图谱数据易于管理和使用。

在理念上，基于统一的数据工艺和"共建共享"的方式构建集团一体化的金融知识图谱。风控业务是商业银行最重要且涉及面最广的业务，许多知识图谱由风控业务部门主牵，组织多方专家共同参与建设。建成的知识图谱由数据中台统一管理，开放给全集团查询和使用。每一个知识图谱都由多种类型的实体和关系组成，包含百万级以上的节点和边，蕴含丰富的实体和关系信息。以组织机构图谱为例，其中包含企事业单位、政府机构和自然人等类型的实体，以及股权关系、担保关系、法人／实控人／董监高等关系，约有近亿个节点和超 5.5 亿条边。

（二）图风控模型能力建设

项目组以金融知识图谱为数据基础，研发出包括关系挖掘，资金流向，实体识别，团伙挖掘和风险传导等多类图风控模型集，每一大类模型集包含数十个图风控模型，形成高可复用的图风控模型能力层，用以支撑各种不同的风控业务。以关系挖掘类的图风控模型为例，包括集团关系挖掘、担保圈挖掘、实控人挖掘、一致行动人挖掘等多个图风控模型。集团关系挖掘模型可被上游集团授信、大额风险暴露管理、非法集资等多个业务场景调用。为更好地复用模型，一个或多个模型被封装为服务，支撑各种复杂的业务需求。

业务场景

- 风险管理：贷前准入、支用拦截｜贷后预警、用户排查
- 反洗钱：客户身份识别｜可疑交易识别
- 反欺诈：欺诈交易拦截｜申请反欺诈识别
- 合规排查：员工与客户资金往来｜员工异常行为监测

图风控模型层

关系挖掘
- 实控人挖掘模型
- 集团关系挖掘模型
- 一致行动挖掘模型
- 担保圈挖掘模型

实体识别
- 异常设备识别模型
- 风险企业识别模型
- 虚假身份识别模型
- 水房账户识别模型

异常资金
- 信贷资金流入房地产模型
- 信贷资金流入股市模型
- 资金中介检测模型
- 资金环路检测模型

团伙挖掘
- 反洗钱团伙挖掘模型
- 反欺诈团伙挖掘模型
- 供应链造欺诈团伙模型
- 员工违规知团伙模型

风险传导
- 风险传导路径模型
- 风险传导速率模型
- 风险推理模型
- 风险归因模型

数据中台

衍生数据　明细数据

金融图谱数据

- 组织机构图谱：股权关系、法人代表关系、担保关系、经济依存关系、对外投资关系、董监高关系
- 产业链图谱：客户信息、工商信息
- 个人关系图谱：配偶关系、兄弟姐妹关系、子女关系、近亲属关系
- 设备图谱：信用卡、借记卡、司法信息、税务信息
- 资金关系图谱：转账关系、贷款支用关系、账户持有关系、近亲属关系
- 媒介图谱：个贷、理财
- 事理图谱：担保、征信、授信、评级、金融市场、支付结算、机构、员工

技术中台

- 人工智能：机器学习、深度学习、自然语言处理、图像识别、语音识别
- 图算法：GCN、GraphSage、Floyd、GAT、HetGNN
- 大数据：流批一体化计算平台、Spark、Flink、MPP、Hive
- 云计算
- 区块链　物联网

结构化数据　半结构化数据　非结构化数据

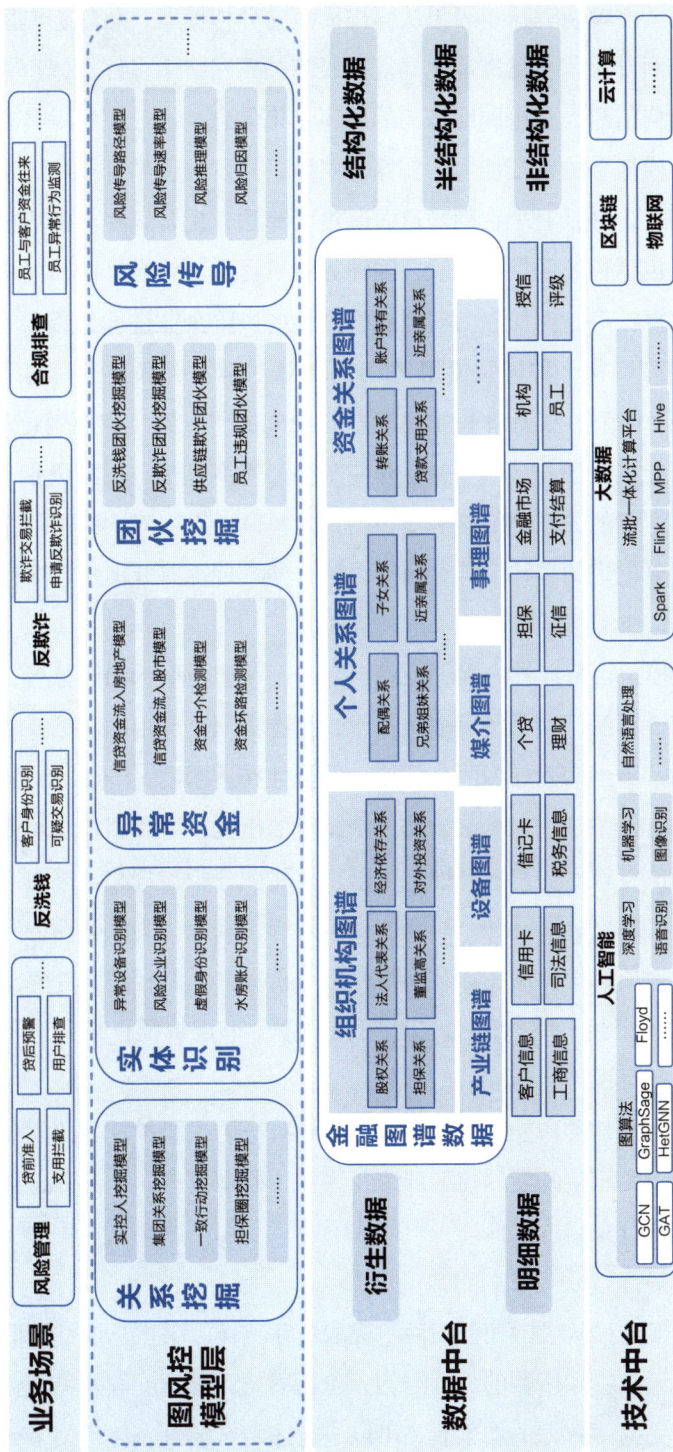

图 2　图智能风控能力体系架构

建行的图风控模型近几年经历从同构模型向异构模型，从静态模型向动态时序模型的全面升级，更精准地挖掘复杂经济关系网络中多种实体和关系之间的网络拓扑结构信息，利用网络结构的时序变化信息，提升模型对具有强时序拓扑属性的建模任务的表征能力。在算法层面，研发人员结合业务场景已沉淀一套图建模范式，并针对个别问题自研改进图算法，提升风控场景的预测准确率，算法体系包括传统图挖掘算法，图计算和机器学习融合算法，图神经网络算法和时序图算法等。例如，为实现对群体性的风险企业进行预警，项目组研发两种算法模型，第一种模型使用 XgBoost 算法学习关联企业间的风险传播概率，再使用 Pregrel 图计算模拟风险在企业间的传导路径和范围；第二种模型，使用自研的多视图分解——融合异构图神经网络算法，从由企业、产业和人等经济实体组成的关系网络挖掘潜在的风险关联关系。对比第一种模型，第二种模型使用更先进的异构图神经网络算法，能实现更有效地学习多种风险因素的关联关系，进而提升模型的预测准确率。

在图风控模型可解释性方面，项目组基于图风控模型的归因分析、子图匹配和路径搜索等算法，结合图可视化技术，打造出一套通用的图风控模型可解释性功能组件，用于增强模型的可信度、安全性和透明度。一般的，图建模常用的算法方案有传统图挖掘算法、基于图特征的机器学习和图神经网络算法三种，前两种算法有较好的可解释性，可以直接将图分析过程和结果在图上进行展示，而图神经网络算法是一个黑盒子，可解释性较差。为增强图神经网络模型的可解释性，项目组使用图神经网络归因分析算法、路径搜索等算法对图风控模型进行归因分析，将输出的 K 层归因子图、节点特征权重、边权重等归因分析结果进行可视化展示。

在图风控模型开发和投产方面，建行形成统一的图风控模型研发流程，包括图数据处理、图算法开发、模型训练和评估、模型投产四个部分，如图 3 所示，下面分别进行介绍。

1. 图数据处理

图数据处理过程从金融知识图谱中提取所需实体、关系、属性和时间等数据，加工成图风控模型所需的数据结构，包括同构图数据、异构图数据和时序图数据等。在完成图数据的加工后，可以进行图特征的开发，包括节点的出入

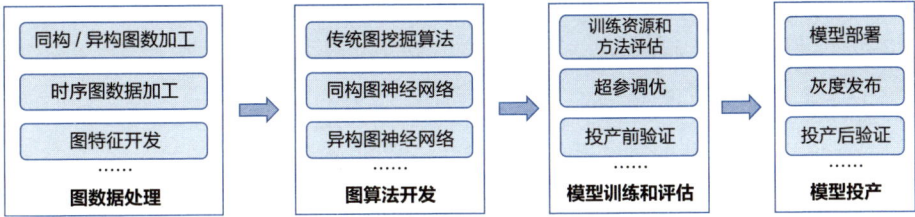

图3　图风控模型开发流程

度、中心度、三角计数、嵌入向量等。

2. 图算法开发

图算法开发是根据建模场景和目标，选择合适的图算法，提取和挖掘图结构数据中的特征和模式，满足分类、聚类、分割、路径/子图发现等图学习任务需求。图算法可以分为传统图挖掘算法，比如，最短路径、连通子图等；图神经网络算法；使用神经网络来学习图拓扑结构和属性信息，比如，图卷积神经网络、图注意力神经网络等；动态时序图算法，用于学习连续多个时间切片的图拓扑结构变化信息。

3. 模型训练和评估

模型训练过程是根据建模目标优化模型参数，评估模型效果是否满足业务需求。在训练模型前，需要对训练资源进行评估，根据算法类型选择是否使用GPU，根据数据量和模型参数量选择是否使用分布式训练等。模型训练过程中，需要进行超参调优，观察和选择最优的模型参数。对于传统的图挖掘模型，需要更多地依靠业务经验设置模型参数，建模人员需反复地根据模型输出进行参数调整；对于图神经网络模型，算法会根据模型的目标函数优化可学习参数，对于不可学习的算法参数，可以通过自动网格搜索的方法来提高调参的效率。模型训练完成后，需要进行投产前验证，使用合理的评估指标来验证模型的效果。

4. 模型投产

模型训练完成并通过投产前验证达到业务预期的效果后，进行模型投产。首先模型部署工作需要评估部署图风控模型的资源和方法，建行使用容器化的方式进行部署。其次进行灰度发布，先在小范围内发布模型服务，等稳定后逐步再扩大模型服务的范围。最后，投产后验证模型效果的定期评估、模型上线后的关联影响分析等，保障模型对业务持续产生正向作用。

（三）风控场景支撑

在风控场景支撑方面，得益于底层的图风控模型和知识图谱的能力加持，图风控能力全面覆盖支持建行的风险管理、反欺诈、反洗钱、内控合规等各种场景，风控能力真正实现由"点"到"面"，由个体到群体的智能化升维。图风控模型按照服务化的方式对其上的业务场景提供可复用的能力：风控服务通过对风控模型的接口化，实现一个图风控模型应用于不同的业务场景，以及一个风控服务集成多个图风控模型的能力，从而提升风控模型的复用度和应用效率。图风控模型服务接口设计，需要考虑模型使用的图数据结构、输出结构和应用场景等因素，比如，将资金流向模型的资金类型、账户类型、资金最大流经节点数、交易周期、金额和频率等抽象为接口参数，从而实现该模型在多个业务场景中的复用，例如，应用于信贷业务的贷中支用拦截场景，用于及时发现并阻断信贷资金的违规使用，也可以应用于反欺诈场景，通过资金流动情况精确定位诈骗个人和团伙，快速采取措施以减少和挽回损失，打击犯罪分子，还可以应用于内控合规场景，挖掘员工的异常资金往来关系，及时发现腐败分子。

风控服务的时效性分为实时、准实时和离线，在调用模型服务接口时，需要考虑图风控模型的时效性，避免服务发生阻塞或结果陈旧的情况。

建行的图智能风控体系以集团一体化金融知识图谱为数据底座，以全面的图风控模型能力为核心，高效地支撑各种类型的风控业务场景，有效地防范和化解国际一流商业银行所面对的错综复杂的各类风险。

三、项目创新点及风险点

（一）创新点

建行的图智能风控体系主要使用知识图谱、图算法和人工智能等技术，实现风控水平由"点"到"面"的图智能化升维，主要技术创新点有如下 3 点。

1. 先进的图风控算法

将异构图神经网络算法应用于多种不同的风控业务中，通过算法创新提升模型效果。业内首创多视图分解—融合异构图神经网络算法，遵循消息传递—聚合的图神经网络架构。消息分别在各个单一实体图谱中经过 N 层的传递和聚合，然后在目标实体的二元关联图中进行一层的传递聚合，从而避免在整张异构网络中的多层消息传递—聚合，大幅降低计算量。从算法原理图中可以看出，多层传导在各个分解的子图谱中进行，消息以目标实体为枢纽中转到各个子图谱中，从而学习整张异构图谱的信息。项目组将自研的异构图神经网络算法应用于风险企业预警模型，相比于原来的同构图风控模型，预测准确率提升 50% 以上。如图 4 所示。

2. 全面的图风控模型可解释性

通过图可解释性算法和图可视化的综合应用，全面增强图风控模型的可解释性。行业首创双向风险归因追踪技术，在前向搜索中，使用集束搜索和递归神经网络等算法，计算以风险源为根节点的风险传染网络中各条路径的概率和风险传播速度；在反向归因追溯中，使用异构图神经网络归因分析算法，探索以风险目标为中心的 K 层扩展子图中的重要风险源、路径和特征。如图 5 所示。

3. 大模型与知识图谱的能力融合

大模型是 2023 年最火的人工智能技术，具有泛化的自然语言理解和生成能力，可以应用于机器翻译、文本摘要、问答系统等许多自然语言处理任务。然而，现阶段的大模型容易产生"幻觉"，生成的内容不完全可靠。另一方面，金融知识图谱中的知识是较为可靠的，但缺少对自然语言的理解和生成能力。项目组将两种技术相结合，实现一些创新应用。应用一，在基于知识图谱的问答系统中，我们将从知识图谱中检索出来的结构化结果，通过大模型进行语言组织和润色，更通顺和友好地回答用户的提问。应用二，在风控事理图谱的建设中，我们使用大模型从金融事件文本数据中抽取因果关系，极大地丰富了风控事理图谱的内容。如图 6 所示。

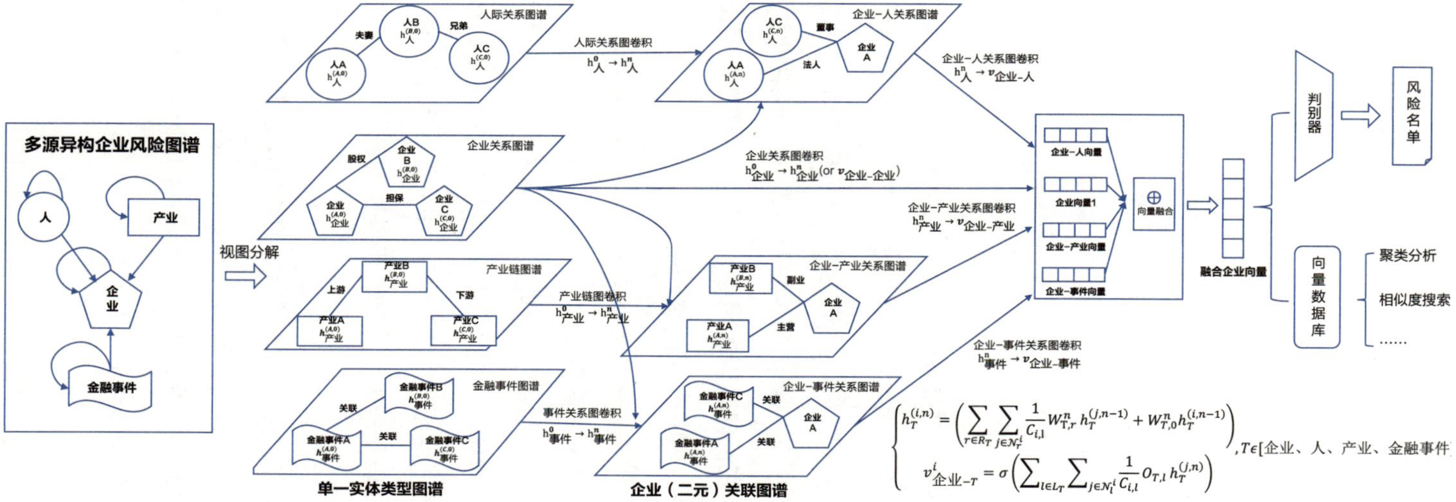

$$\begin{cases} h_T^{(i,n)} = \left(\sum_{r\in R_T}\sum_{j\in N_r^i}\frac{1}{C_{i,l}}W_{T,r}^n h_T^{(j,n-1)} + W_{T,0}^n h_T^{(i,n-1)}\right), T\epsilon[\text{企业、人、产业、金融事件} \\ v_{\text{企业}-T}^i = \sigma\left(\sum_{l\in L_T}\sum_{j\in N_l^i}\frac{1}{C_{i,l}}O_{T,l}\, h_T^{(j,n)}\right) \end{cases}$$

图 4　多视图分解—融合异构图神经网络算法结构图

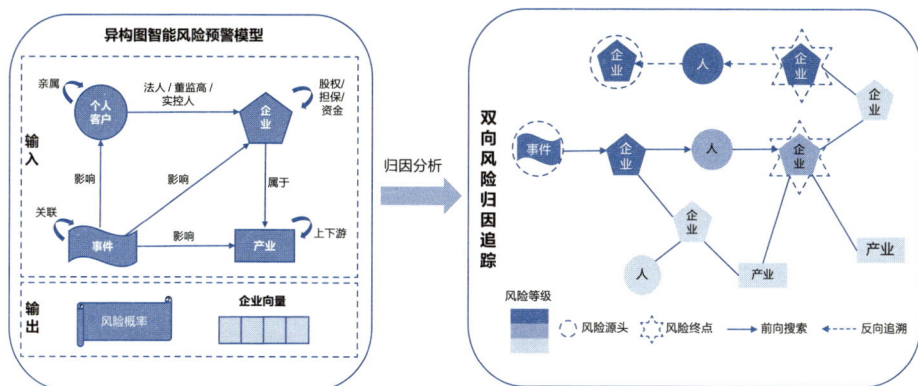

图 5 图风控模型可解释性示意图

（二）风险点及相应对策

在引入图技术助力风控升维时，确实存在一些潜在的风险点。以下是项目遇到的风险以及相应的对策。

1.数据隐私和安全风险

风险点：金融图谱涉及大量敏感客户数据，包括财务信息和客户身份。在建模过程中，不当的数据处理可能导致泄漏和滥用。

应对策略：采用强大的数据加密技术、访问控制和身份验证措施，确保数据的机密性和完整性。遵守相关法规，实施数据隐私保护政策。

2.模型偏见和公平性问题

风险点：图谱中的数据和算法可能存在偏见，导致对某些群体的不公平评估。

应对策略：系统自动监测模型输出，定期审查模型，确保公平性和客观性。通过多样性的数据集来训练模型，减少歧视性的风险。

3.数据完整性问题

风险点：数据质量差、缺失或错误可能导致模型的不准确性。

应对策略：实施有效的数据质量管理措施，包括数据清洗、验证和纠错。建立数据质量监控系统，及时发现和处理问题。

4.监管合规风险

风险点：引入新技术可能涉及监管方面的挑战，不合规可能导致法律责任和罚款。

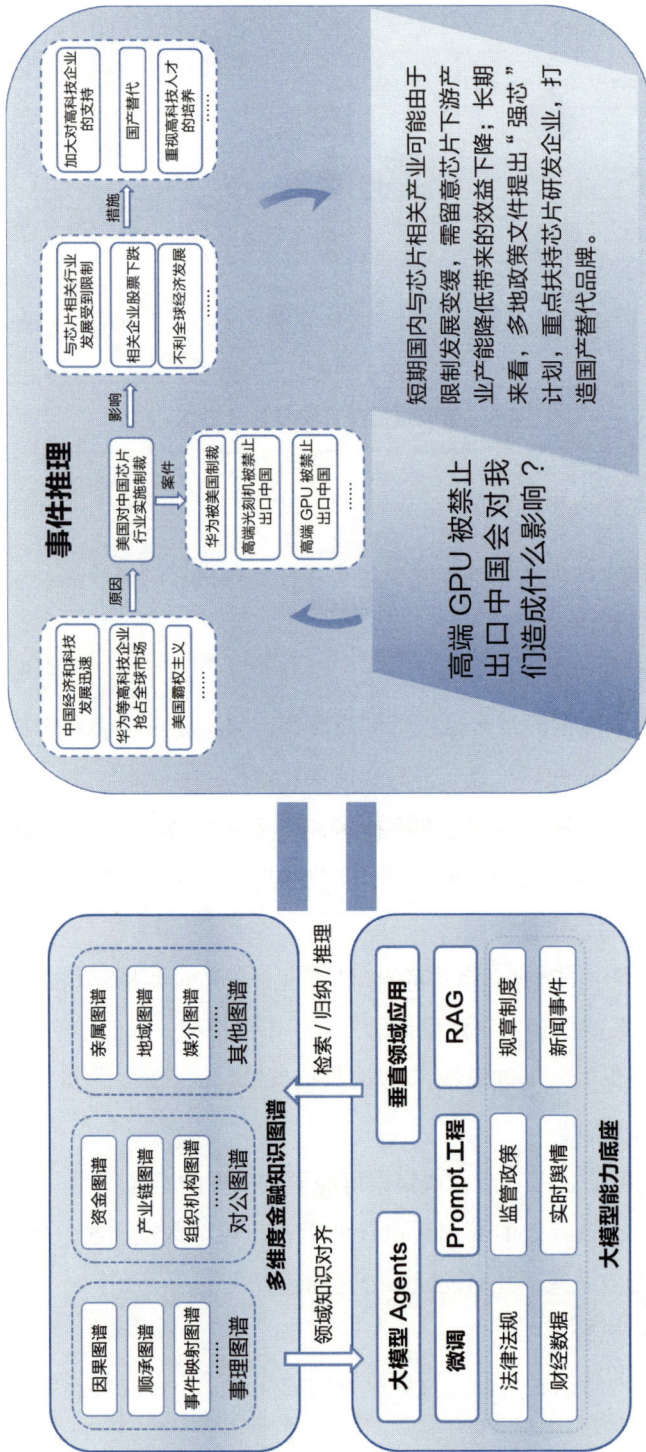

图 6　大模型与图能力结合示意图

应对策略：与监管机构保持沟通，确保系统的设计和实施符合相关法规。建立内部合规团队，定期审查和更新系统以满足法规要求。

综合来说，成功构建图智能风控体系需要综合考虑数据和法规等多方面的因素，并且持续进行监测和改进以应对潜在的风险。

四、技术实现特点

（一）首创性的图神经网络实践

在银行业风控领域，将自研改进的异构图神经网络算法应用于业务场景中。本项目组设计出一种多视图分解和融合的异构图神经网络算法，遵循消息传递—聚合的图神经网络架构。较传统机器学习与图算法结合的建模方式，异构图神经网络处理图结构数据，能够更好地捕捉实体之间的复杂关系和依赖。首创的多视图分解和融合的异构图神经网络算法，对异构图谱中的节点和边学习嵌入表示，提高风险识别和预测的准确性。

（二）多领域知识图谱融合

本项目接入多领域的数据，将底层的明细数据加工成多样化的衍生图谱，一方面已沉淀一些通用性较强的资金流向图谱，企业集团关系图谱，对私客户图谱等，作为整个体系的支柱；另一方面针对客户涉及的相关业务领域，构建如企业担保关系，信用卡共还款关系，企业票据关系等有业务针对性的图谱。两者结合打造全行一张图的图谱实践。

（三）流批一体服务策略

图智能风控体系将图技术与流批一体相结合，在图风控模型应用过程中，为满足数据的响应时效，不仅完成离线状态下的图算法加规则的计算模式，输出模型挖掘结果，而且对于实时的数据申请，应用以离线数据为基础的图算法结果，对相关方（企业、个人、团伙等）进行二次划分完成图算法的计算。

（四）图风控模型中台能力

图智能风控能力体系的构建还完成图风控模型中台能力构建，支持从不同数据源导入图数据，以确保数据的一致性和准确性；提供对图风控模型的集中管理，包括模型的创建、修改、验证和文档化；支持图风控模型的版本控制，以便追踪模型的演化历史和支持团队协作；提供用于图风控模型应用的 API，以便其他系统和应用程序可以集成和利用图风控模型中台的能力。图风控模型中台的这些能力有助于在建行内部推广和应用图数据，为各种业务场景提供支持。

五、项目运营情况及项目过程管理

（一）运营成效

1. 实现多领域图谱构建

图智能风控体系，依托建设银行的技术中台与数据中台，完成对行内外基础数据的整合，涉及行内多类业务明细数据与内外部结构、非结构、半结构化数据，建立金融图谱的统一接入标准，构建十多个维度的金融图谱，引入多样化图算法构建业务图谱，实现全风控场景，全渠道、全集团、全客户、全流程的业务覆盖。

2. 实现异构图神经网络

将自研改进的异构图神经网络算法应用于企业风险预警等应用场景中。设计一种多视图分解和融合的异构图神经网络算法，遵循消息传递—聚合的图神经网络架构。消息分别在各个单一实体图中经过 n 层的传递和聚合，然后在目标实体的二元关联图中进行一层的传递聚合，从而避免在整张异构网络中的多层消息传递—聚合，计算量显著降低。多层传导在各个分解的图谱中进行，消息以目标实体为枢纽中转到各个子图谱中，从而学习到整张异构图谱的信息。本项目利用基于异构图神经网络进行风险判别的同时，借助自研双向风险归因追踪技术进行归因分析，进而输出风险路径，分析风险企业来自相关企业、人、产业等的影响。

3. 实现图风控模型中台

在项目构建初期，根据调研情况，就已总结行内外图建模需求，设定图风控模型应用开发建模模板。在完成本项目构建后，沉淀出一套完整的图风控模型中台能力。对于新的模型开发，能够快速实现接入数据、独立构建或复用已有模型、版本控制与接口发布等一整套流程，能够有效降低开发成本，快速实现从数据到业务应用的过程。

（二）过程问题分析

1. 图数据更新问题

本项目引入的多元数据丰富风控体系涉及广泛的业务范围，但同时也会增大数据更新的难度，不同源头的数据更新时间不尽相同，需要建立一套可有效识别数据时效性的预警机制以及应对方案。行内采用流批一体的方式进行解决，对量小风险影响大的数据采用实时推送的供给模型与应用，其他类型的数据则根据重要性定义调度频率进行跑批供应。

2. 图算法适配问题

本项目的核心应用图能力提升智能风控的能力，引入一些新的算法，如异构图神经网络等新技术的应用不可避免地带来一定的适配问题时，需要尽早地做好技术探索验证。为此，本项目在应用图神经网络算法前，先进行图神经网络算法的课题研究，自研设计一种多视图分解和融合的异构图神经网络算法应用于业务场景中。

（三）项目过程管理

表 1 项目计划表

项目阶段	项目周期	过程目标
项目策划	2022 年 4 月	项目计划，组织资源，制定过程管理规范，项目过程风险识别管理
业务分析	2022 年 5 月	调研行业图风控模型相关做法以及监管相关规定
需求编写	2022 年 6 月—2022 年 7 月	主要完成需求分析、架构设计、系统方案设计、实施方案的设计，并完成相关技术文档。

续表

项目阶段	项目周期	过程目标
数据接入	2022 年 8 月—2022 年 9 月	实施方案的验证与细化——构建标准化数据接入，并实施
图谱开发	2022 年 10 月—2022 年 12 月	实施方案的验证与细化——明确基础通用图谱内容与开发
模型开发	2023 年 1 月—2023 年 3 月	实施方案的验证与细化——图风控模型开发，构筑特定场景图应用
测试工作	2023 年 4 月—2023 年 5 月	实施方案的验证与细化——模型测试，并构建标准化数据输出
上线投产	2023 年 6 月至今	图风控模型应用在迭代建模测试上线投产

六、项目成效

在经济效益方面，图智能风控体系的应用在企业成本节约、提高效率等方面得到显著效益。在风险排查方面，大量减少业务人员搜集与分析企业相关数据的成本，节约 60% 的人力和时间成本，核查线上信贷业务客户 2,976.85 万户，拦截问题客户 22.35 万户。在风险企业预警方面，2023 年新增不良客户中，98% 的大中型不良、87% 的小微不良客户曾被预警，通过图风控技术预警处置后提前回收，避免损失金额上亿元，减少了高危风险客户引发的损失。

在社会效益方面，从银行角度出发，本项目成果为头部大型商业银行沉淀的标准化图应用整体方案，为中小型银行在图技术与金融结合方面提供高度标准集成化的实践案例。另外从监管角度来看，建行作为系统性重要银行，本成果可以宏观与微观并举地监测市场变化和金融系统的连锁反应，提前采取措施来保证建行稳定运行，降低引发金融系统性风险的可能。

七、项目总结

依据《商业银行资本管理办法》《关于银行业保险业数字化转型的指导意见》和《中国建设银行全面风险管理办法》要求，建设银行与建信金融科技有限责任公司依托数据中台、业务中台和技术中台三大综合能力，构筑图智能风控体系，推动智能风控升维，优化风险洞察，为用户提供更多决策工具，以问题为导向，提升数据支持能力，打造以图为"慧眼"看透场景风险，以图为"利器"管住场景风险，以科学理性态度看待场景金融的风控体系。

从理论视角，图智能风控体系注重风险的识别、预警与监控以及风险传导演变路线跟踪；从风险计量方法上，不光从企业自身财务状况、经营变化判断风险概率，还着眼于企业在市场中的真实复杂关系下的利益往来与风险关联；从建模手段，以金融知识图谱为数据底座，结合传统图算法进行关系预测、异常检测、团伙发现，利用图表征学习、图神经网络（GCN）等深度学习技术挖掘高维风险因子；从应用场景，体系以多元化的接口为不同场景赋能，流批一体化全面嵌入业务流程，为应用场景赋能。细粒度来说，如企业泛集团关系图谱已嵌入贷前准入、授信限额、贷后管理等多个业务场景，企业风险图谱纳入风险预提早识别风险传播路径，小微企业图谱助力贷款申请反欺诈监测等，通过图智能风控体系，让管理层、业务人员能迅速掌握企业及其相关方的运行情况，及时前瞻性地管控风险。

图智能风控体系成果具备行业可推广性，可作为行业标准进行制定和推广，提升行业关联风险治理水平。目前项目总体已经初见成果，但图风控模型场景的构建还需要不断迭代，进一步提升智能图智能风控体系覆盖深度与广度。

北京银行股份有限公司

构建金融操作系统，助力数字化转型

一、背景及目标

（一）项目背景

在数字经济的背景下，现代金融服务体系以数据为关键生产要素、以科技为核心生产工具、以平台生态为主要生产方式，需要一个类似于计算机操作系统的金融操作系统，向下对接大量设备、海量数据，向上支撑金融数字化转型的快速开发与部署，实现数据的可信共享、资源的合理配置、服务的质量提升。

践行数字中国发展战略、落实国家信创发展战略，北京银行树立"一个银行、一体数据、一体平台"战略理念，北京银行联合北银金科创新性落地业界首个"联通、贯通、通透"的金融操作系统，落地"一体平台"战略理念，是金融领域操作系统理念的首次落地应用，打造成为金融数字化转型之"魂"，是金融信创的典型案例，实现金融 IT 体系划时代进步。金融操作系统向下管理各类物理资源、数字资源等，向上支撑各类场景数字化与智能化应用，灵活、集约、快速响应新业务需求，实现对金融服务的无缝链接、嵌入及融合。

（二）项目目标

金融操作系统涵盖 3 大集群（科技资源集群、业技融合集群、用户赋能集群）9 大平台（统一标准平台、一站式研发流程平台、分布式微服务平台、云平台、统一门户、智能中台、能力矩阵、业技融合共创平台、小京搜索）。通过构建金融操作系统，主要实现三大目标，即赋能科技研发，赋能业务创新，赋能一线员工。该系统的构建将北京银行数字化转型推进新阶段。此外，金融操作系统形成的一套技术开放、不断迭代、稳健运营的通用技术整体解决方案，也适用于中小银行数字化转型，能够推动金融行业创新变革，促进金融生态高质量发展。

1. 赋能科技研发，让研发更简单

融合先进技术和理念，立足赋能科技研发，构建科技资源集群，涵盖统一技术门户、云平台、分布式微服务、DevOps 平台、统一标准平台、智能中台，构建形成全行统一科技底座，加速价值与工程流动，最大程度释放金融操作系统价值，激活创新动力，促进全行研发效率实现质的提升，实现让研发更简单。

2. 赋能业务创新，让业技融合更优秀

构建用户赋能集群，以价值创造为导向，立足赋能业务创新，构建业技融合集群，涵盖能力矩阵、业技融合共创平台，将行内各业务条线所需的共同能力集中沉淀，更便捷地共享、复用这些能力，为业务和技术的合作共创提供智慧支撑，打造无障碍数字化工作空间，通过"造积木，搭积木"的方式，快速组装北京银行现有能力，实现业务创新模式的快速验证，促进业务转化质效实现质的提升，让业技融合更优秀，驱动业务生态的繁荣发展。

3. 赋能一线员工，让业务更敏捷

为解决一线经营单位人员低效、重复、个性化的痛点需求，结合框计算的概念，将搜索、聚合、共创、共享等先进的互联网概念引入银行领域，创建系统级的"无侵入、极简风、研发快"的效能平台"小京搜索"，作为金融操作系统的生产力平台，以高效和智慧出圈，突破"框"限制，跃迁进入"赋能用户、提质增效"的新时代，以"人人为我、我为人人"的产品生态新方式，促进全员共创、全行共享，打造"总分支联动学习型组织"，解决一线员工"最后一公里"难题，提升一线效率，助力服务客户、促进业绩高质量增长。

二、项目方案

（一）设计理念

贯彻落实北京银行数字化转型"一个银行、一体数据、一体平台"的战略理念，本项目作为北京银行重大项目和重大战役而推进建设，推进"5高2低1智能"（高并发、高穿透、高协同、高一致、高体验；低代码、低耦合；智能化）实现，构建与北京银行数字化转型发展相适应乃至中小银行数字化转型适应的新型操作系统。

金融操作系统是在云化的硬件基础设施的基础上，以"统一模型、统一机制、统一平台、统一语言"为原则，运用企业架构建模方法，将银行的大型系统进行解耦，形成标准化、结构化、高内聚、低耦合、可插拔、可复用的系统组件，并对组件进行灵活重组，组装成银行生态系统可直接调用的服务，支持业务重组和流程再造，有效破解业务竖井、系统紧耦、数据孤岛等问题。

（二）体系架构

金融操作系统承载北京银行战略愿景、基于全行视角统筹数字化建设、加速业务数字化、推动融合与创新、引领研发标准化、量化价值反馈，贯通"战略愿景—战略规划—战略拆解—战略落地—战略成效"的实施闭环，打造北京银行展业经营、服务创新和生态建设的新质生产力。借鉴 TOGAF、MEAF 等企业架构建模方法设计金融操作系统，金融操作系统集成众多数字化技术，是先进技术的集大成者，涵盖3大集群9大平台（统一标准平台、一站式研发流程平台、分布式微服务平台、云平台、统一门户、能力矩阵、业技融合共创平台、小京搜索、智能中台），科技资源集群赋能科技研发，业技融合集群赋能业务创新，用户赋能集群赋能一线增效。3大集群9大平台重点明确、互为支撑、逐层增能，形成北京银行基础技术底座，为金融行业提供灵活扩展、安全稳定、生态共赢的先进一体战略平台标杆案例。如图1所示。

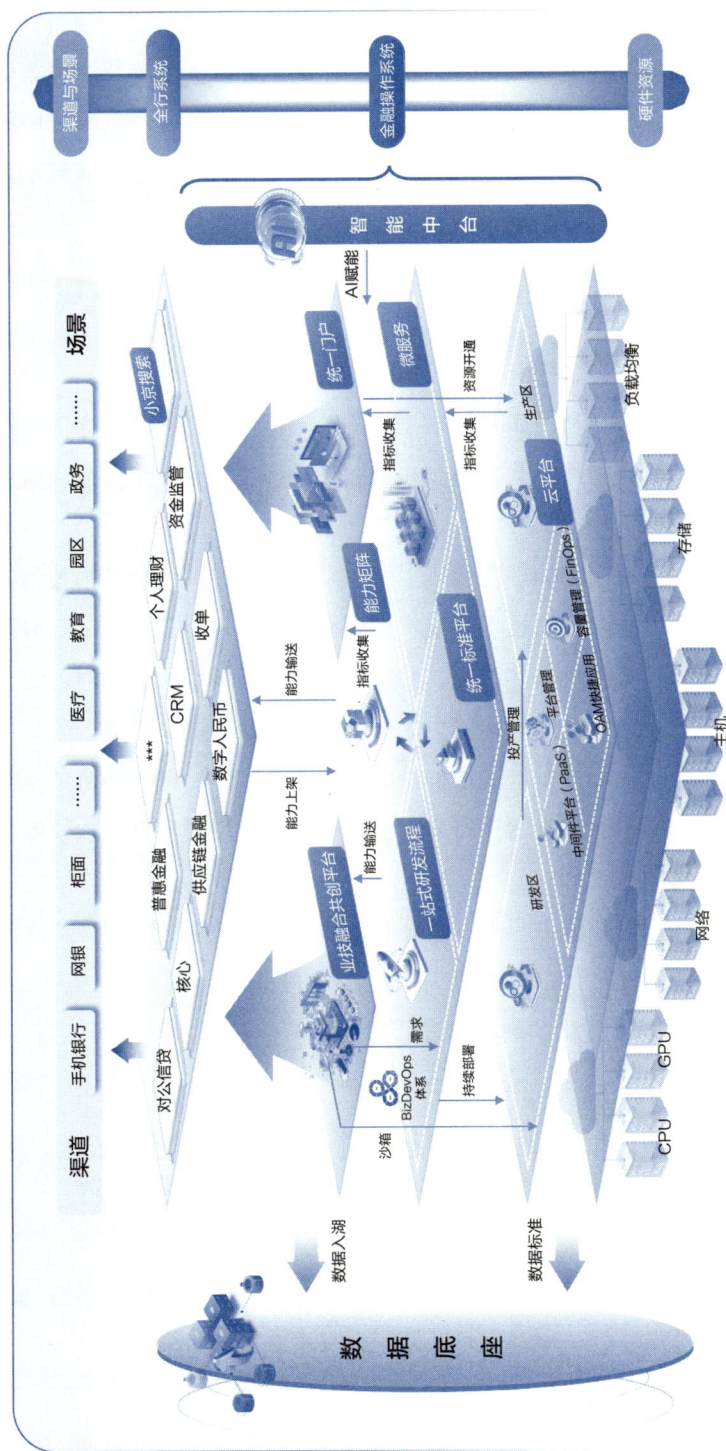

图 1 总体架构

金融操作系统项目不仅仅是个系统开发性项目，更是一个涉及科技研发、业技融合等多领域融合创新的金融行业自主可控的数字化转型实践案例。金融操作系统大大减少了系统开发的成本和时间，以及系统之间调试协同的成本，避免重复开发浪费资源，实现数据和业务系统的互联互通，兼顾稳定性与有效性的金融监管规范，快速响应新业务需求，实现银行领域的"赋能科技研发""赋能业务创新""赋能一线员工"。

1. 科技资源集群赋能科技研发

（1）统一标准平台，护航全行技术规范精准落地

建成贯穿北京银行科技研发标准框架的统一标准平台，实现标准管理、系统规范建设全流程把控线上化，进一步加强系统研发能力，服务北京银行的技术研发体系构建。

统一标准平台编制标准规范和线上评审发布机制，保证业务与技术实现一致性；可度量的评估模型和技术手段管控强化行内风险控制能力；标准改造辅助工具有效指导业务向标准化改造，并提供准确的验证手段。同时，统一标准平台为系统运行全流程提供管控能力，研发流程联动协同、精准校验和可视化报告分析功能，确保标准落地的准确性和可追溯性。统一标准平台的落地，促进所有开发都在标准化的平台进行，为全面提升项目交付质量、加快敏捷创新步伐，创造显著的技术价值。

（2）一站式研发流程平台，打造企业级开发运营全生命周期研发体系

以特色的敏捷发布火车为机制、透明文化为主导，落地业务、开发、运维、运营跨服务域协同一体化的数字研发管理体系，建成集项目管理、系统管理、投产管理、内建质量、统一标准、堡垒机集成和度量分析等功能于一体的一站式研发流程平台。

遵循敏捷文化思想，结合敏捷方法论，将迭代规划、敏捷看板、DOD（需求完成定义）、DOR（需求进入定义）、发布火车，迭代回顾总结、持续敏捷等功能融入于平台中，并结合金融领域的特点形成敏捷双态的研发项目管理模式，提供敏捷开发管理，稳态项目计划管理等诸多开箱即用的特色功能，这些功能帮助研发团队通过里程碑和交付物的规划，有效进行迭代任务的工时认领和排期管理，并通过多维需求信息关联与任务管理，实现团队敏捷工作方式的

高效推进。

通过线上化敏稳双态研发管理，形成需求→开发任务→代码→CICD 流水线→安全通行证→制品→投产的全流程线上化数据，建设以交付价值为北极星指标的群星指标体系，基于自定义动态报表体系，为分管领导，项目经理，技术经理，产品经理，开发，测试人员提供个性化看板体系，沉淀研发过程的数据，形成多类效能度量数据指标，落地研发规范化模型。

一站式研发流程平台通过完善的方法论＋工具＋实践＋反馈结合体系，促进银行业务迈入持续线上化敏稳双态管理、持续反馈、持续优化的自我良性循环和进化。

（3）分布式微服务平台，夯实全行技术升级基座

基于"云平台＋微服务＋自主可控"的建设理念，采用标准化、服务化、组件化设计方法，建设"高可用、高性能、可扩展"的分布式微服务体系，落地建设统一注册中心、配置中心、分布式消息交换平台、服务治理、开源治理、非结构化存储、全局序列，加密服务等金融场景微服务能力，通过运行态、研发态双轮驱动，建设服务域，组件域，消息域，数据域，安全域能力，支撑全行业务系统分布式微服务架构，解决传统单体架构在复杂度高、可维护性差、性能瓶颈等方面的问题，推动各研发系统在灵活性、可伸缩性、可维护性、高可用、高性能和高并发等方面的提升，全面提升研发效率，赋能系统研发。

（4）云平台，首创"信创混部调度"的云原生容器平台

建设金融级云算力底座。落实国家信创发展战略，首创"信创混合调度"技术，助力业务分阶段向国产化算力迁移，逐步实现应用从"非信创单轨运行"到"信创双轨并行运行"，最后过渡到"全信创单轨运行"，确保迁移过程平稳顺利。通过容器化封装技术，将业务应用程序与其依赖的运行环境完整打包，实现应用与基础设施解耦，提升应用部署效率；构建中间件服务能力，围绕平台建设和人员培养两方面开展，扩大中间件服务品类，组建垂直领域专家团队，降低应用架构转型所需的技术使用门槛，提升生产应急效率；建设精细化的容量治理平台，对云资源置备量、额度分配、业务运行环境利用率等数据进行实时抓取和历史数据分析，推动云资源集约化、效率化供给和低碳绿色目标实现。

（5）统一门户，全栈融合的资源服务目录、实时全域洞察

构建具备特色的统一门户，创新性使用 3D 建模、能力地图图形化构建、全息数字可视化洞察等技术展现方式，打造金融操作系统的统一入口与展示窗口，打通融合金融操作系统各平台运行数据，全方位展示金融操作系统在赋能技术、赋能业务、赋能一线的关键指标，实现全域实时洞察，为全行资源高效使用、科技研发高效协同，业务系统持续优化、行内能力持续进化、一线效率提升以及价值流动提供数字化精准指引。

与云上资源、中级间、数据库、制品库、代码仓库等多平台打通，多种资源服务实现线上申请审批以及自动化资源创建与交付使用，实现资源的统一化管理与交付；打造包含技术圈、技术问答、WIKI 教程、下载中心等多频道的开发者社区，解决技术人员日常技术问题与知识共享培训，助力降低金融操作系统研发门槛，有效积累行内研发体系知识库，形成基于金融操作系统的全行技术生态，促进全行科技普及与数字化转型；构建全行业务系统接入金融操作系统的统一流程，实现全流程的线上化，包含可视化全流程显示、创新性接入度量模型、进度台账管理以及自动化度量机制、进度报告推送机制以及实现激励证书机制，促进操作系统接入实现透明化、自动化、可度量、正向激励的赋能技术的良性循环。

（6）智能中台，以大模型技术驱动的金融创新加速器

自主研发高效智能的大模型服务平台，实现智能体系设计与开发、知识库加工与管理、大模型与工具的高效管理以及大模型训练与评估，紧密结合精细的数据管理与先进算法，实施大语言模型和流程自动化技术在内的多种框架，通过大模型服务平台构建一系列定制化 AI Agent 智能体。

在赋能科技研发场景中，包括自动化代码生成、DevOps 流水线的一键配置、智能功能测试用例的自动构建，以及云平台的自动预警分析，有效提高代码编写效率，提效 DevOps 流程，加快功能测试自动化进程，确保云底座稳定性，实现智能化升级，推动金融服务的创新和效率的飞跃。在赋能业务创新场景中，助力业技融合共创平台集成智能文档生成、行业案例分析及金融词汇解析，极大优化业务处理流程，提高操作效率，保障决策的科学性和精确性，显著提升业务效能和智能化水平。在赋能一线员工场景的机器人自动化处理方

向，每日放款业务统计等业务场景，确保业务沟通的透明度和准确性，提高沟通效率。在赋能一线业务中，使用智能文档处理进行个贷、企业交易流水文档提取和转换等能力，为业务提供更高效的运营方式。

2. 业技融合集群赋能业务创新

（1）业技融合共创平台，业务、技术协作的全流程闭环敏捷创新平台

创新性为业务和技术的合作共创构建智慧支撑业技融合共创平台，打造无障碍数字化工作空间，促进业务与技术的全流程闭环敏捷创新，培养数字化转型复合型人才，形成业务发展的生产力，打造更高效率、更优质服务和更创新业务的全新发展模式。

业技融合共创平台首创"一站式"，从产品构想、需求拆解、业务建模、技术建模、能力复用、系统构建、公共能力上架构全流程闭环敏捷创新能力，打通业务和技术提供无障碍创新通道。平台特有的"统一工作"空间，实现多个团队的在线协同共创，将业务需求与技术进行深度融合，增强业务能力。需求模型的结构化及需求条目化，将需求进行标准化管理，为项目投产进展提供精准明确的数据支撑。打造解决方案矩阵，基于高价值场景模板，支持不同场景和业务维度的跨环境和跨项目复用。集成金融业务货架标准化、原子化服务，创新性构建安全独立的业务沙箱创新环境，通过"造积木，搭积木"的方式，快速组装北京银行现有能力，实现业务创新模式的快速验证，支持业务低成本试错和快速创新，驱动业务生态的繁荣发展。

（2）能力矩阵，创新开启能力积淀、价值衡量及高效共享新模式

率先提出并落地实践"能力矩阵"平台理念，其核心在于对银行公共能力进行全面而深度的整合与统一积淀，构筑全行范围内的量化能力价值体系，有力破解当前能力碎片化、难以集中调用的困境，实现从无序到有序、从分散到集约的跨越性转变，开创一种全新的公共能力管理模式。

一方面，提供统一公共服务，支持快速对接、快速迭代、多系统融合，解决现有场景服务能力少，更新迭代慢等一系列问题，通过对全行业务能力的管理和价值挖掘，助力银行更好地服务客户需求，指导新产品的开发和推广，实现业务的增长和多元化发展；另一方面，构建开放互联的能力共享机制，突破性解决各应用系统重复建设的难题，最大限度地缩短产品开发周期，显著降低

成本投入，助力业务的持续创新。

3.用户赋能集群赋能一线增效

（1）小京搜索，无侵入、极简风、研发快的企业级效能平台

基于金融操作系统基础框架，在行业首创"应用端"即时搜索，结合框计算的概念，将搜索、聚合、共创、共享等先进的互联网概念引入银行领域，以"插件市场"的创新方式打造银行业企业级效能工具"小京搜索"，打通银行数字化转型"最后一公里"。以"人人为我、我为人人"的产品生态新方式，构建开放式插件应用市场，为全行员工提供"共创共建、高度共享"的效能平台，以快速研发、持续迭代的方式，完成对全行系统能力的聚合，在不侵入业务系统、不侵入业务数据、不侵入业务流程的情况下，助力一线业务人员在全行范围内轻松搜资源、搜工具、搜能力，同时促进全员共创、全行共享，打造"总分支联动学习型组织"，解决银行一线员工在多业务场景中遇到的碎片化问题与痛点，实现银行数字化转型成果与一线业务的精准匹配与高效链接，有效促进一线工作的效率提升及业绩增长。

三、关键创新点

本项目是金融行业落地操作系统理念、企业级一体战略平台的首次创新实践，金融操作系统整体技术水平处于国内同业领先水平。在以下三个关键方面具备创造性。

（一）创新提出金融操作系统理念，构建数字化的金融服务体系

金融操作系统类似于计算机操作系统的概念。在数字经济的背景下，现代金融服务体系以数据为关键生产要素、以科技为核心生产工具、以平台生态为主要生产方式，需要一个类似于计算机操作系统的金融操作系统，向下对接大量设备、海量数据，向上支撑金融数字化转型的快速开发与部署，实现数据的可信共享、资源的合理配置、服务的质量提升。

金融业务分层构建、层与层互相支撑、层内标准化插拔组装，同时采用继承式发展，继承和串接北京银行多年积累的IT资产、管理经验和业务能力，实

现老系统融入操作系统，新系统构建于金融操作系统，全面支撑战略逐层分解与执行落地，更好地推进科技金融、绿色金融、普惠金融、养老金融、数字金融"五篇大文章"的实践落地，同时以"五篇大文章"的战略方向为指导强化金融操作系统的各能力项，促进金融数字化能力发展，打造金融数字化转型之"魂"。

（二）首创落地可视化、可度量、可持续的一体战略平台

首创贯通战略落地的一体战略平台，金融操作系统承载北京银行数字化转型战略愿景，落地"一体平台"，贯通"战略愿景—战略规划—战略拆解—战略落地—战略成效"的实施闭环。金融操作系统整体架构设计借鉴操作系统的分层架构，同时融合业界领先的 Togaf 和 Meaf 方法论。借鉴操作系统将分为六大架构层，从基础设施层到业务架构层，类比计算机操作系统从硬件内核到程序组件的管理；同时深入借鉴 Togaf9.1 版本，强化战略层和业务架构层的设计，解决了金融企业整体战略规划落地难的问题，借鉴 MeafV1.4 强化应用架构层到技术架构层的设计，解决业务能力复用难的关键问题，站在企业级的视角完成了从战略、业务到落地的整体化设计，支持业务创新的快速响应。

金融操作系统涵盖 3 大集群（科技资源集群赋能科技研发，业技融合集群赋能业务创新，用户赋能集群赋能一线增效，）9 大平台（统一标准平台、一站式研发流程平台、分布式微服务平台、云平台、统一门户、能力矩阵、业技融合共创平台、小京搜索、智能中台），打造北京银行展业经营、服务创新和生态建设的新质生产力，全面落地北京银行战略蓝图。如图 2 所示。

（1）承载战略愿景：承载北京银行数字化转型战略，落地"一体平台"，推进实现北京银行战略。

（2）基于全行视角统筹数字化建设：统筹规划全行的平台系统布局、科技资源分配及能力架构设计。

（3）加速业务数字化：加速全行重大项目建设，支撑保障养老金系统、手机银行、"领航 e 贷"等重大系统和业务运行，支持北京银行业务增长。

（4）推动融合与创新：打造互融互助的技术支持、协作机制与组织文化。

（5）引领研发标准化：夯实全行科技的标准化建设，为未来的开放生态建

设奠定基础。

（6）量化价值反馈，通过数据与智能驱动，推动不同角色岗位共同关注组织与用户价值的实现，推动组织内的融合创新与价值流动。如图3所示。

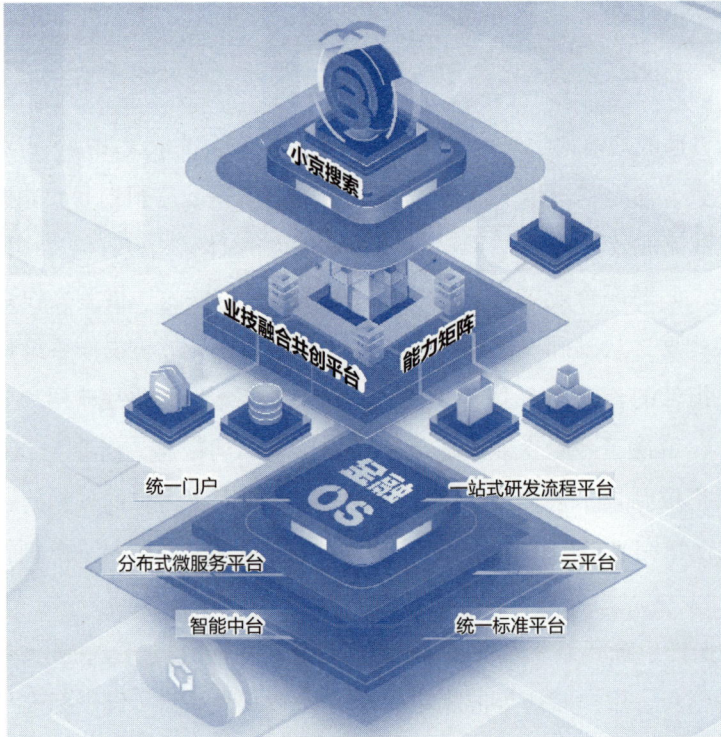

图2　金融操作系统9大平台

图3　一体战略平台

（三）打造多创新能力融合的一体战略平台

金融操作系统在多个能力方面融合创新并实现新突破，实现向下管理各类物理资源、数字资源等，向上支撑各类场景数字化与智能化应用，灵活、集约、快速响应新业务需求，更好推进对金融服务的无缝嵌入。

1. 行业信创突破

建设金融级云平台支撑金融操作系统安全稳定灵活运行，金融级云平台完整兼容国产化芯片、操作系统等领域的计算资源，首创信创资源池混部调度技术，助力业务向国产化算力分阶段、平滑地迁移，实现应用从非信创单轨运行、信创双轨运行、全信创单轨运行的平滑过渡三步走，推进北京银行全行信息应用系统的国产化技术升级。

2. 统一标准贯通

塑造权威、高效、全面的企业级技术标准体系，通过标准制定、评估、贯标和运行管控四方面建成贯穿北京银行科技研发标准框架的统一标准平台，实现标准管理、系统规范建设全流程把控线上化，创造显著的技术价值贯穿全数据、全流程和全业务，解决标准各异问题，实现业务信息跨系统流通、开发都在标准化的平台上进行。

3. 能力组装共享

创新性构建能力矩阵，对全行公共能力进行全面而深度的整合与统一积淀，构筑全行范围内的量化能力价值体系，有力破解当前能力碎片化、难以集中调用的困境，实现从无序到有序、从分散到集约的跨越性转变，开创一种全新的公共能力管理模式，支撑组件灵活调用、组装成银行生态系统可直接调用的服务。

4. 交付体系敏捷

区别于传统的自顶向下的业务建模方式，通过战略规划反馈、精益投资组合反馈和迭代交付运营反馈的三环反馈体系，打造一站式、自进化的 BizDe-vOps 实践路径创新体系，统一目标，统一话术，全方位打通流程，工具，组织，数据全流程闭环，实现业技融合敏捷创新能力的自进化。

5. 业务经营增效

创建系统级的"无侵入、极简风、研发快"的效能平台"小京搜索"，作为金融操作系统的生产力平台，以高效和智慧出圈，突破"框"限制，跃迁进入"赋能用户、提质增效"的新时代，以"人人为我、我为人人"的产品生态新方式，打造"总分支联动学习型组织"，解决一线员工"最后一公里"难题，提升一线效率，助力服务客户、促进业绩高质量增长。

6. 前瞻智能渗透

将 AI 赋能金融操作系统，自主研发高效智能的大模型服务平台，整合大模型评测体系、应用构建开发、模型训练微调等关键技术组件和核心能力，实现智能体设计与开发、知识库加工与管理、大模型与工具的高效管理以及大模型训练与评估，提供一系列 AI Agent 服务，贯穿科技研发、一线业务场景，通过金融操作系统多智能体间高效协同辅助完成复杂金融环境的精准适应，创新的人机交互模式实现对金融服务的无缝嵌入。

四、应用成效

（一）经济效益

金融操作系统是金融科技领域的创新实践，自上线后，所有开发都在标准化的平台进行，所有系统能力实现解耦和服务化，能力间的调用更便捷，组装式应用程序探索研发新模式，推动场景级的业务能力复用，支持快速生成端到端的解决方案，有效减少重复开发，实现场景贯通，最终实现降本增效、提质增能，全面"赋能科技研发""赋能业务创新""赋能一线员工"，推动北京银行数字化转型迈入新阶段。

1. 赋能科技研发

落实信创发展战略，推进全行信息系统全面转向国产化基础设施。研发资源降本，全行资源节省 20%，研发效率提升，投产时间平均降低 60%。

2. 赋能业务创新

金融操作系统全面赋能业务创新，能力共享复用，业务能力共享复用接入效率提升 33%；业技融合深化，业务创新增效，业务验证时效提升 50% 以上。

3. 赋能一线员工

金融操作系统全面赋能一线员工，一线应用效率平均提升 80% 以上，降本提质效果显著。

金融操作系统的建成落地，直接将北京银行数字化转型推进新阶段。

（二）社会效益

金融操作系统具备代表性、先进性和创新性，以业务和技术的紧密结合构建金融业的新质生产力，提高数字化供给和生态化链接能力，实现金融服务的无缝嵌入，兼具突出的社会效益和生态效益，具备示范价值。

1. 坚持科技创新和自主研发，落实国家信创发展战略

金融是国家信创重点发展的领域。北京银行落实国家信创发展战略，将操作系统概念引入金融领域并实现创新运用，落地完全自主研发的金融操作系统，是金融科技创新的优秀实践，也是金融信创的典型案例。

建设金融级云平台支撑金融操作系统安全稳定灵活运行，金融级云平台完整兼容国产化芯片、操作系统等领域的计算资源，首创信创资源池混部调度技术，助力北京银行全行信息应用系统的国产化技术升级，更好地支撑满足金融业务海量交易数据规模庞大、高并发、高效率、高可靠性等要求，助力国产自主服务生态高质量发展。

2. 建设复合型金融科技人才，深入实施人才强国战略

深入实施新时代人才强国战略，金融操作系统是先进技术的集大成者，通过构建重大项目金融操作系统，集聚高水平创新型人才，深入打造学习型组织，为培育新质生产力注入人才动能。

金融操作系统涵盖九大平台，其中系统级的"无侵入、极简风、研发快"的效能工具小京搜索，旨在解决一线员工最后一公里难题，以"人人为我、我为人人"的产品生态新方式，践行学习型组织理念，实现从传统高成本、高能耗的项目建设方式，转变为人人可以参与的敏捷新方式，跃迁进入"赋能用户、提质增效"的新时代。金融操作系统通过构建业内领先的BizDevOps平台，在数字化转型中打造业务敏捷能力，沉淀敏捷文化，以人才机制引领组织级敏捷"同频共振"，持续培养建设具备创新型、实用性、专业化和国际化的，既通晓金融又熟悉技术的复合型金融科技人才，构筑金融科技人才高地。

3. 秉持服务实体初心，提高金融服务的针对性和满意度

金融数字化转型重在惠民利企。以"守正创新"为突破点，秉持服务实体经济的本源，创新构建金融操作系统，依托数字科技手段提升金融服务能力和水平，做好"五篇大文章"。

通过金融操作系统，北京银行实现全行研发流程、技术架构、数据标准、服务管理、运行规范的统一，金融操作系统支撑保障全行重大系统和业务高效运行发展，实现金融业务的数字化、智能化和自动化，推进工会、政务、医疗、教育、出行等传统场景生态建设，形成具备特色的金融场景生态，深化民生服务。金融操作系统的落地，有助于推动金融服务的无缝嵌入，拓展服务的广度，触达此前无法服务的客户；有助于压缩业务中间环节，提升服务效率和体验；有助于通过降低运营成本来降低实体经济的综合融资成本，更好地满足企业、居民的线上化、生态化、智能化金融需求，打造有温度的智慧金融服务。

4. 首创行业典型创新案例，示范引领中小银行数字化转型

金融领域的操作系统理念落地在国内外属于首创，整体技术水平处于国内同业领先水平，是近年来金融业数字化转型的典型示范引领，将推动金融行业创新与变革。

金融操作系统为北京银行数字化转型的核心，同时，金融操作系统形成的一套技术开放、不断迭代、稳健运营的通用技术整体解决方案，也适用于中小银行数字化转型。金融操作系统的继承式研发实践经验，为中小银行以最小成本进行数字化转型树立了典型示范，通过金融操作系统，中小银行可继承和串接商业银行多年所积累的 IT 资产、管理经验和业务能力，金融操作系统的各子平台相互关联且可独立部署、维护和扩展，适用于中小银行数字化转型发展，可有效破解银行业务竖井、系统紧耦、数据孤岛等问题，赋能银行业的"科技研发""业务创新""一线员工"，实现降本增效，推动银行业经营模式的转变，促进金融业高质量创新发展。

五、项目总结和展望

北京银行金融操作系统是北京银行系统架构的重要组成部分，构建 3 大集

群，科技资源集群赋能科技研发，业技融合集群赋能业务创新，用户赋能集群赋能一线增效，完成小京搜索、业技融合共创平台、一站式研发平台、云平台等在内的 9 大平台建设，最终实现金融操作系一体战略平台的整体建设，承载北京银行战略愿景，基于全行视角统筹数字化建设，向下对接大量设备、海量数据，向上支撑金融数字化转型的快速开发与部署，实现数据的可信共享、资源的合理配置、服务的质量提升。金融操作系统的继承式研发实践经验，为中小银行以最小成本进行数字化转型树立了典型示范，通过金融操作系统，中小银行可继承和串接商业银行多年所积累的 IT 资产、管理经验和业务能力，以最低成本实现最高效益，全面赋能科技研发、赋能业务创新和赋能一线员工，助力数字化转型发展，践行金融为民的初心，更好促进金融服务的无缝嵌入。

面向未来，金融操作系统将持续深化北京银行"一个银行、一体数据、一体平台"的战略理念，着重发力"提能、升级、增效"三个关键方面，迭代升级一体战略平台底座功能，将 AI 赋能金融操作系统，不断把北京银行的能力固化在金融操作系统之上，推动北京银行数字化转型提速。

一是金融操作系统全面进化。深化金融操作系统建设，持续构建面向未来的核心能力，丰富底座能力，在统一技术门户全域实时洞察、云算力底座信创资源双轨、能力矩阵公共能力复用、智能体场景赋能等方面持续融合创新，不断丰富平台底座功能，为一体平台不断注入新动能，自我进化，完善金融操作系统 AI 智能体系，全面提升金融操作系统的智能化水平，确保金融操作系统始终保持行业先进性，加速金融数字化转型。

二是构建生态共赢的金融操作系统。北京银行构建金融操作系统，将坚守深化产业生态合作的初心，在夯实内部服务的基础上，积极链接外部服务，实现金融操作系统从内部企业级向跨界生态级的延展。一方面，通过金融操作系统，加强与高校、科研机构、科技公司等的全方位深度合作，拓展科技触达的金融服务范围；另一方面，通过金融操作系统，将北京银行形成的一套技术开放、不断迭代、稳健运营的通用技术整体解决方案，积极向中小银行赋能，保持与金融生态圈的协同发展、融合发展、一体发展，助力中小银行降低技术成本、提升技术水平、提高风控能力、加快业务发展，拓宽金融服务的可得性边界，实现场景共建、业务共生、生态共通，提升金融服务实体经济质效。

华夏银行股份有限公司

光子金融科技研究与探索

一、引言

2023 年 3 月 5 日，习近平总书记在参加十四届全国人大一次会议江苏代表团审议时强调，加快实现高水平科技自立自强，是推动高质量发展的必由之路。在激烈的国际竞争中，我们要开辟发展新领域新赛道、塑造发展新动能新优势，从根本上说，还是要依靠科技创新。

当前，随着 ChatGPT 的横空出世，大模型背后的底层算力支撑问题再次受到全球业界和学界的高度关注。可以预见，数字经济时代下，随着各行各业数字化转型发展的不断深化，叠加大模型参数量和训练效果的进一步升级迭代，目前基于电子计算的经典算力体系将面临巨大挑战。开辟以光子计算为代表的光子科技新路径，提高计算效率、降低计算功耗迫在眉睫。

光子科技是操控携带数据的光信号用于特定用途的所有方法的集合。通俗来讲，光子科技可以理解为以光子作为信息传输的载体，将大量光学器件有序组合起来，借助不同波长、不同相位、不同强度的光进行必要的光学操作，最终实现信息处理和数据运算的过程。光子科技作为前沿技术，近年来蓬勃发展，逐步成熟，世界各国高度重视光子技术的研究。早在 2005 年，欧盟就将光子技术定为重点研发的技术之一，并组建了"光子科技 21"欧洲技术平台。以德国为例，光子学是其国内发展最快的行业之一，已在半导体和医疗技术、光伏、机械工程、航空等领域发挥着关键作用。我国同样高度重视光子计算相关研究，从"十二五"规划时期开始，我国以光学仪器行业为着力点，推动光学技术的完善与发展。

本项目立足金融业务实践，基于新兴的光子科技与人工智能技术，对光子通信（Optical Communication）、光子计算（Optical Computation）、光子数据转化（Optical Conversion of Data）、光子密码学（Optical Cryptography）四方面深入研究，建立了一套光子金融科技（Optical FinTech）"4C"方法论体系，为数字经济时代金融行业数字化转型提供基于光子科技路线的新动能。

二、项目方案

首次创新提出"光子金融科技"（Optical FinTech）方向及"4C 框架"方法论体系，涵盖光子通信（Optical Communication）、光子计算（Optical Computation）、光子数据转化（Optical Conversion of Data）和光子密码学（Optical Cryptography），支持将光子金融科技批量化引入商业银行业务应用场景[①]。

构建全光局域网，很好地适用新业务并且简单有效地对局域网完成改造[②]。全光网络扁平化网络结构大大降低了设备能耗，减少了系统故障，提高了系统可靠性。垂直水平布线子系统的铜缆网线被单模皮线光缆替代，大大节省了机柜占用空间。全光网络减少了业务转发节点，降低了时延，提高了传输质量，使办公楼网络架构转变为面向云业务的转发结构，为后期业务发展对网络资源的需求奠定了基础。

创新将光子计算引入期权定价及结构化金融产品定价领域。随着金融衍生工具的发展规模日益增大，场外期权作为个性化的金融产品，其灵活性极大地满足了多样化的投资需求。结构化金融产品的定价问题一直以来在金融行业广为关注，这类产品通常由固定收益证券和衍生合约结合而成，衍生合约包括远期、期权、互换，可以囊括外汇、利率、股指及商品指数等多个标的资产。本项目依托光子计算的高速传输特性，帮助交易者快速获取所需资产路径数据并

---

① 吴永飞，王彦博，魏文术，杨璇.光子金融科技研究与探索［J］.银行家，2024，（07）：46-47.

② 吴永飞，王彦博，宫小奕，李东英.光子通信在金融领域的应用探析［J］.银行家，2023，（09）：116-118.

迅速做出拟合计算，从而实现高效的定价分析。光子深度神经网络算法模型的定价精度随路径增多会逐渐逼近期权或结构化金融产品的公允价值。实证结果表明：在精度方面，光子计算定价模型的定价精度随离线训练数据量不断增加，使用50万离线数据训练条件下，随着测试数据量增大，光子计算定价精度能够逐渐保持99%以上。未来随着待定价期权数量及可变参数的增加，光子深度神经网络算法模型定价优势较其他模型有望更加凸显。在速度方面，使用传统CPU进行蒙特卡洛模拟50万条路径需3.128s，通过全连接网络训练后，实现同样需求的光子计算使用的是28nm制程工艺但用时不到1ms。在测试集上，光子计算期权定价模型推理速度是传统CPU蒙特卡洛算法的上千倍。

创新将光子计算引入风险价值计量领域[①]。面对复杂的金融市场变化和海量的数据，如何既快速又准确地计量出风险价值，一直是困扰相关金融从业者的难题之一。本项目创新性地将光子计算运用于金融风险价值计量场景，依托光子计算的高速传输特性，帮助金融从业者快速获取所需资产路径数据并迅速做出拟合计算，从而实现高效的风险价值计量。从风险价值计量任务的计算速度来看，使用传统CPU进行蒙特卡洛模拟5万条路径需要528毫秒；而通过全连接网络训练后，分别使用GPU计算及光子计算进行推理运算，其中使用8纳米制程工艺的英伟达A10处理器用时893微秒，而实现同样需求的光子计算使用的是28纳米制程工艺但用时仅712微秒。在测试数据集上，光子计算风险价值计量模型的推理速度比采用传统CPU蒙特卡洛算法得到相似结果快数百倍；同时采用先进制程GPU计算模型实现推理的时间是采用该光子计算推理算法模型的1.25倍。

创新将光子计算引入银行账户欺诈识别领域。以商业银行为例，银行业务的交易流水可以看作一个复杂的图网络结构，一些违法活动例如涉赌、涉诈及相关联团体往往呈现出一些"群体"特点，如何从复杂的交易网络结构中发现有欺诈特征的社区已经成为一项重要的任务。本项目从图社区发现的视角出发，将商业银行的账户欺诈识别任务转化为"二次无约束二值优化"问题，并

---

① 吴永飞，王彦博，沈亦晨，杨璇.光子计算在金融领域的研究应用——聚焦"光子金融科技"新方向[J].银行家，2023，(04)：105-109.

创新性地应用光子计算进行求解，以期高效地从图数据中发现涉赌涉诈及值得关注的相关联账户。进一步将经典的 Kernighan-Lin 算法模型与光子计算模型结果指标进行对比：在当前小样本学习图数据集上，针对涉赌涉诈相关账户识别任务，Kernighan-Lin 算法模型的查全率为 0.5、查准率为 0.09、F1-score 为 0.15；而光子计算模型的查全率为 0.83、查准率为 0.15、F1-score 为 0.26。光子计算模型在上述三个指标方面均表现优于 Kernighan-Lin 算法模型。

面向银行场景形成光子数据转换方案[①]。对于数据转化过程，主要使用数模转换器、光调制器和模数转换器完成对数字电信号、模拟电信号和光信号的数据转化。主要包括在权重加载和数据加载阶段，使用数模转换器将数字电信号的数据和权重转化为模拟电信号，而后使用光调制器将模拟电信号转化为光信号。在权重加载和数据加载阶段，首先在数字电路上通过合适的编译把数据和权重调制到合适的周期，在给定的时间周期内，运用数模转换器把数字电信号的数据和权重转成模拟电信号，再利用模拟电信号去驱动光芯片上的光调制器，而后光调制器将信号调制到光信号上。在结果解码阶段，输出的光信号在被光学接收器接收后，光信号被解调成模拟电信号，这些模拟信号经过模数转换器转化为数字电信号，作为矩阵运算的结果供后续运算使用。通过上述方法对金融相关业务数据进行光子数据转化，并利用光子计算对问题进行求解，达到远超 CPU 和 GPU 的运算效果，体现了光子计算优势。

创新开展基于光子计算的全同态加密的技术应用研究[②]。金融机构在给客户授信时，不仅需要考虑贷款人在本行的贷款情况，往往还需考虑贷款人在其他金融机构的贷款情况，从而避免过度授信。鉴于各金融机构的客户贷款信息均属保密信息，此时需要设计一套算法机制，实现在不透露隐私的情况下得到贷款人在各金融机构的贷款总额。本项目创新开展基于光子计算的全同态加密技术应用研究，实证显示：从算法实现来看，通过进行编码、加密、运算

---

① 吴永飞，陈辰，王彦博，李东英．光子数据转化在金融领域的应用研究［J］．银行家，2023，（08）：89-91．

② 吴永飞，金贤敏，王彦博，李大伟．光子隐私计算在金融领域的应用研究［J］．银行家，2023，（12）：102-105．

和解密采样得到最终的结果，整个过程使用光子芯片进行加速，密文近似计算结果与明文计算结果误差仅为 0.087%，初步验证了基于 CKKS 算法实现光子同态加密方案的有效性。从加速效果来看，光芯片加速时间主要体现在加速 Hadamard 积运算过程上，以主频是 1GHz、单核、单指令测算，传统电子芯片计算一个 1024 维向量的 Hadamard 积运算需要约 1024 纳秒，而使用光子芯片（采用 32 维的 Hadamard 积运算最小计算核，执行 32 维向量的 Hadamard 积运算需要时间约为 1 纳秒）则需要约为 32 纳秒，较传统方法计算效率提升约为 32 倍；对于整个 1024 阶多项式环上乘法运算，使用传统电子芯片计算完成一次计算的时间约为 13 微秒，由于对于其中的 Hadamard 积运算进行了光子加速，所以加速后完成一次计算的时间约为 7 微秒，较传统方法计算效率提升约为 2 倍，进一步验证了光芯片的加速效果。

三、创新点

（一）方法论创新

本项目创新提出"光子金融科技"（Optical FinTech）新方向及"4C 框架"方法论体系：包括光子通信（Optical Communication）、光子计算（Optical Computation）、光子数据转化（Optical Conversion of Data）和光子密码学（Optical Cryptography），支持将光子金融科技批量化引入商业银行业务应用场景，填补了光子科技在相关领域的空白。

（二）算法创新

创新性：目前大多数光子科技的研究停留于理论层面，应用光子科技解决实际问题的案例屈指可数。本项目是光子算法在国内外商业银行的创新应用，对光子科技助力商业银行智能决策领域有着现实应用意义。

可靠性：本项目算法的设计基于充分和扎实的业务经验，满足数据保护中的数据获取范围最小化原则，同时也保证了模型的效果。此外，业务场景具备普适性，可复制拓展到其他商业银行的数字化转型业务发展中。

高效性：光子计算相较传统电子计算具有独特优势，它可以同时让成千上万束光在同一时刻穿越光子元件的不同通道，而且彼此之间互不干扰，这些优点使其具有超强的并行计算能力，可以实现数据高速处理。此外，光子在光介质中传输信息损失极小，光在传输过程中的能量消耗和热量散发极低，因此光子计算可以在大规模计算中实现高效率的数据处理。

可推广性：本项目是光子金融科技在国内外商业银行领域的创新应用，项目将光子科技理论研究成果向实用化、工程化转换，为全社会广泛应用光子科技起到良好示范性效用。项目的光子金融科技方案不仅适用于银行，还有向保险、证券以及其他行业推广的广阔前景，具有重要的示范意义。

科研性：光子计算是一种基于光学信号处理的新型计算技术，具有高速度、低功耗、高并行等优势，是未来信息技术领域的重要发展方向之一。20世纪八九十年代研究学者发现光学技术在信息处理方面的巨大优势，而后掀起了光子计算研究的热潮。特别是在基于电子计算的经典算力体系面临巨大挑战的今天，开辟光子计算新路径，提高计算效率、降低计算功耗迫在眉睫。光子计算领域创新研究有望为数字经济时代各行业数字化转型提供基于光子科技路线的新动能。

（三）应用创新

在光子通信（Optical Communication）方面，本项目创新将光子通信应用于商业银行领域，通过构建全光局域网，减少了系统故障，提高了系统可靠性，降低了时延，提高了传输质量，为业务发展对网络资源的需求奠定了基础。

在光子计算（Optical Computation）方面，本项目是光子计算在国内外商业银行场景中的创新应用，通过创新将光子计算引入期权定价及结构化金融产品定价、风险价值计量、银行账户欺诈识别等领域，为基于光子计算的算力迭代升级提供全新思路。

在光子数据转化（Optical Conversion of Data）方面，本项目使用数模转换器、光调制器和模数转换器完成数字电信号的数据、模拟电信号和光信号的转换，聚焦商业银行业务场景，探索了面向商业银行领域的光子数据转化新方案。

在光子密码学（Optical Cryptography）方面，本项目聚焦基于光子计算的全同态加密技术在联合风控场景等隐私计算场景中应用，为金融行业应用光子密码学提供了新思路。

四、风险点

（一）项目技术风险

为了全面应对并有效降低项目技术风险，项目团队采取了多种策略。首先，项目历经了严格而细致的多轮技术评估和审查，确保技术决策基于充分的数据分析与专家意见。在此过程中，不仅识别了潜在的技术障碍，还预先制订了详尽的备用方案，以应对可能的技术难题或突发事件。此外，项目团队不断提升自身的技术研发与应用能力，通过内部培训和外部引进相结合的方式，增强团队在新技术领域的探索与实践能力。

此外，项目团队积极寻求与业界头部技术企业的深度合作。通过技术交流、资源共享及联合研发等形式，项目借鉴行业前沿技术经验，加速技术创新步伐，同时有效分散了新技术应用过程中的不确定性。这种"强强联合"的模式，不仅为项目注入了强大的技术支持力量，还显著降低了因技术不成熟或应用不当而引发的风险，确保了项目技术路线的稳健与高效。

（二）项目管理风险

为了有效管理并降低项目管理风险，项目团队从人才构建、流程优化及文化塑造三方面入手。首先，项目组建了一支由行业专家、技术骨干及项目管理专家组成的优秀人才团队，团队成员具备深厚的专业背景和丰富的项目经验，能够高效协同作业，共同应对项目挑战。

此外，项目建立了分时段监管项目进度的科学机制。通过设定明确的阶段性目标和里程碑，项目团队能够实时掌握项目进展，及时调整资源分配与工作计划，确保项目按照预定时间表有序推进。同时，这一机制还促进了团队成员之间的沟通与协作，增强了团队的整体执行力和应变能力。上述机制有效降低了项目管理风险，确保了项目的高质量完成。

五、应用情况

光子金融科技研究与探索项目创新提出光子金融科技"4C 框架"方法论体系，面向光子通信（Optical Communication）、光子计算（Optical Computation）、光子数据转化（Optical Conversion of Data）和光子密码学（Optical Cryptography）等应用场景，项目成果投入应用以来，成效十分显著。

光子金融科技研究与探索项目应用以来，充分利用了光纤抗电磁干扰和抗氧化能力强的特点，发挥了光纤体积小、重量轻、不易腐蚀、传输距离远、传输带宽大、使用寿命长等多种优势，通过构建全光局域网，有效解决了传统通信网络结构复杂、占用空间大、维护困难、覆盖距离短、带宽和容量难以适应新业务模式等一系列问题。

光子金融科技研究与探索项目面向风险价值计量场景，在光子计算风险价值计量精度保持在 99% 以上的条件下，光子计算风险价值计量模型的推理速度比采用传统 CPU 蒙特卡洛算法得到相似结果快数百倍，同时采用先进制程 GPU 计算模型实现推理的时间是采用该光子计算推理算法模型的 1.25 倍。另外，项目面向银行账户欺诈识别场景，基于光子计算实现了涉赌涉诈账户节点的有效划分，为业务人员有效锁定与涉赌涉诈相关联的其他问题行为及相关账户提供了依据，起到了降本增效的良好效果。此外，项目还面向金融产品定价、自然语言处理、计算机视觉等相关业务场景进一步探索。项目有效支撑了华夏银行数字化转型、智能化发展的目标，创造了可观的经济效益和社会效益。

六、项目过程管理

在项目规划阶段，制定项目目标和范围、制订项目计划、识别风险、确定项目团队；在项目执行阶段，执行项目计划；在项目监控阶段，监督项目进展、风险管理、变更管理；在项目收尾阶段，完成项目目标、总结经验教训。在整个项目管理过程中，项目经理与团队通过沟通和协作，及时应对过程中发生的问题，确保了项目的顺利完成，并达到预期目标。

七、项目成效

（一）经济效益

项目通过构建全光局域网，降低了设备能耗，节省了费用成本，减少了系统故障点，提升了传输质量，提高了系统可靠性，取得了良好的经济效益和社会效益，有力支撑了华夏银行数字化转型、信息化发展，为数字经济时代全社会推广应用光子科技起到了良好示范性效用。项目面向金融风险计量等场景，运用光子计算方案较传统蒙特卡洛模拟方案实现数百倍的加速效果，有效支持商业银行海量数据的运算需求。

（二）社会效益

本项目具有社会示范性效用，项目首次提出光子金融科技及其"4C"软科学方法论，将光子科技理论研究成果批量化引入金融科技领域，为光子科技向实用化、工程化转换起到了重要示范性效用。

本项目具有行业借鉴意义，项目中的光子科技相关方案，不仅适用于银行网络通信、风险价值计量、账户欺诈识别等多个领域，还在金融衍生品的定价、结构化金融产品的定价、社交网络分析以及智能客服、客户情绪识别、合规制度问答等自然语言处理场景以及人脸识别、光学字符识别等计算机视觉等场景中，具有广泛的推广价值。

本项目具有科学研究价值。光子计算是一种基于光学信号处理的新型计算技术，具有高速度、低功耗、高并行度等优势，是未来信息技术领域的重要发展方向之一。特别是在基于电子计算的经典算力体系面临巨大挑战的今天，开辟光子计算新路径，提高计算效率、降低计算功耗迫在眉睫。光子计算领域创新研究有望为数字经济时代各行业数字化转型提供基于光子科技路线的新动能。

八、经验总结

在光子通信（Optical Communication）方面，与传统的电信号传输技术相比，光子通信具有更高的传输速率、更低的能耗、更远的传输距离和更低的干扰等优点。光子通信广泛应用于各个领域，包括通信、计算机网络、医疗保健、军事等。在通信领域，光纤通信已经成为主流的传输方式，而自由空间光通信则在无线通信、激光通信和卫星通信等方面得到了广泛应用。此外，光子通信还在医疗保健中用于光学成像和光学治疗等方面。本项目创新将光子通信应用于商业银行领域，构建全光局域网并与现有业务结合，为金融机构办公局域网建设提供了更多的选择和可能，填补了相关领域的空白。

在光子计算（Optical Computation）方面，对于金融行业而言，光子计算所带来的速度和效能优势天然地与金融行业的需求相匹配。一方面，光子金融科技有望满足金融机构对计算速度的严格要求。金融市场瞬息万变，每一笔资金都具有时间成本，特别是在金融市场类业务中，交易速度的差异往往会对组合收益带来显著影响。光子计算所带来的显著速度提升有望为金融机构在交易中提供"天下武功唯快不破"的优势。另一方面，光子金融科技有望满足金融机构海量数据样本的计算需求。金融机构是典型的数据密集型机构，具有海量的结构化与非结构化数据运算需求，亟须探索出一条以低成本来处理海量数据的算力提升路径。本项目是光子计算在国内外商业银行场景中的创新应用，为基于光子计算的算力迭代升级提供全新思路。

在光子数据转化（Optical Conversion of Data）方面，本项目使用数模转换器、光调制器和模数转换器完成数字电信号的数据、模拟电信号和光信号的转换。在权重加载和数据加载阶段，使用数模转换器将数字电信号的数据和权重转化为模拟电信号，而后使用光调制器将模拟电信号转化为光信号；在计算结果解码阶段，使用光调制器将光信号解调成模拟电信号，而后通过模数转换器转换成数字电信号。本项目聚焦商业银行业务场景，探索了面向商业银行领域的光子数据转化新方案。

在光子密码学（Optical Cryptography）方面，本项目聚焦基于光子计算的全同态加密技术在联合风控等隐私计算场景中应用，为金融行业应用光子密码学提供了新思路。

本项目是光子金融科技（Optical FinTech）在国内外商业银行领域的创新应用，项目将光子科技理论研究成果向实用化、工程化转换，为全社会广泛应用光子科技起到良好示范性效用。项目的光子金融科技方案不仅适用于银行，还有向保险、证券以及其他行业推广的广阔前景，具有重要的示范意义。

广西北部湾银行股份有限公司

零售信贷统一贷后智能运营项目

一、引言

全球经济下行等因素对金融行业产生了深远的影响，部分借款人的还款能力受到影响，导致不良贷款余额上升，截至 2024 年一季度，商业银行不良贷款余额为 3.37 万亿元，不良贷款率 1.59%[①]。为统筹推进全行统一贷中、贷后管理体系建设，解决广西北部湾银行贷中、贷后业务面临的多面铺开、分头并进的分散现状以及贷中、贷后智能化运营管理、统一委外管理等面临的痛点，实现客户量化运营管理、逾期客户精准画像，提高逾期资产回款率，降低人力成本，精准管控供应商，有效预防投诉，提升客户服务质量，保障我行数据安全，满足监管合规要求。

在战略规划要求方面，广西北部湾银行坚持以客户为中心，推进金融科技创新应用与业务数字化转型，在数字化改革进入"深水区"的阶段，为进一步实现数据要素融合应用，赋能金融产品、服务及管理创新，需要规划建设数字化贷后智能管理项目，充分运用云计算、大数据、人工智能等技术，深化贷中、贷后金融资产盘活、资产合规管理，统筹规划资产全生命周期的业务运营和技术风控，提升金融服务效率和质量，走好高质量数字化创新发展道路。

在满足业务发展需要方面，近年来，广西北部湾银行业务发展迅速，数字化转型初见成效，数字化运营正值起步。在贷前数字化转型逐步成熟的基础上，对广西北部湾银行贷中量化运营、贷后一体化管理提出新挑战，亟须参照监管

[①] 国家金融监督管理：2024 年商业银行主要监管指标情况表（季度）.https://www.cbirc.gov.cn/cn/view/pages/ItemDetail.html?docId=1164263&itemId=954,2024-05-31.

相关要求及同业先进经验，建立全行统一的贷后管理体系，解决各部门在资产管理过程中的痛点，对于整体资产进行"存量治理"及"增量规划"，真正实现提质增效的业务发展目标。

在监管合规要求方面，随着《个人信息保护法》《银行保险机构消费者权益保护管理办法（征求意见稿）》《商业银行互联网贷款管理办法》的发布，监管对个人信息保护、消费者权益保护、商业银行互联网贷款管理实施更严格的管理要求。"商业银行应当通过建立风险监测预警模型，对借款人财务、信用、经营等情况进行监测，设置合理的预警指标与预警触发条件，及时发出预警信号，必要时应通过人工核查作为补充手段"[①]，此次智能贷后项目将从模型策略、舆情监控、数据分析等功能补充监测运营手段；"不得将风险数据用于从事与贷款业务无关或有损借款人合法权益的活动，不得向第三方提供借款人风险数据，法律法规另有规定的除外"[②]，智能贷后系统满足数据内部流转、真实记录，预防数据泄露风险；"商业银行应掌握贷后管理等核心业务环节操作，并对贷后管理承担主体责任"，统一智能贷后管理项目将从助贷平台管理、委外机构管理入手，推动广西北部湾银行完善贷后管理、合规监控、客诉处理等方面的主体责任，逐一核对满足银行业协会《信用卡催收工作（指引）》的行业要求。

二、项目方案

项目建设核心内容包括统一系统支持建设、数据模型策略应用、一体化智能运营支持三大模块。

统一系统支持体系围绕贷中、贷后统一管理，搭建包括监测预警、清收、调解、诉讼、核销、资产转让的一体化作业管理平台，对合作服务商线上化统一监督管理，实现标准化管理；同时搭建舆情监测平台，实时监控企业舆情、

[①] 《商业银行互联网贷款管理暂行办法》.https://www.gov.cn/zhengce/2020-07/17/content_5718706.htm

[②] 同上。

客户投诉等风险，筛选重点预警任务及时处理与化解。

数据模型策略应用体系将针对零售、小微信贷资产建立不同客群的贷中、贷后场景自动化评分模型，通过对客户各类数据的充分挖掘与对清收机构及个人清收技能的精准画像，实现对清收资源的高效化掌控和智能化匹配。

一体化智能运营体系将在贷中对全量客群进行分层管理并实施差异化处置动作，在贷后通过多方面、多手段清收方式，结合"一键核销、资产转让"的资产管理方式及综合风险化解手段，提升广西北部湾银行对于零售客户小微业务客户的全生命周期管理能力。

通过三大模块的共同运作，兼顾线上业务与线下业务、个人贷款与小微企业贷款、自营资产与合作类贷款资产，全面整合系统、流程、数据、模型、策略、运营等一体化运营管理，实现贷中、贷后业务的智能化、精细化、数字化的管理与运营。

三、项目创新点

（一）采用融合系统建设、数据模型应用、一体化运营的创新项目建设模式，实现各板块之间的无缝衔接和高效协同。

区别于传统的系统建设项目，系统地搭建与业务应用相对割裂的项目模式。该项目采用融合了统一系统支持建设、数据模型策略应用、一体化智能运营支持三大模块的创新项目模式，通过数据策略和业务应用驱动平台搭建，通过一体化运营实现各板块之间的无缝衔接和高效协同。

（二）项目覆盖零售业务全产品贷中、贷后全场景的关键运营作业流程节点，全面推动零售业务贷后运营体系的数字化转型。

项目涵盖零售三大业务线及相关产品体系，支持贷中监控、智能分案、内催、委外催收、客户经理管户、诉讼管理等贷后全业务场景管理和作业，实现了零售信贷贷后管理全产品体系的数字化运营。通过一体化融合业务运营、系统支持和模型分析，项目显著提升了贷后管理效率和决策准确性。

（三）深度融合 AI 语音机器人、智能协催助手等先进技术，实现贷后作业流程的自动化监控和预警，显著提升作业效率和质量。

基于 AI 算法的智能分案引擎实现贷后管理的自动化流转与预警。项目还深度融合了 AI 语音模型、C 卡评分、号码状态检测、语音机器人、智能协催助手等先进技术，形成了一个全面、高效的贷后作业流程监控预警系统。AI 语音模型能够智能识别语音信息，提高沟通效率；C 卡评分模型则根据客户的信用历史和行为模式，为案件处理提供科学依据；号码状态检测功能实时监控客户号码的有效性，避免无效沟通；语音机器人和智能协催助手则能够协助作业人员进行高效、精准的催收工作。通过以上技术的深度融合，项目不仅能够实现贷后作业流程的自动化监控和预警，还显著提升了贷后作业效率和质量。

（四）实现了最细颗粒度的权限管理，有效防范数据泄露风险，强化贷后管理的合规性。

项目搭建了行方管理端与委外作业端的一体化作业平台，实现委外方通过客户端以租户形式访问，客户数据不出行的作业模式的优化。该平台通过用户及权限管理体系，实现了最细颗粒度的权限管理，可有效防范数据泄露风险，确保客户信息的安全性和隐私性。同时，项目采用技术化手段，对贷后全流程实施严密监控，确保每一环节均符合相关法规与行业标准，从而强化贷后管理的合规性。

四、项目技术实现特点

系统架构和开发框架先进、成熟，支持功能和性能的灵活扩展，不仅能够满足广西北部湾银行目前实际业务需求，而且能兼顾未来业务发展需要。

（一）分布式微服务架构模式

全套部署架构均秉承"高性能、高可用"的架构设计原则，在为业务提供良好性能的同时，保证在极端情况下的服务可用性和数据安全性。整套系统在架构设计层面充分地考虑了松耦合，各模块功能独立，减少依赖。使得平台在部分异常情况下仍可提供有效服务。

整套系统采用 k8s 运行架构，保障系统具备高度治愈、动态扩容、水平伸缩能力；前后端应用均使用容器化技术进行编排。k8s 集群使用 ingress 对外暴露服务，支持使用 Nginx/SLB/F5 等做负载均衡做高可用部署。数据库持久层支持一主多从、多主模式进行部署；缓存、MongoDB、rabbitmq、elasticseach、数据库中间件均使用多节点部署。此外，该微服务架构自研了多数据源、分布式运算、链路追踪机制。

（二）人工智能技术融合应用

1. 智能分案引擎

通过构建低代码、可视化、组件化的智能分案引擎模块，结合数据算法标签化，轻松实行分案策略的配置及优化管理，极大地提升了贷后分案管理的灵活性以及分案决策执行、跟踪的效率。

2. 数据模型应用

通过对业务数据进行挖掘建模，构建促活类、风险预警类、客户价值类、机构评分（B 端）等模型，支持不同的业务场景的数据模型应用需求，例如，通过采用卷积神经网络（CNN）、Encoder，Decoder，Transformer、连接性时序分类（CTC）等方法，对语音数据集进行训练，将声音转录为中文拼音，并通过语言模型，将拼音序列转换为中文文本构建语音识别模型，通过深度学习模型，基于 BERT 提取文本语义，设计基于 TextCNN 的神经网络模型，对客户侧话术进行分析，识别客户投诉倾向、反催收、情绪、疑似中介、辱骂等风险并及时预警。

3. 智能外呼机器人

智能外呼机器人集成了多项先进技术，运用语音识别技术，准确识别客户语音指令；通过自然语言处理，深入理解客户需求与情绪，通过拖拉拽的低代码配置平台可实现不同产品、场景话术的灵活配置，实现高效智能的外呼语音服务。

（三）安全与合规保障

1. 多租户体系设计，实现数据安全隔离

系统以多租户体系设计，可实现在银行端、委外端（委外催收、法院、律师、AMC 等）多租户模式运营管理，通过分库分表、数据脱敏等实现数据隔离。

2. 用户访问控制与权限管理

通过建立严格的用户访问系统控制机制，实现用户身份的认证和授权；通过细粒度的权限管理，确保不同用户只能访问其权限范围内的数据和功能。

3. 合规性遵循与保障

遵循相关法律法规和监管要求，对系统进行合规性设计和实施，保证系统作业流程完整可跟踪可记录，确保贷后运营活动的合法性和合规性。

五、项目运营情况及项目过程管理

（一）项目运营情况介绍

项目围绕统一系统支持建设、数据模型策略应用、一体化智能运营支持三大核心模块，分阶段、按业务产品线等批次推进建设，通过三大模块的共同运作，全面整合系统、流程、数据、模型、策略、运营等一体化运营管理，实现贷中、贷后业务的智能化、精细化、数字化管理与运营。自项目启动以来，项目组已按照既定计划逐步推进项目的实施。一阶段核心系统功能及代表性产品已于 2023 年 12 月上线投产运营，二阶段定制化功能及代表性产品于 2024 年 4 月完成整体上线投产运营。计划 2024 年底实行行内零售板块全产品的系统化、线上化、数字化运营管理。

项目运营过程中，通过一体化管理和作业平台实现了行方以全局视角进行贷后全流程监控和处理。确保从贷后预警、风险评估到跟进处理等各个环节的顺畅衔接和高效协同，显著减少人工干预环节，大幅提升操作效率。通过应用大数据和人工智能技术，本项目实现对贷后风险的实时监控和预警；通过对运营体系进行全面而深入的精细化梳理，对贷后管理流程进行了全面的优化升级，不仅提升了贷后管理的专业性和精准性，而且有效降低了操作风险。

（二）项目过程管理

项目严格按照项目管理要求，成立了项目工作组，项目工作组下设项目领导小组、业务组及技术组三个工作小组，各个小组根据不同项目分工，根据项目进度安排，定期或不定期召开项目沟通会，建立工作协调机制，通报试点项目建设实施进度，协商研究解决遇到的问题和困难，协调推进项目进程。同时，建立问题反馈协调处理机制，形成需求跟踪矩阵，问题列表逐一按计划开展解决，保障项目整体进度。

1. 目标执行程度

在项目实施过程中，项目组按照项目规划，通过分解项目目标，明确各个阶段的项目任务，有针对性地制订了详细的实施计划。通过定期的项目进度检查和成果评估，不断调整和优化资源配置，以适应项目需求和业务场景变化，加强团队沟通与协作，确保项目目标得到有效执行，以确保项目各项工作能够按时完成。

2. 过程管理与优化

建立了完善的过程管理制度，明确各项工作的责任人、时间节点和验收标准。通过定期的项目例会、汇报和评审，及时发现并解决项目实施过程中出现的问题。注重项目文档的整理与归档，确保项目信息的完整性和可追溯性。同时，项目组积极总结经验教训，不断优化项目管理流程和方法，提高项目管理水平。

3. 风险评估与应对

对项目实施过程中可能出现的风险进行了识别和评估，并制定了相应的风险应对措施。通过加强风险监控和预警，确保项目能够顺利地推进，保证项目目标的最终实现。项目面临的主要风险及应对措施如下。

（1）需求偏差风险

明确项目需求是开展项目的前提。在项目开展前期的需求调研、形成项目需求说明书、项目实施开发等过程中都有可能存在项目需求偏差风险。针对该类风险，可采取开展市场调研、制定项目需求书、确认需求、组织测试等应对措施进行控制。

（2）技术和服务能力风险

服务商的技术水平和服务能力直接影响项目完成的服务质量。如项目服务商的服务能力有限，技术水平和研发能力不足，无法完成既定的项目需求开发，也不能迅速跟进技术改进和对产品及时升级维护，将影响项目的正常运行，导致出现技术和服务能力风险。针对该类风险，可采取审慎选择服务供应商、知识转移约定和完善服务质量保障机制等措施进行控制。

（3）组织管理风险

开展项目建设过程中，涉及环节较多，需要业务人员、技术人员及管理人员相互协作才能有效开展项目。在项目实施的过程中，团体人员的工作职责不清晰、队伍不稳定、成员之间沟通不到位、工作无法落实等因素，都会导致项目停滞，无法有效推进。为控制该类风险，可采取明确项目组成员及其权责、制订项目计划、定期汇报项目进度措施进行控制。

六、项目成效

（一）实现客户量化运营管理，提高逾期资产回款率，降低人力成本，提升了我行贷后运营管理效能

围绕贷后统一管理，本项目搭建包括监测预警、清收、调解、诉讼、核销、资产转让等的一体化贷后业务作业管理平台，解决广西北部湾银行贷后业务面临的多面铺开、分头并进的分散现状以及贷后智能化运营管理、统一委外管理面临的痛点，实现业务流程统一化标准化管理，通过统一贷后智能管理体系建设，完善广西北部湾银行贷后系统服务功能、模型策略体系与一体化运营体系，实现效率提升50%、成本下降20%、人力释放80%，将资产管理数字化、精细化、智能化，并通过强大的数字化技术和AI技术加强资产的过程管理，显著提高零售业务贷后运营管理效能。

（二）以金融科技创新应用与业务数字化转型提升金融服务效率和质量，更好地服务实体经济发展

构建以客户为中心的贷后综合运营体系，针对零售、小微信贷资产建立不

同客群多种场景自动化评分模型的应用，充分挖掘客户在贷款全生命周期及贷后清收中积累的画像、行为、语音、投诉等数据，实现对客户分层分案管理，指导业务管理跟踪，赋能金融产品、服务及管理创新。构建对清收机构及个人清收技能进行精准画像，实现对清收资源的实时化高效掌控，智能化匹配，显著提高清收实效，推动贷后业务管理流程优化及数字化转型。通过"专业化催收、多元化调解、诉前保全、批量式调诉、智慧型审判"的清收方式，"一键核销、资产转让"的资产管理方式，"一键接管，迅速入催"的自身能力，叠加大数据分析、失联修复、债务重组的综合风险化解手段，整合管理清收服务商资源，提升催收实效，更好地服务实体经济。

（三）有效预防投诉，提升客户服务质量，保障数据安全，满足监管合规要求

通过系统化、智能化手段，减少手工台账、人工对账等手工作业操作流程中可能存在的数据泄露风险，满足数据内部流转、真实记录和监管合规要求，确保贷中、贷后管理过程的数据安全；项目能够为委外催收公司提供数字化管理服务，通过智能分案、模型策略、智能语音质检等运营管理手段，整合管理清收服务商资源，充分调动机构的积极性和催收效率，精准管控清收供应商，实时监控预警企业舆情风险、客户投诉风险、关联网络传导风险，筛选重点预警任务智能化通知业务管理人员及时处理，加强预防与应对机制，有效应对投诉，提升客户服务质量，提升催收工作的规范性、合规性以及清收效率。

七、项目总结

在项目的整体规划设计、建设、实施落地及上线推广过程中，广西北部湾银行深刻体会到项目成功的关键在于需求分析的精准、团队协作的默契以及用户反馈的及时响应。在建设中，广西北部湾银行注重系统功能的实用性和易用性，确保满足业务需求；在实施落地过程，各个部门紧密合作，确保系统平稳过渡；在上线推广阶段，广西北部湾银行注重宣传策略的制定，积极收集用户反馈，不断优化系统。这些经验不仅提升了项目质量，而且为后续项目的开展提供了宝贵借鉴。

在项目整体规划设计方面，明确项目目标和需求是至关重要的。通过深入了解业务背景和业务需求，项目组能够准确定位项目的功能和特点，并结合实际情况制订详细的建设方案。合理的项目规划和架构设计是项目成功的关键。通过注重技术选型、模块划分和接口设计等方面的合理性，确保系统的稳定性和可扩展性。

在项目建设实施落地阶段，涉及项目目标执行情况、过程管理优化、潜在风险评估与应对措施等诸多重要事项。首先，项目过程管理和问题及时应对解决是实施过程中的重点。在项目推进过程中，通过精细化管理，确保每个环节都按照既定目标有序进行。同时，建立了快速响应机制，一旦遇到问题，能够迅速定位并提出解决方案。该机制不仅有助于解决当前问题，还能预防潜在风险。通过这两方面的努力，能够确保本项目高效、稳定地推进。其次，流程优化与再造是提高实施效率的关键。针对贷后管理流程中的瓶颈和问题，进行了深入分析和优化，实现了流程的简化和自动化。此外，用户培训与指导也是实施落地中不可或缺的一环。项目组注重用户的反馈和需求，提供了针对性的培训和指导服务，确保用户能够熟练掌握系统的操作。最后，团队建设与协作也是项目建设中不可忽视的一环。注重团队成员的技能匹配和沟通协作能力的培养，形成了高效的工作机制和良好的团队氛围。

在上线推广及落地应用方面，广西北部湾银行制订了全面的推广计划，通过紧密结合行内业务管理的实际情况，形成科学合理的推广节奏和业务切换方案，通过分阶段、代表性产品上线试运行的策略，重点完成智能分案、智能机器人催收、客服内催、委外催收、移动端外访、诉讼案件管理等核心业务场景的落地验证，这一过程中，注重逐步推进，保障了业务的连续性和稳定性。同时，广西北部湾银行还建立了完善的用户反馈机制，及时收集和处理用户反馈意见，高度重视推广效果的评估和问题的及时复盘，密切关注各项指标的变化，对推广效果进行客观评价。对于出现的问题和不足之处，及时进行复盘分析，深入剖析原因，并制订相应的优化方案。这些优化方案旨在进一步提升推广效果，增强用户体验，推动业务的持续发展。

总之，通过项目的实施，广西北部湾银行初步实现了零售信贷业务贷后运营流程的智能化和一体化，实现客户量化运营管理，提升贷后运营管理效能，降低运营风险。同时，项目还带动了团队技术能力的提升和业务模式的创新，提升金融服务效率。

八、项目展望

项目通过系统平台、数据模型应用、一体化运营三位一体的结合，全面整合系统、流程、数据、模型、策略、运营等一体化运营管理，实现贷中、贷后业务的智能化、精细化、数字化管理与运营。接下来，广西北部湾银行将继续深化项目的应用和推广，不断优化系统功能和用户体验。同时，广西北部湾银行还将积极探索新的技术应用和业务模式，在系统建设层面根据丰富的业务场景（如贷中作业管理、动账监控、提升催收作业体验、批量线上化诉讼等）对系统的承载功能进行深化拓展，使系统更加贴合业务需求，在数据模型应用层面，推动存量模型优化，同时根据新的应用场景需求，拓展新增机器学习模型和 AI 语音模型如回款预测、诉讼指数、自动催收等，为零售信贷业务贷后运营管理提供更好的决策支持，在业务运营层面进一步拓展委外模式和批调批诉模式覆盖面，拓展贷后管理的应用领域，有助于管理效率提升、风险防范及化解，推动零售信贷业务贷后管理全面数字化转型。

东亚银行 （中国） 有限公司

数据交换共享治理服务能力建设

一、引言

随着数字化转型的推进，业务发展随着数据治理逐渐深入，以往的内部数据文件的存储和传输方式正面临着严峻的挑战。点对点、网状式结构的数据存储和交互模式已无法满足银行对于数据高效且安全使用的需求。首先，在当前的点对点数据存储模式下，各个系统之间的数据相互独立，缺乏统一的管理和调度。这不仅导致了数据冗余和重复存储的问题，还降低了数据检索和利用的效率。其次，网状式结构的数据传输方式也给数据安全带来了隐患。在这种模式下，数据在各个系统之间自由流动，缺乏有效的监控和管理手段。

为了解决上述问题，东亚银行采取一系列措施来优化数据存储和传输方式。行内建立了统一的数据交换和服务治理功能，对各个系统的数据进行集中管理和调度，实现了数据传输的标准化、规范化及可追溯性。以下是主要的实现内容。

（一）建立全行数据交换体系：通过对全行数据源的集中、标准化管理，提升全行在数据交换、处理和利用方面的能力。这有助于银行更高效地利用数据资源，支持业务发展和决策制定。

（二）优化批量数据文件交换：通过数据交换平台处理全行的批量数据文件交换，降低了整体网络和存储资源的消耗。同时，提高了数据处理和分发的效率，缩短了目标应用系统数据交换的时间窗口，从而提高了银行业务的响应速度和客户满意度。

（三）统一接口数据管理：针对系统间的数据接口，形成了统一的管理规范。这有助于有效管理上下游系统接口，提高批量数据文件对接的效率，降低系统间的沟通成本。

（四）实现数据交换服务治理功能：建立了端到端数据交换链路中各个系统间交换的时效监控、管理功能，以及形成了持续交换服务管理规范。这有助于确保数据交换的安全性和稳定性，提高数据治理水平，为银行的数字化转型提供有力支撑。

二、项目方案

（一）系统架构

数据交换平台项目建立了数据交换统一规范和标准，实现了数据交换过程中的数据治理，以及批量数据入湖，并对入湖数据的数据质量进行主动管理。整体数据交换链路整理后，形成了数据文件血缘链路关系，以及对数据文件结构的主动管理，并通过统一数据卸载工具提高了数据交换的建设推广进度及提交了项目质量，建立了全行统一的数据交换总线。

1. 系统应用架构设计如图 1 所示。实线和虚线框线范围内为数据交换平台的总体架构范围，其中实线框线部分部署在生产环境，虚线框线部分部署在测试环境。主要分为七大功能模块：文件传输、数据转换、参数配置、监控管理、调度引擎、交换治理、开发配置。统一由数据交换平台进行数据入数据湖、数据下发至目标应用系统。

2. 数据交换平台技术实现功能架构，按照层次架构设计，包括展现层、数据转换逻辑层、调度控制层、数据传输逻辑层、公共组件层、数据层。

3. 系统物理架构设计如下，为保证未来行内业务的扩张需求，在物理结构上，系统采用了集群部署方式，系统设计可快速方便地支持系统的横向及纵向扩展。可通过简单的配置实现硬件的扩充。物理设备采用现在主流的 X86 系列机器，便于采购和成本的降低。

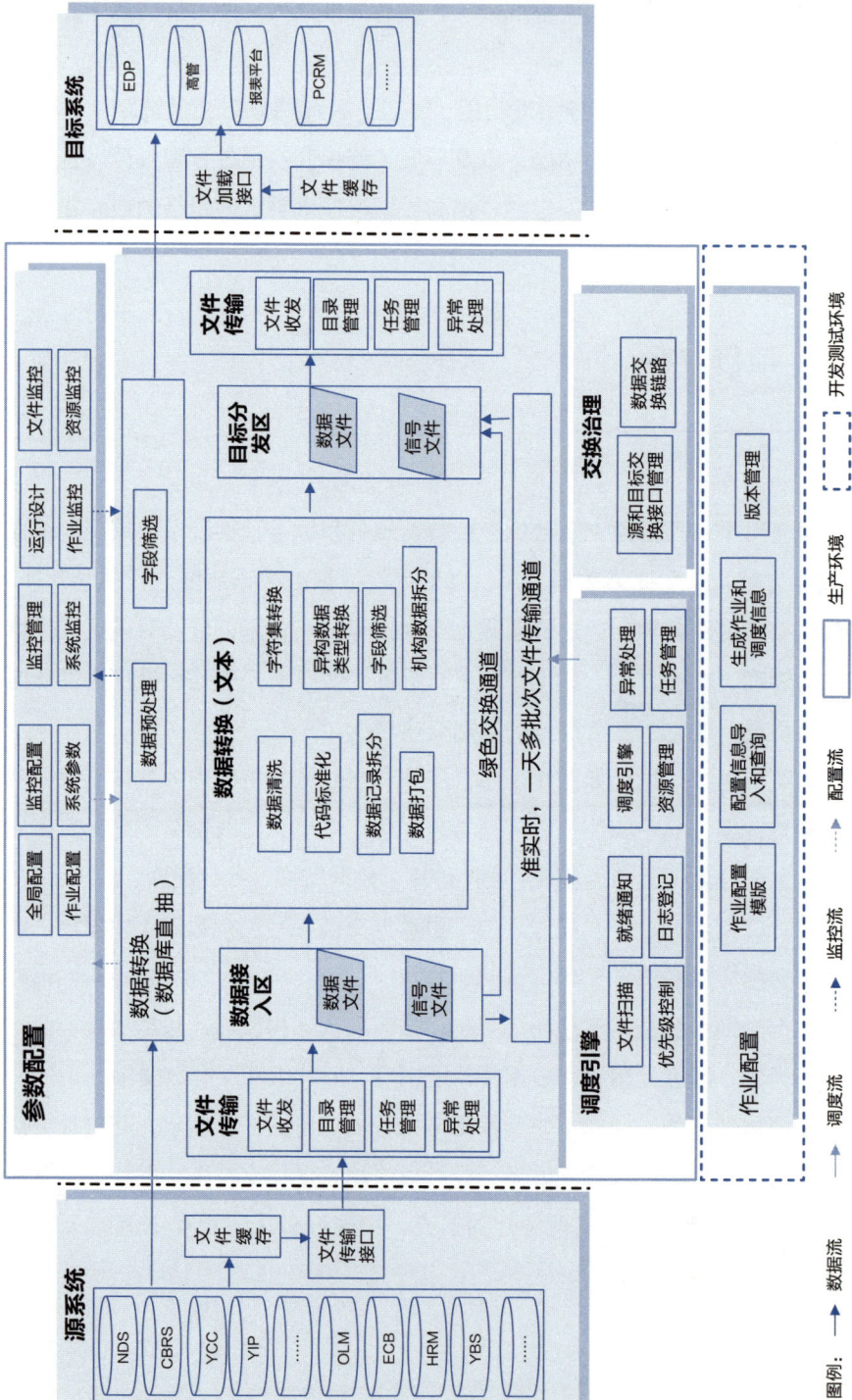

图 1　应用架构图

图例：　→ 数据流　　→ 调度流　　…→ 监控流　　→ 配置流

生产环境　□　应用架构图
开发测试环境

（二）数据交换接口规范

全行系统与数据交换平台进行传输交换的批量文件分为三大类：数据文件、DDL 文件、控制文件。数据文件包含具体业务和系统数据内容；DDL 文件是包含对应数据文件具体结构的文件；控制文件包含数据文件的描述信息，并作为数据文件生成完整性的一个标志，在数据处理过程必须是在数据文件生成压缩后和 DDL 文件生成后才能生成控制文件。每一个控制文件对应一个数据文件、一个 DDL 文件。数据交换平台提供了统一的数据卸载工具，便于各系统采用规范的方式下发数据。

数据交换平台接口规范内容如下：

1.数据文件传输顺序规范

2.数据文件记录格式规范

3.数据使用变长方式规范

4.控制文件记录格式规范

5.数据文件采用压缩方式规范

6.数据交换文件传输存放路径规范

7.数据入湖的标准规范

8.入湖数据校验规范

（三）系统协作

数据交换平台相关批量数据接口纳入本平台进行数据交换，以达到平台具备各项预定基本批量数据交换功能服务的目标。为数据交换平台工作做平台基础建设，承载将来全行各应用系统的批量数据交换需求，以实现统一、规范、高效、标准的批量数据交换总线。

各个应用系统将数据推送至数据交换平台，由数据交换平台配置交换规则，为各系统提供了动态的数据下发服务，并将数据入湖到大数据平台。通过大数据平台较低的存储成本，将数据交换平台接收的数据文件在大数据平台进行存档，实现了数据文件的热度管理。

三、项目创新点

数据交换平台是以数据治理的模式进行系统设计和建设的，在完成了数据交换服务管理和技术标准建立后，通过提炼服务标准，以数据交换服务的集中化管理为原则，以提升数据交换服务能力、质量和效率为目标，建立了数据交换治理平台，面向全行开放使用。数据交换治理平台的创新点主要包括。

（一）建立了一个线上数据交换治理平台，以线上服务流程管理取代线下口头约定变更，对系统管理和运行能力提升一个档次。如图 2 所示。

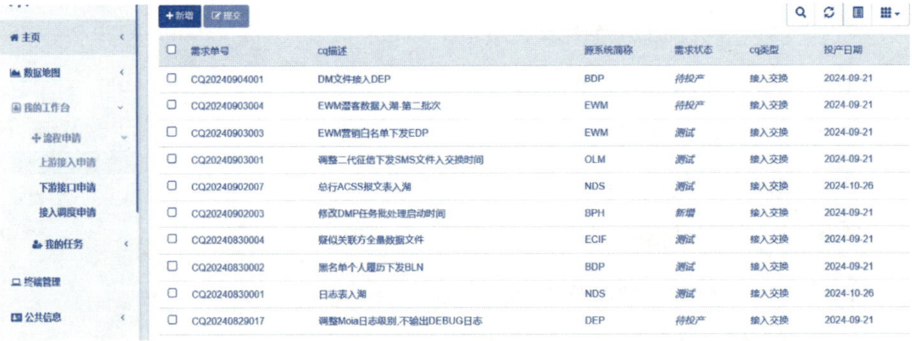

需求单号	cq描述	源系统简称	需求状态	cq类型	投产日期
CQ20240904001	DM文件接入DEP	BDP	待投产	接入交换	2024-09-21
CQ20240903004	EWM潜客数据入湖-第二批次	EWM	待投产	接入交换	2024-09-21
CQ20240903003	EWM营销白名单下发EDP	EWM	测试	接入交换	2024-09-21
CQ20240903001	调整二代征信下发SMS文件入交换时间	OLM	测试	接入交换	2024-09-21
CQ20240902007	总行ACSS报文表入湖	NDS	测试	接入交换	2024-10-26
CQ20240902003	修改DMP任务批处理启动时间	BPH	新增	接入交换	2024-09-21
CQ20240830004	疑似关联方全量数据文件	ECIF	测试	接入交换	2024-09-21
CQ20240830002	黑名单个人履历下发BLN	BDP	测试	接入交换	2024-09-21
CQ20240830001	日志表入湖	NDS	测试	接入交换	2024-10-26
CQ20240829017	调整Moia日志级别,不输出DEBUG日志	DEP	待投产	接入交换	2024-09-21

图 2　数据交换服务治理 – 上游接口申请

（二）数据交换服务需求线上化管理，系统永久留档需求内容；并提供智能检索功能可随时定位到相关文档、交换接口、表结构等信息。如图 3 所示。

系统简称	中文名	SCHEMA名称	表英文名	表中文名	字段序号	字段名	字段描述	字段类型	小数位数	是否可空	是否主键
EDP	企业级数据平台	CDM	C_GFDR_HDACLHLDK	存量互联网贷款信息	1	JRJGDM	金融机构代码	VARCHAR2	-	是	否
EDP	企业级数据平台	CDM	C_GFDR_HDACLHLDK	存量互联网贷款信息	2	NBJGH	内部机构号	VARCHAR2	-	是	否
EDP	企业级数据平台	CDM	C_GFDR_HDACLHLDK	存量互联网贷款信息	3	HLWDKTYSBBM	互联网贷款统一识别编码	VARCHAR2	-	是	否
EDP	企业级数据平台	CDM	C_GFDR_HDACLHLDK	存量互联网贷款信息	4	DKHTBM	贷款合同编码	VARCHAR2	-	是	否
EDP	企业级数据平台	CDM	C_GFDR_HDACLHLDK	存量互联网贷款信息	5	DKJJBM	贷款借据编码	VARCHAR2	-	是	否

图 3　数据交换服务治理 – 结构等信息

（三）实现可视化数据交换的血缘管理，包括系统级和文件接口2个粒度的血缘管理和查看。如图4所示。

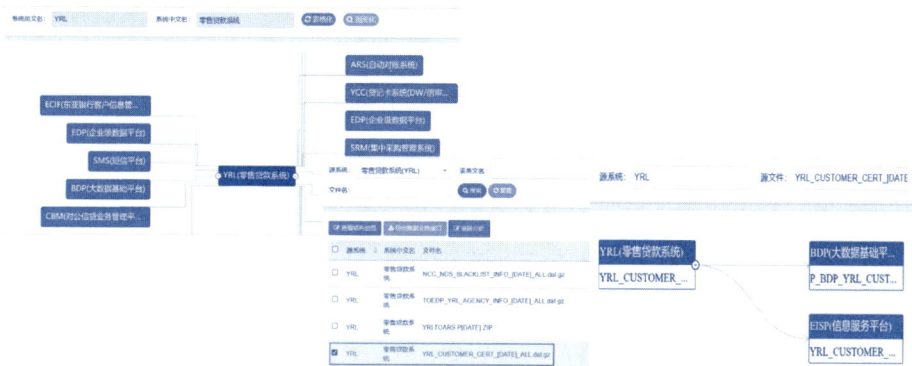

图4 数据交换服务治理 – 血缘管理

（四）低代码开发模式，通过对数据交换主要业务功能场景进行标准化后的流程提炼，系统形成一套低代码流程，将这些业务应用场景做到应用代码自动生成（包括交换服务定义配置、数据治理数据结构映射配置、批量任务作业配置、投产代码版本自动生成）取代手工代码编写，极大地节约开发成本，并提高交付质量。如图5所示。

图5 数据交换服务治理 – 代码自动生成

（五）功能交付版本自动化管理取代人工管理；实现版本管理流程透明化，减少人为失误，提高交付质量。

四、技术实现特点

数据交换平台实现行内系统间数据交换的松耦合架构，构建企业级高效、易维护的数据交换能力，支持准实时、一天一批次、一天多批次的数据交换场景，满足结构化、非结构化和半结构化的数据交换服务要求。系统主要包括七大功能模块：文件传输、数据转换、参数配置、监控管理、调度引擎、交换治理、开发配置。数据交换平台有以下特点。

（一）数据交换治理平台实现了接入系统的数据全景图、系统链路血缘关系、接口链路关系、接口元数据信息。

（二）数据交换平台能够自动解析数据文件结构信息，自动进行元数据比对差异、自动更新元数据。

（三）实现了系统内信息公共化，通过数据交换治理平台能够直观便捷地查看接入的数据接口文件信息及文件结构信息，提供了优秀的使用体验。

（四）数据交换需求线上化，数据交换线上需求全面化，不再接收以发送消息的方式发送的需求、以邮件的形式发送的需求，实现需求规范化、标准化管理。

（五）采用低代码开发模式，实现数据交换的线上需求开发管理，将不同类型的需求，高效的开发为所需的调度作业信息。

（六）数据交换治理平台的文档管理模块，将数据交换相关规范手册、模板等文档发布到"文档模板"，各系统能够直接下载使用，提升使用体验。

（七）架构标准化，按照层次架构设计，包括展现层、数据转换逻辑层、调度控制层、数据传输逻辑层、公共组件层、数据层。

（八）系统高可用，系统采用了集群部署方式，系统设计可快速方便地支持系统的横向及纵向扩展。

五、项目运营情况及项目过程管理

（一）项目过程管理

数据交换平台项目总体按照 2 个阶段进行建设：第一阶段为数据交换平台

建设项目，项目周期为 2021 年 10 月—2022 年 7 月，以建设系统各项主要功能为主，小部分数据交换服务接入应用试点。第二阶段项目是数据交换平台推广项目，项目周期为 2022 年 7 月—2023 年 7 月；主要完成了全行数据入湖，以及全行系统批量数据文件交互全部迁移到数据交换平台。

（二）项目运营过程

数据交换平台在推动全行业务数据入湖过程中，对入湖数据质量实施主动管理，为大数据平台和数据实验室建设提供丰富的高质量基础数据。同时，大幅缩短了数据入湖流程与周期，为全行数字化转型的顺利进行奠定了坚实基础。

数据交换平台具备主动检测交换数据的能力，通过统一的监控告警机制确保数据交换的及时性和可靠性。此外，平台还实现了数据治理功能，建立全行统一的数据交换标准规范，支持接口文件血缘链路分析、文件结构信息差异化比对、在线查看源（或目标）接口文件信息及文件结构信息等，使日常数据交换服务支持更加便捷高效。

为持续提升系统服务水平，数据交换平台的治理功能通过定期收集用户反馈，主动进行优化和迭代更新，以适应不断变化的业务需求和技术环境。

六、项目成效

（一）全行数据入湖和数据交换推广

在数据交换平台上线后，根据全行数字化转型目标要求，以数据交换平台为抓手，在半年内完成全行数据入湖的目标：累计入湖系统 113 个、超过 8000 张数据表。

在数据交换推广过程中，完成了全行数据交换的全面推广，涉及推广系统 96 个，351 条系统交换链路，超 4300 个数据文件的推广切换。自此，全行系统间批量数据文件交换，全部由数据交换平台负责处理，形成了全行架构的高度统一。

（二）数据交换标准规范

在项目建设过程中，制定了全行批量数据交换标准和规范。一方面通过建立的统一标准规范，各个系统的文件接口避免了多套接口格式规范的问题，减少系统日常维护的复杂和投入；另一方面，为全行数据入湖提供高质量的数据；最后，为后续开展交换服务治理奠定了基础。在整个过程中，为全行 IT 系统改造过程带来较大的效率提升，带来明显的经济效益。

（三）数据交换过程中的数据治理

数据交换平台持续进行数据文件接口的数据治理工作。主要包括 3 部分。

1. 实现对数据文件的质量管理，对接收到的数据文件接口，进行数据文件接口的信息登记和管理，包括数据文件到达时间、文件大小、文件名称和格式是否符合规范要求等；

2. 实现了入湖数据的数据治理，主要是数据入湖后的数据完整性治理。

3. 对数据交换接口实现了元数据的数据治理，包括数据文件的数据结构管理、校验并面向全行元数据管理平台进行元数据的治理成果内容推送。

数据交换过程的数据治理，为全行数字化转型带来极大的效率提升和服务支撑，带来许多隐形的社会效益。

（四）数据交换服务治理运行

通过数据交换服务治理日常运行，对全行 IT 服务建设和数据交换的日常工作带来极大提升。

1. 数据交换需求线上化能力，在全行日常数据交换的需求登记、处理方面，大大地降低了沟通成本，带来较多的人力投入收益，一定程度避免了由于沟通带来的各种需求理解问题。

2. 血缘可视化能力：为全行批量数据文件带来血缘可视化能力。这项能力对于全行整体 IT 架构管理带来全面提升，例如，在系统功能影响性评估方面，可以全面直观地掌握的该系统上、下游系统影响。

（五）低代码开发模式

在数据交换需求开发过程中，先归纳、再分类、定标准，最终将数据交换开发过程的工艺标准化。整个过程奠定了低代码开发的基础。通过低代码开发的模式，极大地节省了开发投入工作量，单个交换接口策略实施成本低至 2 人每天，并由于减少了人工开发的过程，有效避免了开发过程中的人为错误，对于交付质量有较大提高。

（六）统一数据卸载工具

数据交换平台独立开发了一个统一数据卸载工具，主要特点为。

1. 跨平台通用：在全行主要系统部署服务器平台的 Linux、Windows 等平台都可以进行部署。

2. 安装维护简易：可作为小工具直接安装，安装维护过程非常简易。

3. 数据卸载作业开发过程简单配置化：通过工具内置的配置，填入表名即可完成数据下发任务，开发过程直观便捷，极大提升了数据下发的开发效率。

统一数据卸载工具支持行内各系统使用的 Oracle、Mysql、TDSQL 等数据库。使用该工具生成的文件接口符合标准规范，避免了不规范接口产生的各种问题。在全行入湖项目过程中，通过使用该工具，极大程度上解决了各系统卸数难、卸数投入工作量大、开发周期长等问题，平均单个系统入湖实施成本节省 1 人每月以上，仅这一项节省全行成本就超过 200 万元以上，并且实施周期大幅缩短，显著降本增效。

七、项目总结

东亚银行在数字化转型中通过建设数据交换平台成功构建了全行数据交换体系，满足了众多对接需求，展现了标准化与多样性的平衡。通过建立统一标准规范，确保系统服务规范化，同时设计快速服务扩展能力以应对业务多样性。数据交换平台的推广中，解决了沟通成本高昂问题，建设了数据交换治理平台以减少误差，提高对接效率。

技术实现和运营管理规范化是日常运营的关键。项目通过集中管理数据源、标准化处理和数据交换服务治理，显著提升了数据交换效率和安全性，增强了数据血缘可追溯性，提高了数据准确性和决策可靠性。优化批量数据文件交换和接口数据管理降低了资源消耗，加速了业务响应，提升了数据治理成熟度和系统稳定性。全行数据交换体系的建立为银行业务的持续创新和增长奠定了坚实基础，凸显了数据交换与数据血缘在数据治理中的核心地位。

八、项目展望

展望未来，东亚银行将继续深化全行数据交换体系的建设，以适应不断变化的金融环境和业务需求。项目团队将致力于进一步优化数据交换流程，提高数据处理的自动化和智能化水平，进一步提升数据交换的效率和准确性。

同时，东亚银行将加强对数据血缘的追踪和分析能力，构建更为完善的数据治理框架，以确保数据的合规性和安全性。此外，项目团队还将探索新的数据交换技术和方法，以支持更多元化、更高效的数据交换场景。

在全行层面，东亚银行将推动数据交换体系与业务系统的深度融合，促进数据价值的充分释放，为银行业务的持续创新和增长提供有力支撑。通过不断提升数据交换体系的能力和水平，东亚银行致力于成为业界标杆，引领金融行业数字化转型的发展潮流。

2

第二部分

非银金融机构的创新实践

中央国债登记结算有限责任公司

中债区块链数字债券项目

一、引言

为促进债券市场数字化转型、满足市场多样化选择需求、积极争取国际话语权，2018年起，中央结算公司启动"中债链"技术研究。2021年，探索研发区块链数字债券发行项目。2022年年初，中央网信办等十六部委联合发布国家区块链创新应用试点名单，中央结算公司入围。截至2023年年末，中央结算公司圆满完成国家区块链试点任务目标，在国家区块链创新应用试点评估中获得优秀评定。

中债区块链数字债券项目在技术平台、应用服务、标准建设、联盟治理等方面具备国际领先性，形成了一定的影响力。试点期间，中央结算公司推出国内首个区块链数字债券发行公用平台，平稳支持多只债券发行，券种包括企业债、金融债、自贸区离岸债。中债区块链数字债券平台获得多项荣誉：中债区块链数字债券项目被中国信通院评为"优秀行业链"；中央结算公司被《金融时报》评为"金龙奖—2023年度最佳数字金融创新机构"，被《环球金融》评为"金融领先创新奖"。此外，项目也被收录在中央网信办、中国信通院等多份报告中。

项目的阶段性目标是建成并应用数字债券发行系统，使债券在生命周期的起点上链，实现数字化，在业务、技术、生态培育等方面实现新突破。业务方面，通过区块链技术提升业务自动化、数字化水平，提高业务效率，降低操作风险，解决业务需求痛点；技术方面，加强创新技术储备，主动迎接新兴技术发展带来的挑战；生态培育方面，提炼形成可复制推广的经验做法，推进相关标准建设，培育中国数字债券的良好生态。长期目标是实现债券全生命周期业务上链，全面实现数字化运营和管理。

二、项目方案

整体规划方面，中央结算公司根据"一体（债券核心业务）两翼（链上链下直联、跨链互操作）"规划，推出国内首个区块链数字债券发行公用平台。平台支持多品种境内及离岸债券发行，实现和传统系统链上链下互操作、和外部机构跨链对接。

业务流程方面，中央结算公司在区块链上实现发行准备、债券注册、制作要约、要约发送、申购、配售、配售结果公布等债券发行关键流程，并尝试在链上生成通证。具体如图 1 所示。

部署运行方面，中央结算公司与市场机构共商共建联盟链。在中心化管理原则下，中央结算公司负责制定业务规则和业务流程，各参与节点在业务规则下进行业务操作和数据上链。目前，平台已接入 5 家全节点机构（含中央结算公司），总共部署 20 个节点，其中 9 个共识节点，11 个记账节点。

创新技术方面，区块链底层平台采用联盟链架构设计，在 Hyperledger Fabric 2.2 的架构基础自主研发，具备丰富的基础功能，包括共识算法、数据存储、密码算法、智能合约、共识机制、运维管理等。在互操作方面，平台支持同构和异构跨链。

系统应用方面，已成功支持多只债券发行。债券品种覆盖企业债券、普通金融债券、专项金融债券和自贸区离岸债券，填补境内金融基础设施服务离岸债券发行空白。发行人涵盖国有行、股份行、城商行和企业，参与机构覆盖代表性银行、证券公司等，发行地域涉及京沪深，募集资金投向乡村振兴、新型城镇化建设、绿色发展等重点领域。系统已服务用户约 500 个，参与角色覆盖发行人、主承销商等。

合作交流方面，和两家代表性机构实现跨链对接；和数字货币研究所探讨，推动区块链数字债券和数字货币对接研究；和清华大学联合成立研究院，推动科技成果产学研用转化；和中国信通院、北京金融科技产业联盟、中国银行业

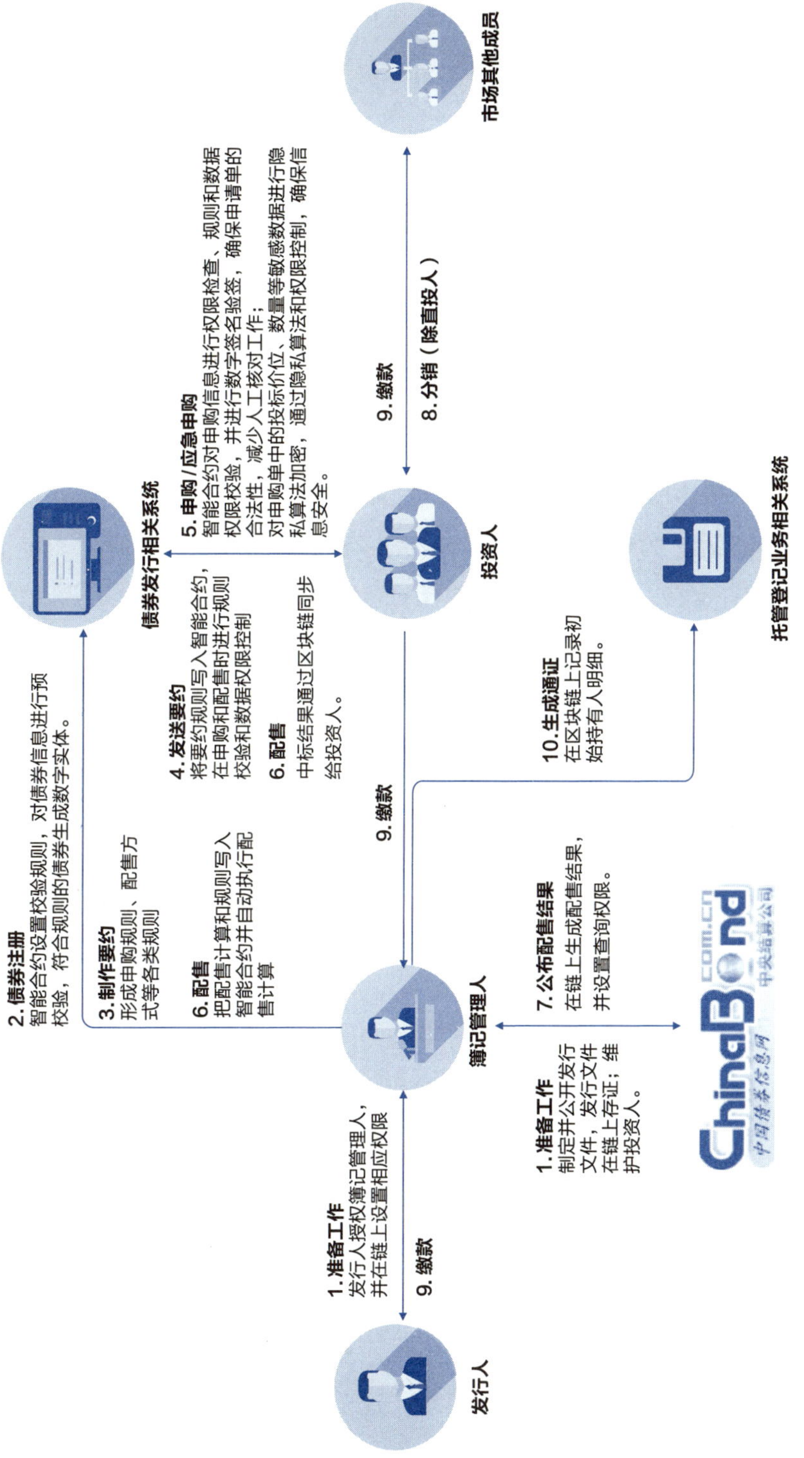

图 1 区块链数字债券发行业务流程图

债券发行相关系统

2.债券注册
智能合约设置校验规则,对债券信息进行预校验,符合规则的债券生成数字实体。

3.制作要约
形成申购规则、配售方式等各类规则

4.发送要约
将要约规则写入智能合约,在申购和配售时进行规则校验和数据权限控制

6.配售
把配售计算规则写入智能合约并自动执行配售计算

中标结果通过区块链同步给投资人。

5.申购/应急申购
智能合约对申购信息进行权限检查,规则和数据权限校验,并进行数字签名验签,确保申请单的合法性,减少人工核对工作;对申购单中的投标价位、数量等敏感数据进行隐私算法加密,通过隐私算法和权限控制,确保信息安全。

托管登记业务相关系统

1.准备工作
发行人授权簿记管理人,并在链上设置相应权限

1.准备工作
制定并公开发行文件,发行文件在链上存证;维护上存证人。

7.公布配售结果
在链上生成配售结果,并设置查询权限。

10.生成通证
在区块链上记录初始持有人明细。

发行人

簿记管理人

投资人

市场其他成员

9.缴款

8.分销(除首投人)

ChinaBond
中国债券信息网
中央结算公司

协会等行业组织，和亚洲金融合作协会（AFCA）、国际资本市场协会（ICMA）等国际组织，和欧清、明讯、澳门MOX等国际同业开展交流。在2023年金融科技安全与创新大会上重点宣介。

三、项目创新点与风险管控措施

（一）创新点

1. 技术创新点

中债区块链数字债券平台采用联盟链架构，底层平台在Hyperledger Fabric 2.2的架构基础上自主研发。平台支持同构、异构跨链互操作，跨链功能也已落地应用，为构建开放包容的数字生态提供技术方案。系统具备丰富的国产化软硬件支持能力、账本防篡改校验与自动恢复能力、CA证书冻结解冻能力，具备安全可控的密钥管理系统。全项通过第十批"可信区块链评测计划"的基本功能和安全两个专项测评。

2. 业务创新点

根据"一体（债券核心业务）两翼（链上链下直联、跨链互操作）"规划，推出国内首个区块链数字债券发行公用平台。平台支持多品种债券发行，特别是成功使用区块链技术支持离岸债券发行。募集资金投向乡村振兴、新型城镇化建设、绿色发展等重点领域，在促进数字经济和实体经济融合发展方面发挥重要作用。

3. 运营管理创新点

和市场机构共建共享联盟链，构建中心化管理下的共建共治体系。将业务规则所必要的中心化管理原则和分布式账本、共识算法、智能合约等技术架构有效协调，实现和市场机构共建共治。首次在新技术开发领域创新引入第三方专业机构进行IT审计和专项评估双管控模式，对项目合规性和有效性进行把控。

4. 标准建设创新点

中央结算公司基于领先的实践探索，总结提炼形成多项标准文本。已公开发布区块链数字债券专业领域的首批标准（《中债区块链数字债券发行平台规范》《中债区块链数字债券发行平台接口规范》），实现了优秀经验方法的可复制、可推广，促进数字债券行业生态形成和规范发展。

（二）风险管控措施

中央结算公司高度重视新技术应用的合规性、安全性，在中债区块链数字债券项目采取以下措施防范风险。

1. 业务合规性风险的控制措施

区块链数字债券平台不改变现行的业务规则和各方权限，不改变债券发行的参与人、各方权限、发行流程、发行规则等。中央结算公司作为联盟链的发起者和系统服务的提供方，负责制定业务运行规则，建立并完善联盟治理机制，维护系统安全稳定运行；探索将法律和规则所规定的必要中心化管理原则和分布式账本、共识算法、智能合约等技术架构的有效协调。联盟链不改变中央结算公司的法定中央确权属性和成员准入管理权限，但通过智能合约高效实现业务流程中的共识形成，通过分布式账本和加密算法等增强对中央结算公司和市场机构操作的可审计性、可验证性和多方监督性。

2. 技术合规性风险的控制措施

在新技术开发领域，中央结算公司首次引入 IT 审计和专项评估双管控模式，对项目进行严格把控。中央结算公司在系统建设过程中，主动对标区块链相关的国家标准和行业标准要求，梳理 400 余项技术要求，按照要求进行系统开发。系统开发完成后，邀请第三方专业机构进行 IT 审计和专项评估，严格把控合规性和有效性。系统上线后，按时完成网信办备案工作，履行促进新技术及相关服务健康发展的主体责任，接受社会监督。

3. 安全管理制度

用户注册方面，上链机构需要经过严格审核，参与节点部署的机构通过专线白名单方式接入。信息审核方面，试点机构经过严格审核，对于核心业务数据，设置双人复核。应急处置方面，针对系统可能的故障场景，形成了《区块链数字债券系统应急响应及恢复预案》。安全防护方面，制定了严格的安全管理规章制度，编制了《区块链数字债券系统运行维护手册》，定义系统巡检步骤，并定期执行。

4. 安全保障技术能力

使用区块链浏览器对链上信息进行监控，数据中心对核心指标进行监控。针对应急情况根据《区块链数字债券系统应急响应及恢复预案》进行应急处理。对链上敏感数据均做了加密处理和权限控制。

四、技术实现特点

中债链以国产化和自主掌控为目标进行建设，以满足试点项目和金融行业需求为出发点，自主设计和研发多项核心能力，已申报专利 20 项，软著 5 项。系统支持丰富的基础功能。

共识机制。中债链实现了可插拔的共识算法组件，目前支持 Kafka、Raft、BFT 等主流的共识机制，并自主设计了可灵活配置的区域共识机制、基于权重的共识算法。

密码算法。除支持 ECDSA、AES、RSA、Hash 等常用的编码、加密、签名等算法外，还增加了 SM2、SM3、SM4 等算法的支持，并结合业务场景自研了混合加解密算法，自主改造实现基于属性基的加密算法。

智能合约。中债链支持链码（ChainCode），采用 Go 语言进行智能合约开发，支持冻结、解冻、废止等管理能力。

数据存储。中债链从功能架构上，根据对存储性能及易用性的需求不同，底层数据存储也采用了分离设计。区块链平台 BaaS 运维管理系统支持 Mysql，区块链账本存储采用 LevelDB 和 CouchDB，具有可插拔性。

跨链技术。提供同构和异构联盟链间的区块链账本互操作解决方案，提供一套灵活、统一、可操作性强的互操作协议，实现不同可信区块链的插件化灵活接入。支持 Fabric、工行玺链、招行 CITA、FISCO BCOS（微众）、Brochain（中钞）等 5 个主流异构链跨链操作，支持国密算法。

国产化软硬件支持。支持国产数据库、操作系统、服务器等丰富的国产软硬件，包括鲲鹏 ARM 架构芯片、麒麟服务器操作系统 KLAS10、统信服务器操作系统 UOS20、信安世纪签名验签服务器、国产达梦数据库。

性能指标及优化情况。根据银行卡检测中心2022年评测结果，在8节点（4核8g内存服务器）组网下TPS为1235，目前中债链性能仍在持续优化。

安全防护能力。一是自研可插拔的三级密钥安全管理机制（包括：本地密钥安全管理、软件密钥安全管理、硬件密钥安全管理），对组织、节点、用户等密钥实现安全管理。二是针对节点异常，中债链的K8S的保活机制可实现节点的动态漂移，并保证数据的一致性。三是针对区块链数据异常，平台提供全量数据校验和抽样数据校验能力，能及时发现错误数据或错误区块，检验出被非法篡改的记录。四是提供丰富的隐私保护能力。研发基于密钥策略的属性基加密系统；研发密钥派生方案实现数据越权访问控制，支持同一机构下用户密钥根据机构密钥分层派发，防止越权引发的链上数据泄露。

五、项目运营情况及项目管理过程

（一）运营情况

项目在试点应用、生态培育、标准建设、深化研究等方面取得积极成效。

试点应用方面，推出国内首个区块链数字债券发行公用平台，已平稳支持多只债券发行，应用规模领先国际同业。券种覆盖金融债、企业债和自贸区离岸债，填补了境内金融基础设施服务离岸债发行的空白，发行人覆盖国有大行、股份制银行、城商行等。

生态培育方面，已上链机构20家，服务用户超500个，和2家代表性机构实现跨链。利用区块链构建更加互信的市场体系，培育形成数字债券产业生态圈，助力债券市场数字化、智能化转型升级。

标准建设方面，已公开发布《中债区块链数字债券发行平台规范》和《中债区块链数字债券发行平台接口规范》2项企业标准，联合形成《可信区块链：基于区块链的数据协作平台能力要求与评估指南》和《可信区块链：开放许可链能力要求与评估指南》2项团体标准。其中，《中债区块链数字债券发行平台规范》是数字债券领域的首个标准。

深化研究方面，经过广泛调研、多轮研讨，总结区块链在国内外证券领域应用，分析其优势和不足，并结合国内实际，开展区块链技术支持债券全生命周期业务、区块链技术在离岸金融业务中的应用等相关研究。和数字货币研究所、商业银行等开展交流，开展使用数字货币、传统货币结算区块链数字债券相关研究。

项目荣获多个奖项，在国家区块链创新应用试点评估中获优秀评定，被中国信通院评为"2023年度优秀行业链"。中央结算公司被《金融时报》评为"金龙奖—2023年度最佳数字金融创新机构"，被《环球金融》评为"金融领先创新奖"。"中债链"平台荣获第二届首都金融创新成果二等奖，全项通过中国信通院可信区块链基本功能评测和安全评测两个专项评测。相关技术成果荣获2021年度麒麟科学技术创新奖、"2022金融密码杯全国密码技术大赛"二等奖，2023年度发明创业奖创新奖一等奖。

（二）运营情况项目管理过程

1. 目标执行程度

项目整体按计划有序开展，全面实现预期目标，圆满完成国家区块链创新应用试点任务目标，助力培育中国数字债券产业生态。系统建设方面，2022年11月按期完成一期系统上线，推出国内首个数字债券发行公用平台；2023年9月按期完成二期系统上线，实现平台、功能和应用等方面全面升级。系统应用方面，积极发挥京沪深三地协同作用，邀请20家代表性机构上链，平稳支持多只债券发行，与2家代表性机构落地跨链业务场景。标准建设方面，已公开2项企业标准，联合形成2项团体标准，其中1项企业标准是国内相关领域的首个标准。

2. 项目执行流程

项目分期建设，逐步推进。第一期主要是建设系统的核心功能，功能上基本满足债券发行业务需求，实现系统"可用"目标。第二期根据国家试点任务要求、内外部业务需求，不断升级底层平台，优化系统功能，实现系统"好用"目标。

项目组建立科学完善的组织领导机制，合力推进项目实施。中央结算公司专门成立项目组，根据职责分为三个大组七个分组。将工作任务分解细化到周，制定详细的施工甘特图，按计划有序推进。建立高效畅通的交流机制，定期召开内外部交流会，及时解决项目推进过程中的重点难点。

系统建设，制度建设和推广应用并行，保障项目顺利实施。过程中，制定配套业务操作手册和用户使用指南，为用户操作提供指导支持。为试点支持机构配置专属客户经理，提供一家一策的精细化服务，配备一对一的技术支持，赴现场协助完成部署和系统接入，提供全天候线上支持。

六、项目成效

（一）经济效益

1. 节约市场机构自建系统的成本

区块链数字债券系统具有公共平台属性，不以营利为目的，供市场机构使用，可节约市场机构的自建成本，已累计为市场节约开发资源约 2 亿元。支持市场机构以多种方式灵活接入，也通过直联接口、跨链等推进区块链平台之间、区块链平台与传统平台之间融合，便利市场使用。

2. 降低市场机构的操作风险和人工成本

智能合约支持债券注册、申购、定价、配售等关键环节的智能化处理，降低业务执行过程中潜在的操作风险和人工成本。直联接口和跨链功能，支持申购数据自动传输，降低手工录入的操作风险。

3. 实现业务文件的无纸化报送和传输

区块链系统将传统系统运行过程中，需要纸质报送和传输的文件，实现线上无纸化报送和传输，既提高效率，又绿色环保。系统技术上支持市场机构链上报送申请材料，支持监管部门链上发布批复文件，实现批复文件的多方共享，避免重复报送，提高业务效率。

（二）社会效益

1. 协助监管部门强化穿透监管

区块链数字债券系统有效保证发行全流程业务信息与操作记录链上可溯

源、难以篡改，为监管部门提供更加实时细化的事中风险管控渠道，有效降低金融监管的成本。系统功能也支持发行人向监管报送申请材料，以及监管部门在链上开展审批业务。

2. 促进数字经济和实体经济深度融合

区块链数字债券系统支持多只债券发行，募集资金投向多元化，主要用于支持乡村振兴、新型城镇化建设、绿色发展等重点领域，符合"促进数字经济和实体经济深度融合"的政策导向。

3. 推动数据标准统一和数据共享

在项目试点过程中，促进上链数据标准的统一和推广应用，提出数据定义、分类、记录格式等规范要求。数据标准向链上机构发布，保证链上数据能被各节点准确理解和使用，降低数据集成的成本。参与各方能够在统一规则下上传和解析数据，提高数据治理水平，促进数据顺畅交互。

4. 提升数字债券领域国际话语权

当前，国际同行也在探索区块链数字债券业务。中央结算公司作为国家重要金融基础设施，探索区块链数字债券业务，开展相关标准建设，可提升中国金融基础设施的国际话语权，为参与国际规则制定提供基础。

5. 更好地维护国家金融安全

研究探索使用数字货币高效结算数字债券，可为数字货币应用于批发市场提供良好的业务场景，扩大数字人民币的应用场景，丰富我国跨境支付手段，更好地维护国家金融安全。

七、项目总结

区块链数字债券在国际市场也处于探索阶段，创新性较强。在实施过程中，中央结算公司提炼出可复制推广的经验，具有一定的推广价值。

一是构建科学的组织架构，制定详细的实施路线图，促进形成协同高效的工作机制。推进过程中，构建完善科学的组织架构，制定了细化到周的实施甘特图，项目组协同合作，群策群力，及时解决项目痛点难点问题，保障项目有序顺利推进。

二是在新技术开发领域，引入第三方 IT 审计和评估双管控模式，对项目进行严格把控。在系统建设初期，主动分析国家和行业标准，梳理出 400 余项技术要求，按照要求进行系统开发。系统一期和二期开发完成后，分别邀请第三方专业机构进行 IT 审计和评估，对项目合规性和有效性进行严格把控。系统上线后按要求完成网信办备案。

三是系统开发、制度建设和市场推广并行，保障项目按计划顺畅推进。项目开始实施后，立即起草上链协议文本，为系统推广奠定了沟通合作基础。系统测试阶段，就着手制定配套业务操作手册和用户使用指南，为上线后的用户操作提供指导支持，受到市场广泛好评。

四是合理甄别参与机构，既覆盖各类业务角色，又确保系统安全稳健。试点机构经合理甄别，具备一定技术基础，类型丰富，代表性强，参与方式、角色多样，为打造区块链应用友好生态奠定坚实基础。

五是在中心化管理的前提下，充分发挥市场机构参与债券市场建设的能动性。中央结算公司作为联盟链的发起者和系统服务的提供方，负责制定业务运行规则，建立并完善联盟治理机制，维护系统安全稳定运行。市场机构在遵守联盟制度的前提下，有序开展业务创新，提供有益反馈和合作监督，共同推动债券市场高质量发展。

招银理财有限责任公司

智能投资交易平台

一、引言

2018年4月，四部委联合印发了《关于规范金融机构资产管理业务的指导意见》(《资管新规》)，同年12月银保监会公布施行了《商业银行理财子公司管理办法》，银行理财行业发生了巨大变革，核心是理财产品净值化转型，每只产品单独托管、独立融资、真实估值，产品管理转向收益和风险精细化管理的新局面。

在池化运作时代，银行理财产品类型较少，指令品种和数量有限，现在需转型为各产品独立投资交易，标与非标并重，为满足客户理财需求产品类型和投资品种需大幅增加；原先风险管理仅需关注资产端信用及市场风险，现在需转型为以产品为核心的全面风险管理体系；原先头寸管理侧重日末头寸平盘管理，现在需转型为日间单产品实时管控模式。

对规模超2万亿元的招银理财而言，《资管新规》实行后产品类型和投资品类迅速增加，三年来存续新产品数量已达1000余只。而当时投资交易只能线下沟通、纸质流转、手工簿记，流动性及风险管控只能靠手工台账统计分析，投资经理在投资决策时缺乏系统支持，面临巨大挑战，支持银行理财新模式的投资交易平台迫在眉睫。

招银理财秉承招商银行领先的金融科技管理及建设经验，对标国内外领先资管机构，制订了三年科技战略规划，通过打造一个数据驱动式的、一体化的资产管理平台HARBOR，实现科技赋能公司业务发展。智能投资交易平台是HARBOR的重要组成部分，通过新的系统架构设计，提供投资指令管理功能，通过实时计算支持，提供统一的投资交易实时头寸管理、风控管理和组合管理，旨在提升公司的投资交易效率和风险管理能力，打造银行理财业标杆系统。

二、项目方案

（一）项目组织架构

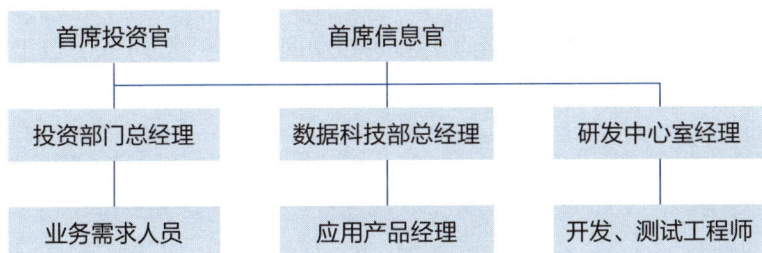

图 1　项目组织架构

项目组成员职责分工如图 1 所示。

1. 首席信息官：总体系统架构规划。

2. 首席投资官：总体业务架构规划。

3. 投资部门总经理：需求调研，业务管理模式设计，业务功能和需求框架规划。

4. 数据科技部总经理：需求调研，业务架构规划设计，系统建设资源协调，上线推广。

5. 研发中心开发室经理：技术架构设计，协调开发资源，保障需求按计划落地。

6. 研发中心测试室经理：测试方案设计，协调测试资源，保障系统快速稳定上线。

7. 业务需求人员：业务需求撰写、需求评审、UAT 验收测试。

8. 应用产品经理：需求分析评审、项目管理、UAT 验收测试，上线推广。

9. 开发工程师：系统落地实施，升级迭代，运维保障。

10. 测试工程师：系统测试及业务 UAT 测试支持。

（二）系统架构

招银理财智能投资交易平台以统一业务团队工作台入口、定制化场景功能、集成系统访问、智能推送为目标，打通研究、投资、交易、风控、运营流程，采用微服务、内存计算技术、灵活配置引擎、自然语言识别、大模型等领先技术架构，具有实时、统一、支持自定义配置化的功能特性，底层聚合了标的、行情、产品、指令、交易、清算、估值、信评、研报、证券池等内外部大量数据信息，构建了包含组合管理、指令管理、头寸管理、合规风控、交易执行等功能模块。形成以数据中台为底座、以中间服务系统为平台、以工作台为前端应用的三层架构，具体如图 2 所示。

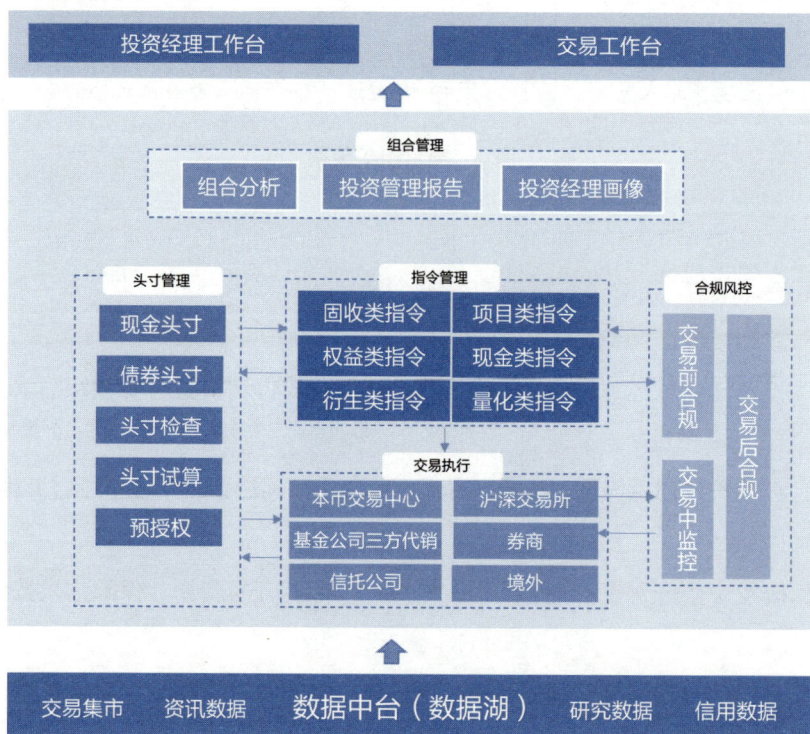

图 2　系统架构

（三）以业务用户视角，搭建投资管理全流程功能

从"投资经理一天"的工作场景出发，设计系统功能、流程及界面。

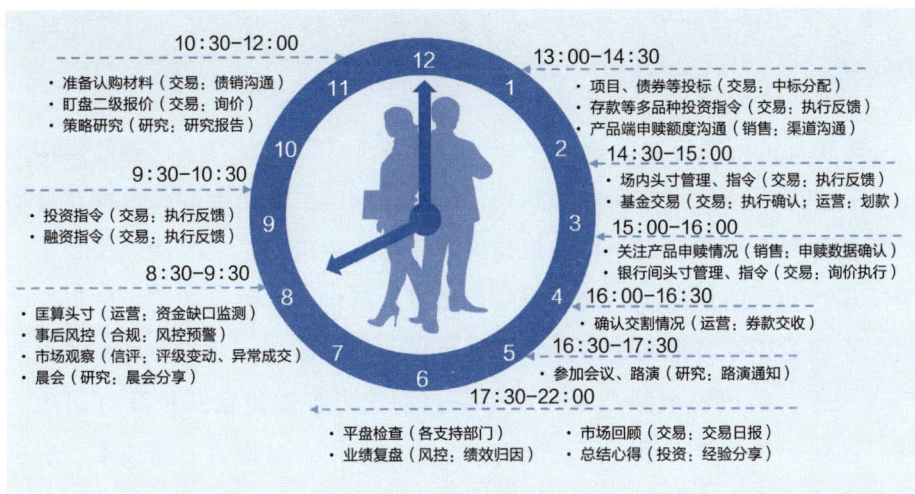

图 3 投资经理的一天

1. 投前决策分析阶段

通过投资经理工作台，一个页面便可关注汇总的信用风险、市场风险、流动性风险、研究员推送的重点报告和操作／审批待办，同时支持自定义功能卡片，点击相关功能卡片即可进入关联的操作页面，如证券调仓、标准券出入库等。通过对关键风险事件、待办、提醒的一站式处理，有效提升投资工作效率，避免遗漏重要信息。

2. 投中实时管控阶段

日间投资经理根据研究分析结果或通过配置监测参数筛选出的个券提醒进行主动投资，系统支持招银理财投资范围覆盖的境内外债券一二级、回购、债券借贷、权益、衍生、存出等全品种的指令、交易、风控，支持投资经理在不同场景假设下测算投资组合收益表现，支持根据风控条款、现有持仓等情况试算券的可投资数量或金额，系统日间自动监控流动性、个券市场异常成交等指标并实时预警。

3. 投后分析管理阶段

投资经理可实时跟踪交易状态，检查头寸平盘情况。根据投资经理的各项业务指标刻画投资经理画像，描绘投资经理的风险偏好、业绩表现、投资风格等，帮助投资经理更清晰、高效地监测与复盘理财产品投资情况。

（四）实现可配置、智能化的业务流程，可输出行业标准投资支持系统方案

系统提供配置方案，智能化处理重复性工作，提高效率，降低操作风险。头寸系统可根据融资回购到期、产品净赎回、费用提取等数据在日初计算产品现金头寸缺口，自动生成融资回购草稿指令。二级债券指令可根据所属行业、信用评级、债券报价行情等数据自动提供债券买卖建议。银行间正回购指令可根据交易对手押券要求的历史数据，对产品持有债券的信用主体、信用评级结合当日质押率自动给出押券建议并折算好回购金额，实现一键押券。银行间逆回购指令支持采用自然语言处理技术，解析对手方提供的全部押券信息，检测对手方押的债券是否符合内部评级、限额、集中度要求及评估质押率是否正常。场外基金指令支持业务部门根据服务打分配置目标分仓比例、根据各家代销的费率优惠情况设置不同指令金额的分配优先级，校验是否开户、各代销上架情况、历史持仓情况、实时计算各代销已有持仓与用户配置的目标分仓比例差值等情况自动分配渠道。

投资流程全部线上化，指令、头寸、风控、交易全链路实时接口互通，注册、撤销、预占、实占状态实时互动，沪深交易所、银行间本币、中债登、上清所、券商、信托公司、三方代销全直连，券商结算、托管行结算模式全支持。

资管计划交易流程标准化。资管计划交易存在合同标准不统一、交易流程不统一等问题，招银理财与信托公司、基金公司、财富管理公司沟通并制定了标准的资管计划开户、交易、持仓等直连接口，并已与交易量居前的几家管理人系统直连，实现资管计划申赎交易线上化、开户线上化、委外专户证券持仓／现金头寸／估值数据线上回传，规范了交易流程，提高了交易效率，提出并实践行业解决方案标准。

（五）聚合全流程业务数据，实现数据实时计算

在理财产品管理方面，聚合全品种的投资、交易、清算、行情、信用、

证券池数据，获取产品的申赎、估值数据，对接券商获取实时结算数据、券商户可用余额数据，对接托管获取实时现金头寸数据。为投资经理提供理财产品实时的托管户和券商户的 T0、T1 现金头寸、未来现金流预测，证券持仓的可用、已质押情况，大幅提升理财产品资金利用率，提升理财产品收益。

在委外专户管理方面，对接管理人获取估值、持仓及实时现金头寸，实现系统数据的实时计算、实时展示，并嵌入专户试算流程，实现专户上下层指令的头寸管控，对关键流动性风险事件实时穿透监测和预警，解决专户底仓卖空押空流动性风险。

在全品种交易方面，为交易员提供实时交易仪表盘（如图 4）。仪表盘大屏实时展示各品种指令的询价、报价、执行、成交、清算状态，及时掌控交易执行情况，及时跟进异常交易和资金催缴。

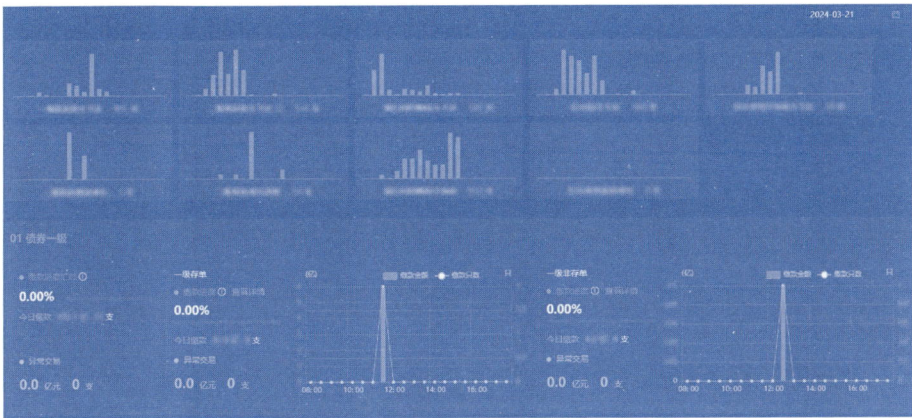

图 4　交易仪表盘

（六）结合人工智能技术与大数据技术，实现交易智能助手

结合自然语言处理和大模型意图识别技术，解析交易员与交易对手间的聊天记录，获取债券交易等相关市场交易信息。比起纯成交信息，聊天记录包括了更丰富的市场行情变化数据、达成的交易数据和未达成的交易数据等，相关数据可用于交易对手画像，帮助交易过程中在场外快速寻找交易对手，辅助交

易决策并提升交易达成率。

2023 年实现的交易智能助手功能如图 5 所示。银行间和场外债券回购交易主要通过聊天工具实现交易员与投资经理的询价、确认、交易要素修改等步骤，往往一位交易员需要同时面对数十位投资经理、沟通上百只债券，仅能通过打字完成全部交易内容，工作强度大、效率低且容易出错。交易智能助手通过自然语言技术可识别交易意图同时对交易要素进行确认，交易员只需监督处理收集汇总后信息，这种模式大大减轻交易员负担，同时也使银行间场外交易实现了自动化和标准化。系统结合大模型技术实现了通用的查询功能，投资经理可使用自然语言询问指令进度等相关信息，大模型自动将相关查询需求转换为具体的查询接口调用并返回查询结果，方便及时快速响应，而以往类似的咨询在交易繁忙时很难得到及时响应处理。

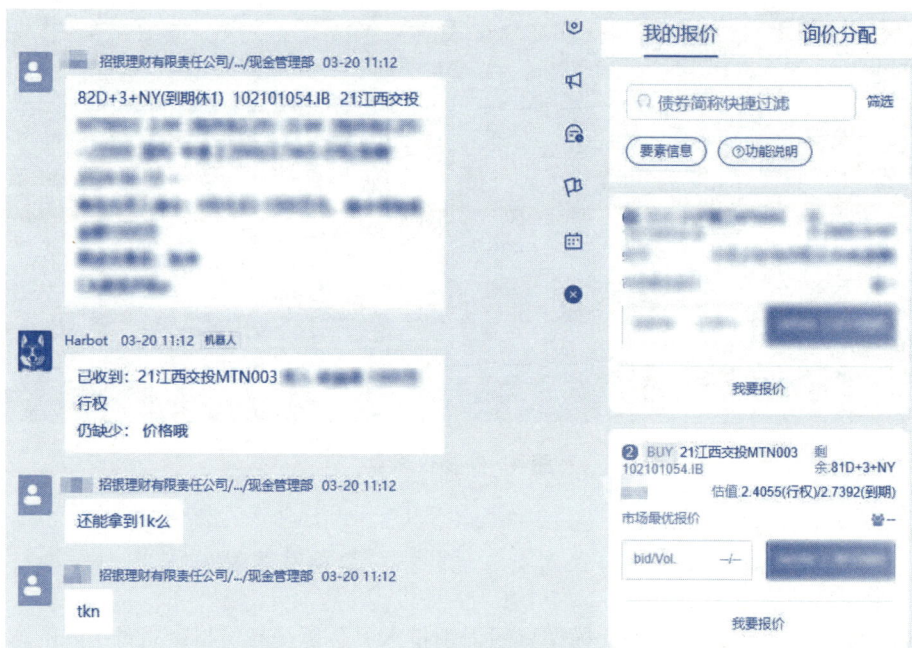

图 5　交易智能助手

三、项目创新点

（一）业务及技术创新点

从业务解决方案角度，在业内首创全程覆盖——"全视角、全品种、全流程的投资交易管理"；从行业贡献角度，招银理财首次自研实现统一风控、统一可用控制，新业务支持不再依赖外部厂商；从金融科技应用角度，平台于业内率先投入应用人机结合场景——"高性能处理架构和智能语义识别在资管高频业务场景中的有效应用"。

1. 业内首创全程覆盖——全视角、全品种、全流程的投资交易管理，系统提效与风险管控全程覆盖

招银理财在精益敏捷的研发模式基础上，结合银行理财业务特质，创新地在业务条线设立数字化专员，与科技条线产品经理、研发人员，全程参与产品设计、研发、测试、上线、试运行，实现全视角、全品种、全流程的投资管理流程，贴合业务实际，有效解决业务痛点。

全视角在投资经理端体现为定制化的投资经理工作台，可实时展示其管理产品的业绩表现、近期开放情况、券商户/托管户头寸、穿透前后的流动性指标、标准券是否超额，及已有持仓证券的评级变动、价格变动、近日开放申赎情况、近日到期/行权/减持提醒等信息，帮助投资经理快速掌握其管理产品的总体情况，便于投资经理决策，并可下钻至含500多个业务指标的底层维度，真正实现一览全局，同时兼顾精细化管理。

图 6　组合头寸页面

图7　组合分析页面

全品种是指对银行理财投资范围内的境内外债券一二级、回购、债券借贷、项目类资产、股票、基金、衍生品、存出等的全投资品种支持。

全流程是指各品种的资产标的、指令、风控、头寸、限额、交易执行、清算等环节的全投资周期管理，例如，债券一级从交易员新债推荐开始到债券评级、意向表达、指令创建、授权审批、首轮询价、终轮引导、终轮投标、中标公平分配、自动缴款，以及投资经理中标额／投资组合中标额／单券中标额等事后回检的投资全流程系统化支持。相较于业内常用的将标准的下单、交易流程使用外部厂商的投资管理系统、一级等复杂流程部分自研线上甚至全线下的模式，招银理财智能投资交易平台把短链路标准品种和长链路复杂品种的内外部流程整合到统一平台管理，更进一步，将过程数据落地后形成投资经理画像、发行人画像、交易对手画像等，为后续的投资交易提供指引，此项创新引领同业。

2. 业内首家自研实现统一风控、统一可用控制，新业务支持不再依赖外部厂商

招银理财是业内首家通过自研实现统一风控、统一可用控制的资管机构。其他机构因多年来将这两项关键控制放在外部系统，在开展新业务时常受制于外部排期和商务问题。

招银理财在系统设计之初便充分考虑了系统的灵活性和可扩展性。灵活性决定了系统的生命周期，灵活可配置的系统可以快速响应新业务或业务变化，抢占市场先机。灵活可配置一方面是指用户关注的功能模块、模块的展示位置、模块内的展示字段，字段的计算逻辑灵活可配置，投资交易平台对接了业务关注的海量数据，包含但不限于标的数据、持仓数据、外部交易对手数据，以及交易过程中产生的指令、交易、清算数据，并且创新地接入了托管行的实时现金头寸、券商的实时全额结算现金头寸、委外管理机构的实时组合现金头寸等，基于这些数据，投资交易平台提炼了500多个业务指标因子，业务人员可自定义聚合这些数据及指标的展示方式，配置相关指标触发后的业务提醒及提醒方式；另一方面，灵活可配置体现在系统参数化，将业务规则抽象为参数，通过配置参数实现不同场景的业务支持，例如，通过配置参数形成复杂结构的衍生品策略，还有基于分仓目标比例、实际占比、开户、上架、历史持仓渠道等参数，通过系统计算自动分配场外基金的交易渠道实现精细化管理等。

相较于行业内主流投资交易系统无法穿透计算风控、头寸，行业内在风控试算时仅支持判断是否可投及超标，行业内交易所非担保交收依靠手工勾单等情况，招银理财智能投资交易平台在指令下达时实现产品与投资资产的估值时效匹配校验、委外持仓的穿透检查、根据风控条款／持仓／头寸试算可下单数量，在交易过程中实现实时计算交易在途、成交、交收状态下的头寸可用、可取、质押和出入库情况，在交易结束后可以实时穿透委外组合现金头寸监控流动性等指标，实现投资交易全场景管理。

3. 率先应用人机结合——高性能处理架构和智能语义识别和大模型在资管高频业务场景中的有效应用

招银理财智能投资交易平台采用微服务、云原生、内存计算以及灵活的策略配置引擎，应对各种场景下的配置要求。

一是针对不同业务场景，开发智能交易助手，组建报价反馈群和交易沟通群，在特定触发条件下将市场行情变动或指令执行情况自动发送相关业务人员，完成信息的快速传递与沟通。采用人工智能相关技术实现投资交易过程文本要素的智能化填充，提高投资交易效率，如利用自然语言处理技术，从聊天信息解析中介与交易对手报价等信息，进行快捷的交易要素导入与系统校验；利用大模型技术实现通用查询和增强搜索功能等。

二是基于全流程线上化的数据沉淀，系统支撑了多维度的投资交易数据分析，针对投资交易过程中，新发债存续推荐行为、私募债推送覆盖率、人均交易效率等指标的进行回检分析，更进一步，基于债券投标与交易过程积累的自有交易数据与外部债券或发行人相关资讯数据进行整合，系统还构建债券发行人画像与债券交易对手方画像，通过整合、提炼、识别发行人及交易对手方过往数据特征，在新债投标与二级现券买卖的过程中，为相关投资人员提供更丰富的参考信息，同时给交易人员提示潜在的交易机会或市场风险。

三是投资经理债券筛选更加智能化，聚合外部行情、内部评级、限额等指标，为投资经理提供债券筛选策略引擎，系统根据投资策略及投资偏好自动筛选债券，从十几万条债券中精准推荐几条符合策略的债券，并推送给投资经理，大幅提升债券投资效率。

图 8　债券筛选页面

（二）项目风险防控措施

招银理财智能投资交易平台在网络安全、用户权限、系统研发测试及运维上有严格的管理制度及管控流程等风险防控措施。

一是严格遵循招银理财对信息安全管理制定的相关管理办法及制度，主要有《招银理财有限责任公司信息安全管理办法》《招银理财有限责任公司系统权限管理办法》等。管理办法详细规定了用户终端的安全要求、互联网访问安全要求以及业务系统权限管理流程，生产网与办公网隔离；用户账号申请、调岗、离职注销权限等审批流程及系统操作规范；用户权限根据"最小化原则"分配，实现数据权限隔离，确保业务生产数据安全。

二是严格遵循标准的研发测试规范，包括功能性及非功能性测试，进行充分的 ST 及 UAT 测试验证，并出具完整的测试结果报告，测试工作包括：

（1）覆盖每个功能点的功能性 ST 及 UAT 测试；

（2）非功能性 ST 及 UAT 测试，包含平台开放型测试、计算性能测试、数据完整性及正确性测试、系统权限测试等，所有测试验收通过后系统才能正式上线。

三是针对投资交易平台，设置专职的技术开发与测试运维团队，负责系统的日常运维与优化需求的开发测试，涵盖系统架构师、高级程序员、中级程序员、配置管理员、测试工程师。当出现系统缺陷或故障后，技术运维人员须在半小时内给出解决方案，通过远程协助或电话协助在 2 小时内解决问题。逐步推进运维的自动化，不仅减少大量系统底层运维带来的操作风险，而且提升了运维效率。

四是针对投资交易平台业务连续性，设计了多层次全面的容灾防出错机制保证交易指令顺利完成。第一层是系统应用层本身的高可用容灾设计与快速恢复机制，指令交易系统均设计了异地机房容灾策略，可实现故障条件下快速切换与恢复。第二层是系统链路多路复用与备份，指令交易各环节既有系统直连选项并且均提供了独立切换手工操作的应急功能，成交确认数据除了单笔接入，还做了多路复用等冗余设计，允许手工导入外部成交以及定时的全量成交数据批量回传，大大提升了业务容错能力。第三层是外部平台应急保障，以券商 PB 系统和交易所交易平台、银行间外汇交易中心前台终端等平台作为应急保障手段，支持一定的外部手工处理，树立一道额外的防线，券商等支持交易员紧急情况下电话或者线下柜台完成交易。第四层是应急演练保障应急机制有效可行，每年定期组织业务人员参与的指令交易系统切换应急演练并对演练过程进行记录与总结，时刻关注和保障多重应急手段的可用性，达到业务连续性目标。

四、技术实现特点

智能投资交易平台技术框架

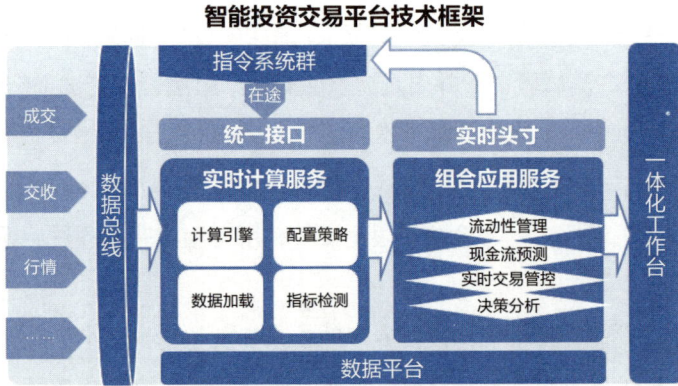

图 9　技术框架

招银理财智能投资交易平台采用微服务架构设计，主要有如下四个技术特点。

1. 内存处理和计算技术

采用数据加载内存处理和计算技术，大大提高系统响应速度，满足实时头寸、智能投资等业务的实时性需求。

2. 灵活的策略配置引擎

采用灵活的策略配置引擎，快速支持业务各管理场景的个性化需求，应对业务快速发展。

3. 统一接口的设计理念

采用统一接口的设计理念，全方位对接业务系统，融入数据生态和金融科技生态，一体化设计，更具扩展性和延伸性。

4. 支持历史状态回检

采用 CQRS+EventSourcing 思想，支持产品级别重跑至任意历史时点，支持业务回检历史问题及处理。

五、运营情况及项目过程管理

（一）项目运营情况

招银理财智能投资交易平台的建成为公司业务模式转型后的交易量迅猛增

长提供了很好的支撑，支持公司全部业务品种的指令下达、交易执行、头寸检查，承载了招银理财全量 2000 多个产品组合，日均头寸调用访问次数约 50 万次，系统响应速度约 80 毫秒，组合管理业务分析指标 500 多个。2023 年各品类交易总量约 78.8 万亿元，交易笔数 64.2 万笔；2023 年对比 2020 年，存款交易笔数增长了 59 倍，场外衍生品交易笔数增长了 46 倍，基金交易笔数增长了 35 倍，回购交易笔数增长了 27 倍；同时可及时提醒投资经理组合风险事件，每月预警数达 4000 余条，对公司产品管理能力及业务发展起到了极大的促进作用。

从业务实际工作效率上，系统上线后，投资经理摆脱了跨系统查数据后手工 excel 统计匡算头寸、筛选债券的困境，日均耗时由 2~3 小时降至 3 分钟，效率提升超 40 倍，相较各品种几十倍的交易量增长，因交易效率提升，交易人数没有显著增加；从业务流动性风险管理上，系统更精准和前瞻性的流动性预测，显著降低了资金交割和持仓押空卖空的风险；从产品发行规模上，减少因产品数量和规模扩大给投资经理造成流动性管理的管理压力，产品报价管理更科学，流程更规范，有助于投资经理扩大管理半径。

在系统创新的加持下，招银理财从 2021 至 2023 年，新产品规模一直位居同业首位，管理超过 2.6 万亿元资产，累计纳税超过 20 亿元，创造了显著的社会效益。

招银理财智能投资交易平台是从银行理财业务特点出发进行建设的系统，充分考虑了银行理财业务品种的多样化和业务审批流程的复杂度，既包括债券、基金、股票、回购等标准资产，又包括项目类非标资产，实现了业务品种的全覆盖，并适配不同的授权审批流程，具有广泛推广的功能基础和实际业务价值。

（二）项目过程管理

招银理财智能投资交易平台项目组从 0 到 1 完成系统基础版本的需求分析、设计、编码、测试、生产试运行和平稳上线，于 2020 年 7 月初投产。后续又采用敏捷开发模式，结合 DEVOPS 实现开发测试运维一体化，分期实施、快速迭代，逐步优化系统功能。因智能投资交易平台支持全品种，采用逐品种上线运行的方式。

六、项目成效

（一）经济效益

根据估算，招银理财智能投资交易平台截至 2023 年底产生经济效益共约 13.1 亿元：包括因头寸精准管控实现融资成本降低和节省人力成本带来的直接效益约 5.3 亿元，因提高投资管理效率实现收益率提升带来间接经济效益约 7.8 亿元，并将在今后每年持续产生经济效益约 4.11 亿元。

（二）社会效益

1. 落实监管要求

助力《资管新规》在招银理财平稳实施，在银保监会 2022 年现场检查中，公司科技平台获得监管的积极评价。

2. 带动行业发展

在银行理财行业，首家实现全面的投资交易管理平台，将风险管理落实到产品投资运作的各个环节，为银行理财行业规范化运作提供了良好的引领示范作用。

在国内资管行业，率先通过自研实现了统一风控和统一头寸控制，实现了投资经理工作台，获得投资、交易、风险、运营同事极高的满意度，通过自身的探索与完善为资管行业提供先进的系统实践经验，摆脱了同业机构为实现新业务只能依赖厂商排期和商务的困境，促进了资管科技平台的松耦合、开放化，为促进金融科技生态改善贡献了应有之力。

3. 满足客户需求

当前，国内处在大资管时代，客户的财富管理需求日益增长，银行理财作为老百姓的重要配置资产，一直受到市场的广泛关注和认可。招银理财目前客户数达 3100 多万，招银理财自 2019 年 11 月以来，已兑付客户收益超过 1800 亿元；据外汇交易中心统计，招银理财各品类交易总量连续 7 年正增长，2022 年位居银行理财榜首。如此大的交易量，需要安全稳定高效的投资交易平台为之保驾护航，切实保护投资者利益。

七、经验总结

招银理财智能投资交易平台自投入使用后，通过串联资产标的、风控、头寸、限额、交易执行、清算等环节，纵向实现投资交易、头寸限额预占和清算跟踪等投资管理流程；通过实现全品种、全流程、全穿透、全场景的事前、事中、事后1800多个内外规条款风控，大幅提高了组合的投资交易效率及风险管理执行力；通过聚合海量的底层数据和信息，实现了从组合分析、组合试算、组合调仓、投资画像、归因分析等日常投资决策操作功能，横向提升投资经理的投资能力和管理半径，获得了投资、交易等业务用户的积极好评，主要总结为以下几点经验。

一是项目组紧密结合了业务团队的数字化专员、数据科技部的产品经理、研发人员三个角色，通过业务与IT的深度融合，让系统更贴合业务人员的使用习惯，让系统更好用。

二是持续有效的项目管理，从立项之初到如今仍保持每周的项目例会，业务、产品、研发三方面对面沟通项目进度、需求分析、技术实现，做到需求快速响应。

三是深度挖掘业务场景，将招银理财的投资授权流程、投资交易交互流程、业务管控决议流程等内控流程进行系统化落地实现，很大程度上降低了投资交易业务的日常操作风险，并为头寸和风险的统一系统化管理提供了流程基础。

四是积极探索应用AI新技术。例如，二级债券智能选券、交易员聊天记录语义识别、回购自动押券与一键续作等特色功能均充分考虑了理财业务品种多样化和上下层穿透等特殊场景。

通联支付网络服务股份有限公司

以金融科技构建零售银行数字化经营平台

一、引言

（一）项目背景

在数字化浪潮席卷全球的今天，商业银行经营管理和业务模式正发生着日新月异的变化，金融科技以其独特的创新力量，正在深刻改变着传统银行的运营模式和服务方式。金融科技为银行的数字化转型提供了强大的创新动力，助力银行在业务模式、产品服务、营销渠道等方面进行全面创新，推动了银行业向更高效、更便捷、更智能的方向迈进。金融科技的发展也为银行与其他机构的合作提供了更多可能性，进一步推动了银行的数字化转型，提升银行的数字化水平和服务能力。

近年来，支付产业在数字化、合规化、场景建设等方面取得巨大进步，以通联支付为代表的第三方支付机构，加快金融科技创新，深入服务零售银行，在提升金融数字化和服务实体经济质效上发挥重要作用。作为长期深耕银行服务的金融科技企业，通联支付是国内最早开展银行服务的第三方支付机构之一，自 2016 年开始金融科技转型，拥抱金融数字化发展新趋势，通过对服务零售银行业务体系的整体规划设计，助力银行业务快速发展与安全运行。"零售银行数经平台"自 2022 年初始发布，至 2024 年已快速演进至 2.0 版本。

（二）项目目标

在利率市场化及银行客户存量竞争的背景下，零售银行基于扩大金融资产规模、促进用户活跃度等业务目标，需要提升本地区域市场的深度经营能力，包括商户数字化产品能力、本地场景建设能力、特色商圈运营能力和本地化的数据连接能力。通联支付结合自身资源禀赋和服务银行的丰富经验，以金融科技构建零售银行数字化经营平台（以下简称"零售银行数经平台"），面向零售银行提供收单经营及风控、行业场景建设、生活权益引入、本地商圈运营、商户数据规范分析等各项服务能力，并通过标准化、模块化、智能化的系统运营服务，满足银行对数智升级与安全合规的需求，协助银行打造数字化运营体系，筑基银行全体系全网络营销与运营的统一数字底座。如图1所示。

通联支付以零售银行数经平台为载体，帮助银行构建"网点＋手机营销＋本地场景"线上线下全渠道的客户服务闭环，依托多元化的客户权益体系和丰富优质的场景，通过统一管理、数智经营、精准营销，深度服务客户、经营客户，从而实现银行更高效地获客、活客与锁客，助力银行零售业务全面化可持续发展，从而提升市场竞争力，降低经营成本投入的同时挖掘全新增长。特别是平台借助数字化支付和营销工具，拓展与连接吃、住、行、游、娱、购等高频消费场景和公共服务网络，搭建起银行、企业商户、消费者等多方沟通的桥梁，在此过程中，通联支付与银行整合能力优势，更好地服务实体经济和社会民生，促进了经济高质量发展。

围绕银行提升金融资产规模，促进用户活跃度的价值目标及"获客、留客、资产、揽储"等核心 KPI，零售银行数经平台提供集系统、产品、运营和服务于一体的银行数字化经营服务模式，协助银行打造数字化运营体系，促进银行经营目标的达成。预计到 2024 年底，通联支付将为全国 150 家以上国有股份制银行、城市商业银行、农村商业银行和农信社提供数字化经营服务。

二、方案描述

（一）系统架构

零售银行数经平台以云服务平台为支撑，赋能银行数字化管理需求，实现数据的集成与管理分析，提供面向零售银行商户服务运营体系的金融管理场景化数据聚合及指标建设，服务于支付受理、数字营销、数字金融、运营管理、风险管理等金融管理需求。以指标管理、数据分析及展现为手段，实现金融管理

服务银行基础 KPI 达成

- 服务银行商户增效
- 服务银行资产提升
- 服务银行发卡活卡

服务银行重点建设方向

- 服务银行独立支付品牌建设
- 服务银行场景建设及拓展
- 服务银行数据增值及变现

提供针对性业务能力 跟随市场展业策略

具备基础经营数据性平台服务体系力 构建基础

零售银行数字化经营平台

数字营销

- 面对面发券
- 网点引流
- 新客派卡
- 老板推荐
- MGM
- 运多有礼
- 人传人办卡
- H5 抽奖
- 效果评估
- 会员应购
- 新客红包
- 积分有礼
- 存款有礼
- 费用管理
- 积分换券
- 积分当钱花
- 联合补贴
- 银联分期

数字金融

- 低碳支付红包
- 支付宝红包
- 银行优惠券
- 好管版专区服务

联合收单

- 收单展业
- 经营看版
- 商户分析
- 新客补贴
- 要点分析
- 精准触达
- 低成本活
- 零售收银
- 农资收购
- 独立活动管理
- 精准补贴
- 合单补贴业

独立支付品牌

- 独立收单版
- 独立商用服端
- 独立展业终
- ......

智能风控

- 风险建模分群系统
- 风控能力定制输出

多渠道

- 独立品牌
- 第三方渠道
- 自助单商组
- ......

科技能力 运用产品能力 打造数经系统

智能风控 总分联合运营 组织能力 本地下沉服务

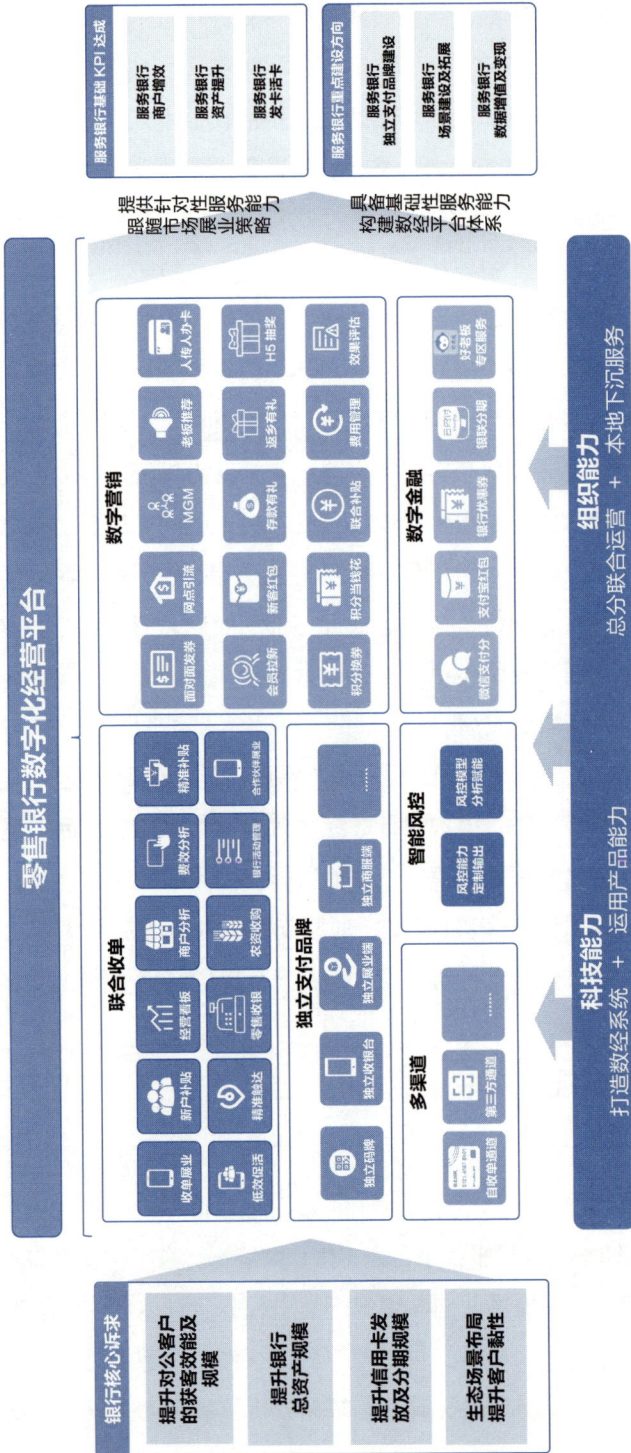

图 1 零售银行数经平台功能架构

银行核心诉求

- 提升对公客户的获客效能及规模
- 提升银行总资产规模
- 提升信用卡发放及分期规模
- 生态场景布局提升客户黏性

数字化的支撑和主动管理能力，通过流程和工具驱动数字化管理的持续化建设。

零售银行数经平台以银行服务为理念，以通联"小伙伴"、"好老板"双APP为工具载体，依托收银宝、数字营销两大基础平台能力，已建立有"联合收单、数字营销、数字金融"三大业务飞轮，同时孵化"独立品牌、多渠道、智能风控"三大业务飞轮，快速构建"产品、系统、运营、服务"四位一体的服务体系，围绕银行"获客、揽储"等核心目标，协助银行打造"B&C联动"的数字化运营体系，促进银行各项KPI及管理目标的达成。如图2所示。

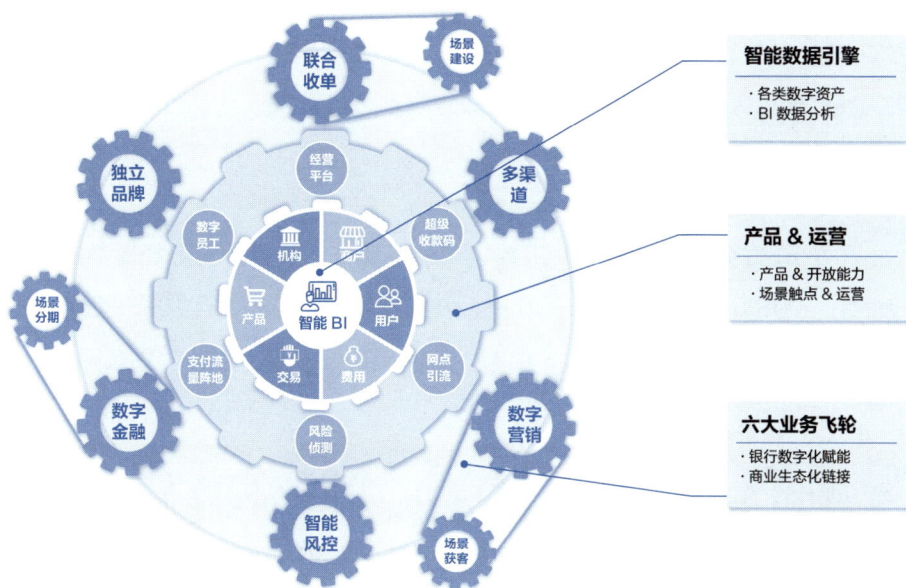

图 2　零售银行数经平台业务飞轮

1. 联合收单

平台聚焦银行新增商户拓展、存量提质增效、扩大存款规模的业务诉求，以数字化经营平台赋能银行，提供展业拓客工具、经营管理能力（精准补贴、费效分析、激活工单、经营看板等）、支付能力、商户服务能力、场景建设能力（开发平台服务商接入、综合解决方案等），助力银行高效拓客、提升商户质量和有效率、促进资产规模增长。

2. 数字营销

依托零售银行数经平台，通过数字化运营体系顶层设计与线上渠道代运营，社交传播工具与线上化策略的应用，帮助金融机构实现以线上渠道为载体的数字化营销运营与增长服务，实现全域渠道的引流拉新。

助力银行实现场景建设及流量经营，一方面开展银行周边网点的商户营销，另一方面锁定零售、餐饮、酒店、校园等优质行业场景合作。借助网点引流、面对面发券、积分营销、联合补贴、人传人办卡等"微场景"助力银行实现发卡、活卡、资产提升等目标，打造 B&C 联动的商圈生态。

3. 数字金融

通过零售银行数经平台业务能力，以底层大数据能力输出数据引擎，通过智能 BI 协助银行推广金融产品，实现流量变现。以数据标签、数据画像等模式实现数据资源积累，形成通联自有数据资产，打造"银行—通联—商户"多边业务链路，实现经济效益。

4. 智能数据分析

开发 BI 数据分析工具，使用数字化、可视化工具进行业务经营数据分析与统计，利用分析结果指导业务开展，并将其转化为零售银行数经平台的产品能力向外部机构输出。

（二）创新技术

零售银行数经平台聚焦银行提升资产规模、促进用户活跃度等核心诉求，智慧互联通联子系统及数字支付产品，以"联合收单""数字营销""数字金融""智能风控"四大业务飞轮为主线，创新推出可视化数据驾驶舱、移动展业及商户推荐、业务排名及数据分析报告、精细化营销补贴运营、风险监控预警、工单智能巡检等多项服务能力，并运用大数据算力、图数据技术、图算法等人工智能及云技术。

零售银行数经平台以技术为引领，自 2022 年 10 月推出 1.0 版，在 2023 年完成 30 项重大升级迭代，优化 200 余项服务功能，采用新一代信息技术，按照云原生、大数据、中台化和数据分离的架构设计，涵盖了平台服务、应用服务、业务服务、数据服务等形态。同时，为确保平台更加贴近支付行业及收单业务方向的发展，针对重点目标银行—城商行打造专属版本，实现多渠道接入、风控能力、支持独立部署等突破性功能升级，由基础性服务能力向扩展性服务能力迈进。如图 3 所示。

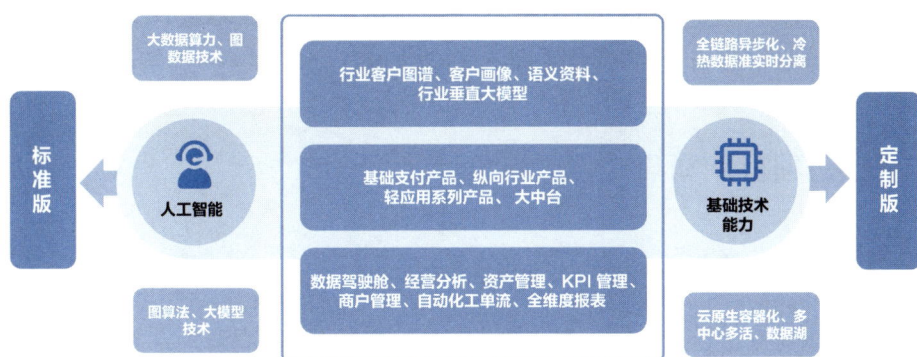

图 3　零售银行数经平台创新技术

（三）落地实施

零售银行数经平台的项目落地实施包括五个阶段。

1. 需求调研讨论。通联支付及银行客户，从数据来源、组织架构调整、功能点调整、移动端展示等方面对银行业务需求调研、讨论、梳理和收集工作，确认系统配置或个性化开发内容。

2. 组建项目组。银行等相关业务部门选派专员组成项目组，负责细化项目系统需求、业务系统功能架构评审、项目进度跟进、公司方协调管理、系统功能流程测试等具体项目实施工作。

3. 数据整合、清洗。银行的数据源第一类是收单业务商户、交易等基础数据；第二类是资产数据、账户信息和产品标签数据，由行内数据平台和相关业务系统提供。结合系统搭建模式对各渠道基础数据进行梳理整合，同时分析资产、账户等具体信息。

4. 系统功能及需求确认。以整合清洗后的基础数据，结合各方数据同步机制和频次，根据需求和功能点确定系统的具体功能和模块，如数据分析模块、业务处理模块等，根据需求确定数据分析维度、展现方式、展现内容等。

5. 对于有云部署需求的银行，还需要进行系统部署评估。评估内容包括资源评估。根据数据量、业务量和功能点，评估所需的硬件、软件和人力资源；安全要求和规范评估。遵循银行自身安全要求和规范，规划系统的网络环境和安全策略，确保数据和系统的安全性；性能需求评估，根据数据量和业务量，评估系统的性能需求，包括处理速度、并发用户数等。数据存储评估，评估数据存储需求，选择合适的数据库技术和存储方案。

三、项目创新点

（一）创新模式

在业务模式上，为进一步提高银行营销服务能力与运营管理水平，零售银行数经平台通过流程体系优化、行内资源整合、网点智能化设计、系统培训及团队建设、营销模式建立、线上线下相结合、创新技术应用，实现网点由传统型向服务营销型转变，网点运营有效管理，从而提升客户服务水平及精细化管理水平，强化营销能力。

零售银行数经平台以客户为中心，支持模块化系统功能输出，包括收单经营及风控、专属支付品牌打造、生活权益引入，银行卡精准营销促绑促活、行业场景建设、数字营销引流拉新。零售银行数经平台支持打通行内其他业务渠道、存贷款、账户信息等业务数据间的壁垒，实现收单商户多维度数据整合分析，为银行提供全面的业务运营和决策支撑。

零售银行数经平台在创新技术的深度应用，为银行数字化能力输出提供了极大的灵活性和便利性，主要功能包括。

支持独立品牌：这一功能对于需要高度定制化服务的客户尤为重要，它提供了更高的灵活性和安全性，满足特定客户的独特需求。

多渠道接入：实现多渠道接入后，银行客户可以通过多种方式进行交易和服务访问，这极大提升了客户体验和满意度。

风控能力升级：优化的风控能力意味着能够更准确地识别和管理风险，减少欺诈行为，保护消费者和银行的财产安全。

（二）创新技术

零售银行数经平台采用新一代信息技术，按照云原生、大数据、中台化和数据分离的架构设计，涵盖了平台服务、应用服务、业务服务、数据服务等形态；同时，为确保更加贴近支付行业及收单业务方向的发展，针对重点目标银行—城商行打造专属版本，实现多渠道接入、风控能力、支持独立部署等突破性功能升级，由基础性服务能力向扩展性服务能力迈进。

零售银行数经平台革新数字技术架构，基于云原生及模块化云服务，结合数据分析能力，在业务支撑方面以场景化、模块化、中台化的系统功能赋能银行，开创银行大零售、产业金融等金融服务模式，帮助银行提升金融资产规模，发挥数据资源价值，以金融科技驱动实体经济高质量发展。

（三）风控创新

零售银行数经平台构建实时风险侦测体系，已具备较为完善的实时指标平台、规则策略平台、风控模型和知识图谱平台的相关功能，具备智能风控模块，可进一步提升对团伙性、区域性、系统性风险的精准防控能力。

借助实时风控系统的交易实时监控、预警和拦截功能，对商户的信息以及交易进行实时监控，实现对风险商户及其外包机构关联风险的识别预警。

根据商户实时风险预警情况，可联动对其机构实现动态风险评级调整，掌握外包机构整体风险异动情况，对机构批量推荐异常商户进件、商户集中暴发同类型风险等异常行为及时预警，强化机构风险管控。如图4所示。

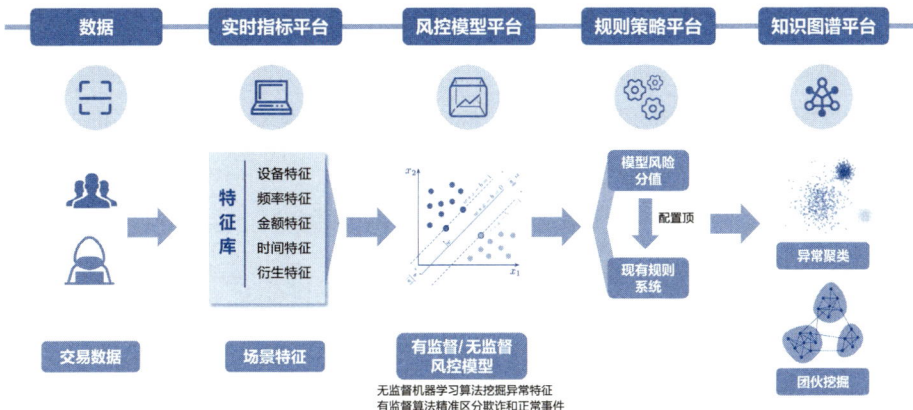

图4　实时化、智能化的风控管理技术

四、技术实现特点

（一）关键技术

1. 云原生架构

零售银行数经平台采用云原生架构，将原本独立部署在传统服务器上的应用程序转化为容器化的微服务，并通过容器编排工具进行管理和调度。

在系统技术方面，容器化技术（Docker）将应用程序及其依赖项打包到一个独立的、可移植的容器中，使得应用程序在不同环境中都能够稳定运行；使用容器编排工具（k8s）自动化部署、扩展和管理容器化应用程序，提高了系统的可靠性和可扩展性；系统使用微服务架构将应用程序拆分为一组小型、自治的服务，每个服务专注于完成特定的业务功能，提高了系统的灵活性和可维护性。

基于云原生架构，可实现云快速部署与扩展，云原生架构使得零售银行数经平台能够更快速、灵活地部署新功能和服务，同时根据需求进行横向扩展，应对突发的流量波动。容器化技术使得应用程序能够更高效地利用服务器资源，降低了运维成本。微服务架构和容器编排工具提高了系统的容错性和可恢复性，降低了单点故障的风险。

2. 大数据应用

零售银行数经平台利用大数据技术对海量的交易数据、用户行为数据进行存储、处理和分析，以提高风险管理、反欺诈和个性化推荐等方面的能力。

大数据应用能够实现精准的风险管理，通过对大量交易数据的分析，可以更准确地识别潜在的风险，及时采取措施进行预防和控制。同时，可实现个性化服务优化，基于用户行为数据和偏好，能够为客户提供个性化的产品和服务，提升用户体验和满意度。系统支持实时反馈与决策，采用实时流处理技术使平台能够及时捕获和处理实时数据，为决策提供更加及时的支持和反馈。

系统使用了分布式存储和计算框架（Hadoop），处理大规模数据的存储和计算任务，支持并行处理和数据分析；应用实时流处理技术（Kafka），处理实时产生的数据流，支持流式数据的处理和分析。通过机器学习和数据挖掘算法，通过分析大数据集，发现数据之间的潜在关联和规律，从而提供更准确的预测和决策支持。

3. 中台化策略

零售银行数经平台通过中台化策略，将原本分散在各个业务线上的业务能力进行统一管理和调度，实现了业务的模块化和复用。

在技术方面，使用微服务架构将业务能力拆分为一组小型、自治的服务，通过 API 进行通信和集成；实现微服务之间的自动发现和通信，提高了系统的灵活性和可扩展性。以 API 网关统一对外提供服务的入口，管理和控制外部请求的访问权限。

中台化架构使得新业务能力可以更快速地开发和部署，加速了业务创新和迭代；同时，降低系统复杂度，将业务拆分为微服务，降低了系统的耦合度和复杂度，提高了系统的可维护性和可扩展性。制定统一的服务标准，以 API 网关入口统一了服务的访问方式和接口标准，降低了集成成本和风险。

4. 数据分离策略

零售银行数经平台基础库通过数据转移工具（GDEP）实现数据表的一比一复制，实现交易多中心自由切换。订单数据存在多表合并的情况，通过自定义的工具实现多个短表合并成宽表，提升复杂查询的查询效率，减少复杂的大表关联操作。

使用数据库分片（Sharding）将数据库水平分割成多个片段，使得每个片段都可以独立运行，并行处理数据请求，从而提高了系统的吞吐量和性能。数据分区（Partitioning），将数据按照特定的规则分割成多个分区，可以根据访问模式和需求将热点数据和冷数据分开存储，提高了数据的访问效率。以分布式数据库（Distributed Database）将数据库分布在多个物理节点上，通过分布式事务和数据复制技术保证数据的一致性和可靠性，同时也提高了系统的扩展性和可用性。通过数据分离策略，零售银行数经平台可以更好地管理和利用数据资源，提高访问效率和系统的灵活性、可扩展性和安全性，为业务的发展和创新提供了坚实的基础。

5. 机器学习技术

通过机器学习算法对数据进行分析和建模，实现分类、回归、聚类、预测等功能。机器学习使计算机能够从数据中学习并自我改进，机器学习可以用来处理各种复杂的问题。目前在风险管理方面，通联支付已通过机器学习、知识图谱等智能风控手段，对机构下涉及商户的大工单风险数据进行关联分析，借助知识图谱的风险特征指纹库、图比对算法、3D 立体图谱关系穿透挖掘等手段，对支付及账户业务整体风险进行穿透监控。

五、项目运营情况

（一）运营概况

零售银行数经平台突破壁垒，创新实践，以满足银行需求为导向，以数字化系统为载体，将传统的银行合作方式转变为数字化模式，通过标准化、模块化、系统化、智能化的金融科技赋能银行，帮助银行提质增效。零售银行数经平台截至 2024 年 6 月，已发展超 100 家银行机构商用，涉及邮政、城商行、农商行、股份制银行分行、村镇银行、民营银行六类银行合作，联合银行发展商户 60 万户，累计产生 2800 亿元支付业务交易及结算，为银行带来可观的结算性存款入账；同时服务银行数字营销合作，签约营销预算 7.4 亿元，并完成 5 亿元引流核销。

（二）风险管理措施

针对不同的业务风险，零售银行数经平台采取了不同的防范措施，具体如下：

1.针对洗钱及欺诈等业务风险，一方面，在商户准入后，结合通联内部风控系统和外部渠道对商户进行持续风险监测，及时对可疑商户开展客户身份重新识别和禁止调查工作。对确认风险的商户及时采取终止合作、添加黑名单、上报可疑交易报告等措施，有效阻断涉赌涉诈资金链。同时结合历史交易数据，采用机器学习技术，建立相关风险监测模型，针对资金渠道、支付场景和欺诈案件等进行风险计量，建立实时业务风险监控体系，防范相关风险。

2.针对网络攻击、业务连续性中断等方面风险，在项目实施过程中，按照

《金融科技创新风险监控规范》（JR/T0200-2020）建立健全风险防控机制，掌握创新应用风险态势，保障业务安全稳定运行，保护金融消费者合法权益。

3.针对数据泄露风险，项目遵循"用户授权、最小够用、全程防护"原则，充分评估潜在风险，加强数据全生命周期安全管理，严防用户数据的泄露、篡改和滥用风险。数据采集时，通过隐私政策文件等方式明示用户数据采集和使用目的、方式以及范围，获取用户授权后方可采集。数据存储时，通过数据泛化等技术将原始信息进行脱敏，并于关联性较高的敏感信息进行安全隔离、分散存储，严控访问权限，降低数据泄露风险。数据传输时，采用加密通道进行数据传输。数据使用时，借助标记化等技术，在不归集、不共享原始数据前提下，向外仅提供脱敏后的计算结果。

同时，项目设有应急处理措施，按照应急处置预案，妥善处理突发安全事件，切实保障业务稳定运行和用户合法权益。在系统上线前进行全链路压测、容灾演练，对相关操作人员进行应急处置培训；在系统上线后定期开展突发事件处置演练，确保应急预案的全面性、合理性和可操作性。建立日常生产运行监控机制，7×24小时实时监控系统运行状况，第一时间对核心链路、接口、功能模块、硬件资源等的异常情况进行告警。一旦发生突发事件，根据其影响范围和危险程度，及时采取有针对性的措施进行分级分类处理，视需要及时关闭增量业务，妥善处置受影响的存量业务，切实保障用户资金和信息安全。

项目设有退出机制，在保障用户资金和信息安全的前提下进行系统平稳退出。在业务方面，按照退出方案终止有关服务，及时告知客户并与客户解除协议。如遇法律纠纷，按照服务协议约定进行仲裁、诉讼。涉及资金的，按照服务协议预定退还客户，对客户造成资金损失的通过风险补偿机制进行赔偿。在技术方面，对系统进行下线。涉及数据的，按照国家及金融行业相关规范要求做好数据清理、隐私保护等工作。

六、项目成效

零售银行数经平台建成以来，已累计产生2800亿元支付业务交易及结算，为银行带来可观的结算性存款入账；服务银行数字营销合作，签约营销预算7.4

亿元，并已核销 5 亿元，促进银行金融业务销售、发卡活卡营销等营销展业。

（一）经济效益：市场规模广阔，降本增效

在后疫情时代、国内外新变局下，银行所处宏观环境、行业环境和内生发展需求都发生了重大变革，金融科技发展助力银行数字化转型提速。零售银行基于扩大金融资产规模、促进用户活跃度等业务目标，需要提升本地区域市场的深度经营能力，包括商户数字化产品能力、本地场景建设能力、特色商圈运营能力和本地化的数据连接能力。

基于银行数字化转型需求，零售银行数经平台拥有广阔的市场前景，当前国内城市商业银行法人机构有 125 家，农村商业银行 498 家，农信社 1633 家，村镇银行 1649 家，目标客户群体达到 4000 家以上，市场规模广阔。

零售银行数经平台在业务层面，也已体现巨大的经济效益，具体案例如下。

1. 某省邮政收单合作案例

基于零售银行数经平台服务能力，某省邮政打造智慧商超、智慧菜场、智慧校园、智慧餐饮、智慧油站、智慧娱乐场景。通过打造标杆客户、标杆县域，同步发展标杆服务商，共同建设智慧场景。在全省共建设超 660 个场景，实现交易金额 30 亿元。

2. 某省邮政营销合作案例

该省邮政非常重视收单及营销品牌建设，基于零售银行数经平台服务能力，打造专属营销收款码，并围绕该营销收款码开展商圈引流活动。仅半年营销预算核销超 7800 万元，后续将继续围绕该营销收款码开展权益中台搭建、抽奖等系列营销活动，通过一份权益惠及 B&C 两端，提升各项产能和效益。

3. 某股份制银行合作案例

该行重视联合收单业务合作，2024 年将支付结算作为全行战略性基础业务，加大合作力度。通联支付结合该行的政策及商户偏好，充分调动内外资源，重点聚焦餐饮、医药等行业场景商户，为银行提供产品、行业解决方案和商户资源。截至目前，项目累计服务商户 8 万余户，一季度实现存款创利 3000 万元。

4. 某城市商业银行合作案例

该行通过零售银行数经平台运用，通过数据分析锁定集中性市场客群，通过移动展业工具及秒速补贴能力，让商家即用即补极致体验，跑马圈地快速扩大业务规模。通过客户贡献分析画像优质客群，并一户一策追加补贴投放或金融业务二次营销，持续经营获取效益。该行自 2023 年合作至今，新增超 6500 户，交易规模超 40 亿。同时，通联进一步与该行展开本地生活营销合作，扩展网点周边餐饮特惠商户，服务该行 C 端客群。

5. 某农商农信合作案例：

某农信联社以银行数经平台为载体，开展深度合作，覆盖银行下属多家法人机构，收单商户拓展 1.7 万户，支付场景共建 211 个，联合营销活动开展 194 场，并通过精准补贴、活动营销、数据运营等服务，获得银行高度好评，扩大业务合作规模及深度，后续将开展风险侦测系统等金融科技服务输出的合作。

（二）社会效益：服务为民，助力普惠金融

通联支付持续加大技术研发投入，推动零售银行数经平台持续升级迭代，针对银行经营特性提升定制开发能力，基于零售银行数经平台，通联支付与银行逐步拓展餐饮、零售、加油站、农资等与社会民生息息相关的场景建设，共建 B2B2C 联动的智慧商业生态。零售银行数经平台在服务社会、服务大众、服务民生方面同样发挥着积极作用。

通联支付以零售银行数经平台为载体，为银行构建及运营各类行业场景，共同打造了一系列智慧商超、智慧菜场、智慧校园、智慧餐饮、智慧社区等行业场景，并提供数字营销及运营服务。

例如，聚焦提升老年人支付便利性，通联支付与福州市民政局、福州养老指导中心、福建海峡银行等多方合作，以多元化支付与营销服务参与建设社区长者食堂，并从老年人用餐这一"关键小事"入手，持续打造有温度、有力度的适老化服务环境，帮助老年群体提升安全感、幸福感和获得感。

银龄福卡是由福州市民政局联合福建海峡银行推出的老年人专属定制卡片，通联支付为其配置和推荐银行卡营销活动，60 岁以上老人使用银龄福卡在指定长者食堂用餐，在拗九节当天可享受 10 元立减 9.9 元的优惠，还可以享受银行不定期推出的随机减免活动，保障老年人平等、便捷地享受优惠活动和服务；通过零售银行数经平台，食堂方和银行方则能清晰了解营销活动执行

情况，便于后续更有针对性地开展老年人助餐优惠活动。自 2021 年合作以来，通联支付已连续助力银行在拗九节、重阳节等特殊节日及不定期开展立减优惠活动，仅在福建地区已累计核销金额超百万元，让老人能够持续以更优惠价格享受到更可口的饭菜。

依托零售银行数经平台能力，通联支付帮助银行以场景综合解决方案及交易立减营销模式切入。例如，与湖南邮储的分期营销活动中，同时针对不同客户进行精细化分期活动运营管理，拉动分期交易提升。

七、项目总结

零售银行数经平台自 2022 年 10 月发布以来，通过市场调研及应用实践，持续系统迭代，对业务飞轮、流程、产品、风控等维度进行了数百项功能升级，大力应用金融科技能力，以收单支付为基础，赋能银行各类场景，为银行打造金融级的商户数字服务平台，建成"产品、系统、运营、服务"四位一体的数字化运营服务体系，满足各类商户的数字化服务需求，提升商户体验，在提升金融数字化和服务实体经济质效上发挥出重要作用。

零售银行数经平台为进一步提高银行营销服务能力与运营管理能力，满足聚焦银行提升资产规模、促进用户活跃度等核心诉求，通过流程体系优化、行内资源整合、网点智能化设计、系统培训及团队建设、营销模式建立、线上线下相结合、创新技术应用，实现网点由传统型向服务营销型转变，网点运营有效管理，从而提升客户服务水平及精细化管理水平，强化营销能力。

自零售银行数经平台建成以来，已累计产生 2800 亿元支付业务交易及结算，为银行带来可观的结算性存款入账；服务银行数字营销合作，签约营销预算 7.4 亿元，并已核销 5 亿元，促进银行金融业务销售、发卡活卡营销等营销展业，体现了明显的经济效益及社会效益。

八、项目展望

随着技术的进步和市场需求的扩大，通联支付将继续扩大在创新技术上的研究，以金融科技助力银行数字化转型，构建数字化营销及运营体系。未来在人工智能上，进一步挖掘技术发展潜力。语音识别技术已经非常成熟，将在许多领域中使用。通过语音识别技术，人们可以进行语言交流，通过语音完成支付交易，免去商户服务员的手工操作，目前这方面的产品已经基本研发完成。

在零售银行数经平台的发展，可叠加智能推荐系统，目前该技术主要应用于互联网上的各种信息服务，例如，电影、音乐甚至购物网站，以便更好地提供用户感兴趣的内容。推荐系统具有强大的过滤器和优化算法，以帮助用户快速查找感兴趣的内容。

与银偕行，共享未来。发展新质生产力是推动高质量发展的内在要求和重要着力点，金融业作为重要参与者、贡献者，也将是共享者、受益者。未来，通联支付将继续深化"合作银行、服务银行"的理念，以支付为基础，科技为引领，资源为驱动，场景为依托，围绕银行不断变化的发展需求，助力银行打造数字化核心竞争力，发掘第二增长曲线、创造复合价值，携手银行及产业各方为服务实体经济和社会民生不断贡献力量。

朴道征信有限公司

金融科技平台征信科技合作解决方案

一、引言

（一）项目研究的背景

近年来，以隐私计算、云计算、人工智能、大数据、区块链技术等为代表的信用科技加速发展，为中国个人征信市场赋能助力。先进技术的应用推动了征信业勃发新业态、新场景，更重要的是为加强个人隐私保护、维护个人权益提供了有力的技术支撑。

金融科技在提升普惠群体信贷可得性的同时，也产生了一系列问题。大量大数据公司在利益的驱动下，过度采集个人数据，并将其应用于金融创新活动中，变现数据的同时造成金融乱象、数据应用乱象，给经济社会运行秩序带来挑战。

《网络安全法》《数据安全法》《个人信息保护法》等先后施行，明确提出处理个人信息需要遵循的原则和要求。中国人民银行一直高度重视金融领域的个人信息保护工作，在 2021 年发布了《征信业务管理办法》，明确个人信用信息的边界，对个人信用信息的采集、加工、提供等全流程进行了规范。此外，还要求金融科技公司全面剥离与个人征信相关的业务，通过持牌个人征信机构向金融机构提供信用信息服务，督促提供金融服务的各类机构严格按照合法、正当、最小必要原则收集、使用和保管客户信息，规范机构内部为商业目的使用个人信息的行为，充分保障消费者隐私和合法权益。

（二）发展目标

朴道征信承接金融科技平台征信业务合规整改的政治任务，积极促进个人信息保护的更好实现，致力于创新征信服务场景，打造前沿数据和信息技术应用试点，促进金融数据的合规高效安全流通。朴道征信创新性设计打造金融科技平台征信科技合作解决方案，夯实信用信息基础设施建设，有效助力金融机构智能化风控，助力防范信用风险，对构建覆盖全社会的征信体系，促进普惠金融、科技金融、数字金融发展，助力消费提质扩容等有重要意义。

二、项目方案

根据《征信业务管理办法》，助贷业务合规改造实施场景主要涉及两方面：一是实质为征信业务的数据产品链条改造，即从"数据服务商—金融机构"变为"数据服务商—个人征信机构—金融机构"的信息流转模式。从供给端主要涉及数据源机构、数据科技加工企业等，因未持有个人征信业务牌照，向金融机构提供相应的个人信用信息将涉嫌违法违规。二是平台和金融科技公司在与金融机构合作开展助贷业务中涉及征信部分的业务改造，从"数据服务商—助贷平台—金融机构"变为"数据服务商—征信机构—平台—征信机构—金融机构"的模式。由于信息链路更为复杂，改造实施方案经过了一段时间的摸索。

以消费信贷业务为例，相关环节主要涉及授信、用信（借款）、调额（贷后）三个环节的征信科技改造，需要按照在"流量平台、征信机构、金融机构"模式进行征信转接改造，如下图标注深色背景部分：

获客　授信　用信（借款）　还款　调额（贷后）　催收（贷后）

图1　消费信贷案例的助贷业务合规改造环节

（一）征信科技业务合规改造方案

征信科技业务合规改造业务存在链路复杂、系统可用性要求高、并发量大等难点，在明确整改方案及要求基础上，根据不同类型平台在导流、辅助风控、IT 基础设施等方面的差异，创造性提出"围笼模式"技术方案，应用于助贷征信业务合规改造以及头部数据科技加工企业合规改造中。

（二）系统建设方案

朴道征信建成行业先进的信用信息服务系统，为保障征信科技业务合规改造推进提供基础保障。朴道征信数据中心按照"多地多活"架构进行设计，通过高可用设计实现对业务连续性保障（如图 2 所示），使用云计算和传统架构相结合的方式实现敏态业务快速扩展和稳态业务运行稳定。

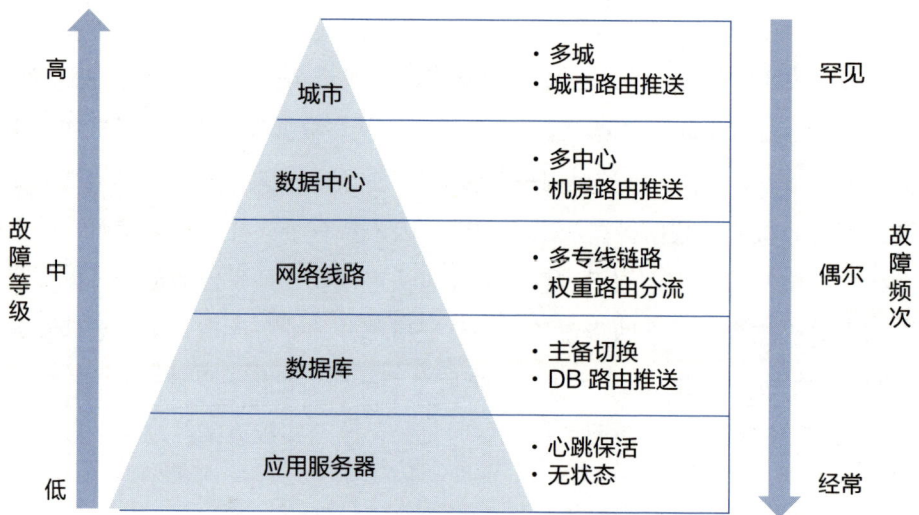

故障等级		故障频次
高	城市 · 多城 · 城市路由推送	罕见
中	数据中心 · 多中心 · 机房路由推送	
	网络线路 · 多专线链路 · 权重路由分流	偶尔
	数据库 · 主备切换 · DB 路由推送	
低	应用服务器 · 心跳保活 · 无状态	经常

图 2 朴道征信数据中心建设规划

三、项目创新点

（一）征信业务合规改造模式的创新

朴道征信创造性提出"围笼模式"技术方案，应用于助贷征信业务合规改造以及头部数据科技加工企业合规改造中，征信科技业务合规改造"围笼技术"方案的核心原则是，平台机构以信息提供者和数据科技加工企业的双重角色与征信机构开展合作。

具体而言，在信息采集环节，平台机构采集的外部征信类数据产品需由持牌征信机构提供，在信息处理环节，平台企业作为数据科技加工企业入驻持牌征信机构自有或管控的生产环境进行信息处理，在信息提供环节，平台机构不得再向金融机构提供关于额度、定价等风控相关信息，需改造成规范的评分类征信产品，由持牌征信机构提供给金融机构。

（二）技术方案创新

一是创新性自建隔离环境技术方案，适用于平台机构拥有自主可控的技术体系场景，可以满足多业务多应用多集群的需求，实现应用的高可扩展性、高可用性、高性能，有助于平台机构迁移的应用适配，目前已有多家流量平台生产环境投产。二是云隔离环境方案，适用于应用体系灵活、可以做适配兼容的平台机构，减少平台机构的 IaaS 和 PaaS 部署和运维。有助于平台机构快速投产，一般 2 周内可以从对接到生产上线。

实现在公有云及自建围笼共存的复杂条件保证数据安全和业务合规。从机房管理、物理边界管控、网络边界管理、终端安全管控、网络数据防泄漏、业务审计多维度共同构筑了围笼环境的安全技术体系。建立起网络安全、主机安全、终端安全、应用安全及漏洞管理相关的安全软硬件系统，初步实现了信息安全纵深防御的工具体系，确保《征信业务管理办法》的有效落地。

四、技术实现特点

（一）夯实物理安全能力

"围笼方案"中平台数据中心建设遵循了金融行业最严格的要求，使用顶天立地的钢结构围笼把自有空间和外部空间进行了物理隔离，形成了数据中心大楼、模块、围笼三层物理空间，每个空间都需要单独授权才可进入，确保数据中心物理安全，从而能够更有效地维护金融数据安全，更好保护个人信息的合法权益。

（二）隐私计算等技术促进数据可信流通

朴道征信通过隐私计算平台，将数据的归属权与数据的使用权剥离开来，解决当前大环境下的数据孤岛连接、数据合规共享等问题。以此为基础创新应用业内领先技术，包括多方安全计算、联邦机器学习、可信执行环境等交叉技术，使用了混淆电路、秘密共享、同态加密等算法，帮助用户在安全合规的前提下进行十亿级数据交互、百万级样本建模工作，高效地进行隐私保护下的多方计算与跨域建模，发挥各方数据价值，实现数据可用不可见，高效地服务联合风控、联合营销等应用场景。

（三）GPU 池化技术助力产品研发降本增效

利用 GPU 虚拟化和池化技术克服传统 GPU 资源分散难以统一管理的缺点，通过云原生架构和统一管理、集中调度，支持算力和显存两个维度的切分，可同时覆盖 cuda9/10/11，实现了 GPU 计算资源统一纳管和动态调度。在此基础上搭建了 AI 机器学习平台，提升了产品模型研发迭代效率，降低了单模型/算法的成本。

（四）云计算技术赋能构建数据应用新生态

通过计算虚拟化、网络虚拟化和分布式存储技术，构建起了可弹性伸缩的计算资源池和存储资源池，实现了存算分离，实现了计算和存储资源按需实时扩缩容以及秒级故障转移，大大提升了计算和存储的资源利用效率和可用率。同时，通过网络虚拟化实现了软件定义网络，极大降低了对于物理网络设备的依赖，实现了降低运维复杂度的目标。基于云计算技术，朴道建设了面向信息提供者、信息使用者、科技公司、政府机构、互联网平台共同参与的生态系统，各方在弹性资源的支持下，整合各自优势，形成了良性发展的数据应用生态体系。

五、项目运营情况

朴道征信通过征信科技平台方案解决相关机构涉征信业务整改落地难题，

与主要互联网平台机构达成共识并开展合作，助力净化金融服务数据市场。

（一）建成"1+N"征信服务生态体系

通过征信科技业务平台建设，朴道征信与信息提供者、信息使用者、第三方机构等多方联合构建形成"1+N"市场化征信生态体系，实现行业伙伴共建、共享、共赢。

朴道征信以征信科技业务合规改造平台为基础，为上游数据源、下游金融机构均提供联合建模服务，业内首次开放"1+N"生态体系底层特征，为客户提供一站式建模解决方案。紧密结合市场需求，开发预警风险等级、优选等级产品，优化传统模型，创新产品形态及数据调用方式，保障效果的同时降低数据成本。针对金融机构与助贷平台合作，开发零售信用分产品，支持金融机构以质优价廉的产品进行流量筛选。探索整合同类数据，搭建具备效果和价格双重优势的融合征信产品。已打通与多家支付数据源的对接，在服务乡村振兴、助力农村信用体系建设等方面展现了作为。

（二）建成行业级市场化信用信息服务系统

朴道征信严格落实《征信业务管理办法》，在短时间内完成 IT 系统建设任务，有效支撑行业整改按期落地。完成双机房建设并投产，实现自主可控全覆盖。为保障全行业征信科技业务合规改造落地，从无到有建设投产两个数据中心，并分别建设了两套独立的 IT 基础设施和 IT 应用系统，分别承载征信业务和征信科技业务，实现业务自主可控全覆盖。主数据中心和同城双活数据中心均为中国质量认证中心认证的增强级（A 级）机房，获得 ISO50001 能源管理体系、ISO22301 业务连续性管理体系、ISO27001 信息安全管理体系等相关认证。

系统承载能力满足行业级信用信息交互需求。主数据中心征信业务系统日均调用量稳定承载能力 1 亿次，征信科技业务系统日均调用稳定承载能力 3000 万次。系统采用分布式技术，业务处理和存储全部分布在不同节点，通过增加服务器资源，可进行应用系统和存储的横向扩展，可随时根据需要线性提高系统的整体处理能力。系统可用性达到行业先进水平。通过系统架构优化、冗余设计以及管控系统变更等措施，不断提升系统可用率。

六、项目成效

（一）建成信用信息基础设施

截至 2023 年年末，朴道征信与 130 家数据企业开展合作，为近 900 家金融机构客户提供服务，产品累计调用量超过 285 亿次，日调用峰值近亿次。朴道征信与 100 多家平台机构推进洽谈，基本覆盖全国主要助贷平台，普惠金融信用信息基础设施作用深化。

（二）促进数据要素互联互通

在原有助贷模式下，单一助贷机构与金融机构链接，是单点对接的形式，相对而言数据利用效率低、接口开发等成本较大，"数据孤岛""数据群岛"问题突出，行业内存在小范围、区域性和团体性的数据抱团，不利于平台间互通，在改造后，通过征信机构作为数据中心节点，统一数据接口标准，征信机构的角色是信息中介、信息流通枢纽、合规保障，可有效降低金融机构和数据源的互联互通成本，提升数据要素流通价值。

（三）更好维护金融消费者的个人信息权益

通过助贷平台与持牌个人征信机构合作，作为信息提供者向征信机构合法合规提供信用信息，再由征信机构将信用信息加工、处理后传输至金融机构，可以实现对金融服务中核心数据流、信息流的专业化处理和有效监督管理。征信机构对业务的合规性进行评估，对底层数据穿透式审核，强化个人信息保护和数据安全，在提高助贷业务质效的同时，服务实体经济，更好地维护金融消费者个人信息权益。

（四）赋能普惠金融高质量发展

通过厘清和重构业务链条价值贡献，助推降低借款人综合融资成本，提升互联网贷款的普惠性。此外，推动金融机构提升对核心风控环节的把握，降低产业链条整体风险水平。同时，倒逼平台机构回归科技能力挖掘和运营效率的提升，进一步拓展更广泛的经营贷市场，助力普惠金融市场覆盖度的提升及高质量发展。

七、经验总结

通过征信科技业务合规改造平台建设，对监管而言，能够有效助力对金融服务中核心数据流、信息流的专业化处理和有效监督管理。对金融机构而言，可以推动金融机构提升对核心风控环节的把握，降低产业链条整体风险水平。对平台机构而言，有助于平台机构等共建合法合规征信科技服务，解决数据市场乱象，促进金融数据服务市场规范化发展。对金融消费者而言，能够明确个人信息使用的环节链路并促进其合规化，更好维护个人信息主体权益。

采用"围笼模式"对征信科技业务合规改造后，通过征信机构作为数据中心节点，可有效降低金融机构和数据源的互联互通成本，促进数据要素互联互通，赋能普惠金融良性发展。

八、项目展望

征信科技业务合规改造是落实《个人信息保护法》的题中之义，通过开展网络平台助贷业务中的整改工作，积极推动助贷平台、征信机构、金融机构回归本源，各司其职，实现全链路新分工，推进信用信息处理合规化、个人信息利用透明化，更好实现个人信息保护，服务于普惠金融及经济新发展格局。

当前我国正处于数字经济高速发展时期，要探索实现更加精确的数据确权，更加便捷的数据交易，更合理的数据使用，激发市场主体活力和科技创新能力，必须要以对个人信息的充分保护为前提。以持牌个人征信机构为代表的信息处理者，一方面在"硬件"方面积极推动信用科技发展，另一方面，在"软件"方面积极探索和研究信用处理中可能面临的权属和交易规则问题，希望以高质量信用服务激发数字经济活力，以新技术、新模式和合规要求对原有业务进行改造，"以新促质"，以创新促进高质量发展，努力推动信用科技与普惠金融更好融合，让金融科技的新质生产力真正成为普惠金融高质量发展的"最大增量"。

华农财产保险股份有限公司

大模型在金融机构的创新探索

一、引言

2023 年，随着人工智能技术的突飞猛进，大模型产业迎来了历史性的爆发期。强大的机器学习算法和日益增长的数据集使得大规模预训练语言型（PLMs）如 GPT-3、BERT 和国产的 GLM 等在多个领域内展示出惊人的能力，它们不仅能理解和生成自然语言文本，还能够进行知识推理、自动编程、语言翻译等复杂任务，大大推动了包括金融、教育、医疗和娱乐在内的产业链的智能化升级。

在此背景下，企业的商业模式也随之变革。为了抢占市场高地，企业不断探索将大模型技术的潜能转化为实际的生产力，以此提升自身的服务质量、优化用户体验和降低运营成本。

华农财产保险股份有限公司（以下简称"华农保险"或"华农"）自 2019 年起，秉承科技引领的发展战略，仅用 2 年 9 个月便完成了核心系统自主能力建设，通过构建起一系列自研的数字化系统并获得多项知识产权，华农保险在系统建设和自主创新方面取得了长足进步，并赢得了市场的广泛认可。

华农保险坚持开放合作的理念，与多家行业领军企业联合建立 AI 及数字化实验室，使得科技及其应用在保险服务中的角色愈加凸显，同时为促进行业整体数智化转型做出了贡献。此外，华农保险定期举办的 Openday 活动和科技生态大会已成为业界知识交流与协作创新的重要平台，加速了数字技术在保险领域的应用和普及，进一步巩固了华农保险在推动行业前进中的影响力。

在行业内头部公司主要着眼于开发大模型本身或大模型可视化训练平台

时，华农保险于 2023 年自主建设了"星问 V2.0 大模型管理中台"（以下简称"星问中台"）。该系统通过将大模型相关能力进行拆分，使用户可以根据场景需要，快速完成大模型应用的自定义，并支持多种服务输出形式用以适配不同的使用场景。

同时，华农保险通过前期对大模型技术探索积累的经验和思考，在 2024 年开始了大模型赋能科技研发的场景落地。将各业务系统代码加入基座模型进行微调，进一步强化大模型的研发效能提升能力，为行业提供了具有良好借鉴意义的大模型落地方案。

二、项目方案

（一）基于华农星问中台的创新应用

1. 项目背景

（1）随着大模型技术的逐渐成熟，越来越多的金融机构开始探索如何将大模型技术应用于日常的经营管理工作中，但在此过程中，各家金融机构逐渐发现，在企业内部搭建大模型应用存在以下主要痛点。

其一，大模型应用场景难以定义。前台业务部门对新技术的变革感知缓慢，难以主动提出合适的应用场景，而后台技术部门对于业务场景缺乏了解，也难以找到符合业务需要的场景；

其二，不同大模型服务难以取舍。对于绝大多数金融机构，尤其对于中小型金融机构而言，自主研发基座大模型所需的人力、算力成本过于高昂，因此，大多数机构选择使用 SaaS 服务或部署较小规模（百亿级参数）的开源模型的形式调用外部的大模型产品作为大模型底座。然而，不同的大模型面对不同的任务的表现不尽相同，因此，对于很多机构来说，选择一款合适的基座模型成为企业拥抱大模型时代的又一难题；

其三，大模型应用的开发成本较高。不同场景下，大模型应用的形式不同，例如，对于内部员工的公文写作提效需要通过 prompt 工程改变大模型的输出形式，而对于垂直领域问答来说，就需要为大模型外挂本地知识库，类似的场景如果每次都做定制化开发的话，开发成本较高。

（2）华农保险的大模型团队在设计星问中台的主要功能时，紧密围绕着以上三个主要痛点。

其一，对于大模型应用场景难以定义的问题，由于各业务系统的产品经理的日常工作就是承接前台的业务需求并与后台的技术开发团队对接实现，因此星问中台选择将他们作为主要的用户群体，由各产品经理为用户配置符合其需求和使用习惯的大模型应用。

其二，同时，星问中台集成了多款大模型 SaaS 服务和本地化部署的百亿级模型，使得用户可以在不同场景下选用合适的基座模型。

其三，星问中台通过将大模型的应用形式进行原子化的拆分，实现了可视化的大模型应用搭建，同时，星问中台所配置的服务均支持多种形式的便捷输出，满足了不同场景下的应用需求。

2. 项目的组织架构和业务流程

星问中台的开发团队主要成员包括产品经理、大模型算法工程师、AI 框架工程师、架构师、前端开发工程师、后端开发工程师和测试工程师。

基于星问中台的创新应用的主要业务流程如图 1 所示。

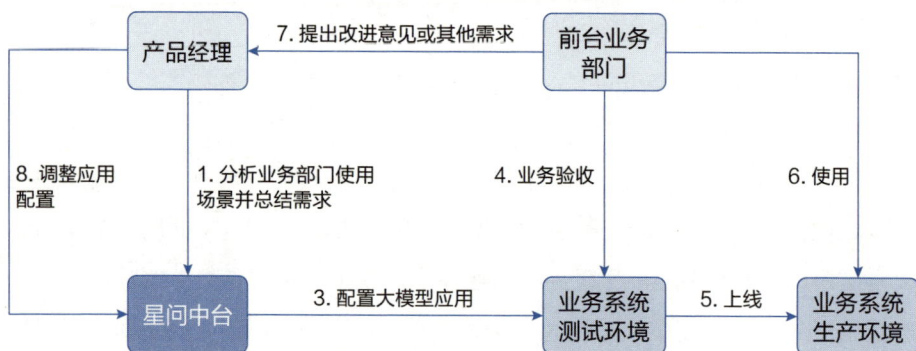

图 1　基于星问中台的创新应用的业务流程

3. 项目的创新技术与具体实施

（1）项目的主要创新技术

prompt 工程：星问中台通过预设根据 prompt 工程进行过专业编写的

prompt 模板对用户的问题进行增强，使用户可以通过简单的问答获取更高质量的模型回复；

langchain 框架：通过 langchain 框架，用户可以上传本地文件构建垂直领域知识库，结合向量模型对问题和知识库内容的双向相似度匹配，可以让大模型突破其训练数据内容的限制，掌握垂直领域的相关知识并为用户提供精准的问答服务；

conductor 流程编排引擎：通过 conductor 流程编排引擎，可以在复杂场景下将大模型与系统功能进行编排，从而实现用户与大模型交互、大模型根据用户的需求与系统交互的形式；

RPA：RPA（Robotic Process Automation，机器人流程自动化）是一种基于软件的自动化技术，它使用机器人软件（也称为"软件机器人"或"RPA 机器人"）来模拟人类在数字系统中执行的任务。对于一些仅靠大模型或系统接口难以完成的、具有重复性的操作，可以让大模型生成指令、RPA 根据指令执行的形式，打造出具有大脑（大模型）和手脚（RPA）的智能体。

（2）星问中台的系统架构

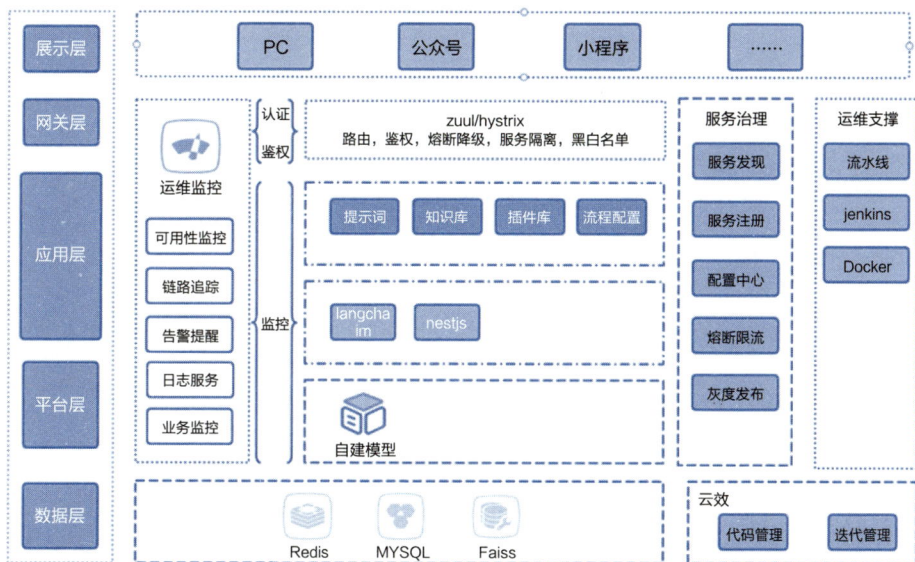

图 2   星问中台的系统架构图

（3）星问中台系统层次结构

其一，网关层。

作用：处理所有外部请求，负责路由请求到正确的服务，并进行身份验证、授权和限流等安全措施；

优势：提高系统的安全性，保护免受恶意攻击，提升系统的可用性和稳定性；

其二，应用层。

核心部分：包含各业务功能和服务，以独立的服务模块划分，通过 API 进行通信；

设计原则：松耦合，使得每个服务可以独立开发、部署和扩展，提高系统的灵活性和可扩展性；

其三，平台层。

基础设施和支持功能：提供数据存储、缓存、消息队列、日志记录等组件；

技术栈：使用成熟的技术如 Redis、Faiss 和 Docker，确保系统性能和可靠性；

（4）星问中台技术组件解释

其一，Redis。用作分布式缓存和数据存储，提供高性能内存存储和快速访问速度，提高系统响应能力和吞吐量；

其二，Faiss。作为高效的相似度搜索和推荐引擎，支持大规模数据集的实时查询和分析，为系统提供强大的搜索和推荐功能；

其三，Docker。用于容器化部署和管理，提供轻量级的虚拟化环境，使得应用程序可以在不同平台上一致地运行，简化部署和维护过程；

（二）大模型在科技研发的应用落地

1.项目背景

除了上述的几个主要痛点外，投产比难以计算也是各金融保险机构在落地大模型应用过程中的一大门槛。而研发提效则是相比之下投产最为透明的场景之一。

当前市场上存在一些商用的研发辅助类大模型工具如 copilot、CodeGeeX、Comate 等，但这些商用产品均有着共同的问题，即这些模型在训练过程中使用的多是来自 github 等开源平台的代码文件，因此对于一些较为通用的方法、类或函数，提示的效果较好，但对于企业内部的业务系统代码往往无法给出准确提示。

因此，华农保险选择结合自身的业务系统代码对开源大模型进行全参微调，力求让大模型掌握华农的代码结构和规范，从而更好地为研发团队带来效能提升。

2. 项目的业务流程（如图 3 所示）

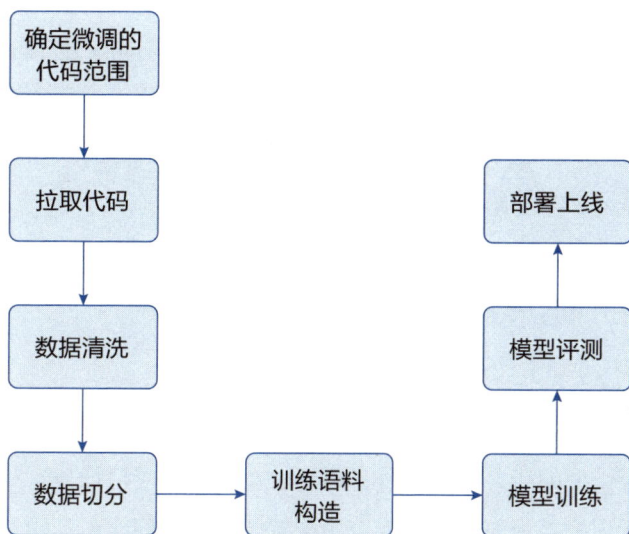

图 3　代码大模型项目的整体流程

3. 项目的创新技术与具体实施

（1）项目的创新技术

使用各业务系统超过 800 万行经过数据清洗的代码进行全参微调，采用了多种数据掩码手段构建训练数据，使得模型能够学习不同情况下代码前后文之间的关系，从而在使用过程中更加准确地给出代码提示。在模型训练完成后，通过精细化过程指标管理，严谨地监控模型的实际效果。

（2）具体实施方案

其一，模型语料选择。从各个业务系统中选择核心部分纳入训练样本中；

其二，语料清洗。清洗原始代码中的空行、无意义的注释、空格等脏数据；

其三，数据切分。将代码文件按照一定长度进行切分，使其符合模型的前后文长度要求；

其四，训练数据构造。使用多种模式对数据进行掩码，包括但不限于对代码中的随机长度、随机某行、随机连续多行、随机代码块进行掩码，使得模型在训练过程中能够学习到不同情况下的代码特点；

其五，模型训练。使用 finetune 的方式对基座模型进行全参微调；

其六，模型验证。对训练完成的模型，通过比较验证集上的生成内容和真实内容单个 token、多个 token、连续多个 token 等不同维度的相似度验证模型训练效果；

其七，模型效果对比。通过 a/b test 对比开发团队在使用训练前后的模型时多项过程指标之间的差异来观察模型的实际赋能效果。

三、项目创新点

（一）基于华农星问中台的创新应用

通过将大模型的能力进行拆分，调研大量大模型应用场景，将主要配置功能定位为提示词模板配置和知识库应用配置两方面。同时，利用最新的大模型 all tools 能力，实现了大模型的联网搜索和调用函数的能力。

通过自动化服务封装，将中台配置的所有服务均可通过 API 接口调用或简单的 H5 页面嵌入前端页面的形式进行输出，实现了大模型应用从配置到上线最快 5 分钟以内。

（二）大模型在科技研发的应用落地

多种掩码模式保证了模型能够学习不同情况下的代码。在构建代码大模型训练数据的过程中，采用了多种不同的掩码方式。具体来说，就是将一段代码分成了前缀、中间和后缀，其中，中间部分是掩码，训练的过程即是训练模型在已知不同前后缀的情况下，生成代码的中间部分。在训练过程中一共用到了六种不同的掩码策略。

其一，随机对代码中某个随机数 n1 和另一个随机数 n2 之间的字符进行掩码；

其二，随机对代码中的某一行进行掩码；

其三，随机对代码中的某几行进行掩码；

其四，随机对代码中某一个代码块进行掩码；

其五，随机对代码中某一个括号内部的部分进行掩码；

其六，随机对代码中某一行至代码末尾的部分进行掩码（不含后缀）；

科学制定 A/B test 计划和过程指标监控体系。在 A/B test 之前，对全部的开发团队进行了随机抽取，保证从岗位角度（前端 / 后端开发）和项目组角度，AB 组的人员分布都是接近的。

同时，我们制定了科学的代码赋能监控指标。大模型赋能比例 = 代码采纳行数 / 代码量

四、技术实现特点

（一）基于华农星问中台的创新应用

1. 提示词工程（如图 4 所示）

2. Langchain（如图 5 所示）

（二）大模型在科技研发的应用落地

1. 模型训练

通过 finetune 方法精细调整模型参数以捕获公司业务系统代码中特有的代码特征和语义信息。在此过程中，我们主要对模型的部分层进行训练，而保持其他层的参数固定，以此平衡模型在泛化能力与任务适应性的双重需求。此种策略不仅极大地利用了预训练模型所蕴含的广泛代码知识，而且显著提升了模型在处理本地项目代码时的性能，为代码理解、分析和优化提供了高效、可靠的解决方案。

配置提示词模板，预留占位符用于后期替换用户的输入，模板的其他部分预设了一些规定大模型行为的要求

例如，你是一名专业的文档编辑，你的任务是对文档进行深度润色，主要目标是增强内容清晰度，改善语法和拼写正确性，以及提升其整体阅读体验。具体要求如下：

1. 阅读整篇文档，对照下文理解并捕捉到原作者的意图，同时注意查找并修改给读者理解带来困扰的语句或表达。

2. 收集并改正所有的语法、拼写、标点和格式错误，以确保文档的准确性和专业性。

3. 注意检查文档的逻辑和连贯性，去除冗词，合并重复或者烦琐的段落，让整个文档表达得更简洁、清晰。

4. 根据需要对特定段落进行重写或重构，提升其表达力和说服力。

5. 最后，调整文档的格式和排版，使其更优雅、整洁，更符合标准的写作规范。

请根据以上要求，对下列文档进行深度的润色和改进：

{{input}}

用户输入"今天天气真好"

大模型实际收到的是

"你是一名专业的文档编辑，你的任务是对文档进行深度润色，主要目标是增强内容清晰度，改善语法和拼写正确性，以及提升其整体阅读体验。具体要求如下：

1. 阅读整篇文档，对照下文理解并捕捉到原作者的意图，同时注意查找并修改给读者理解带来困扰的语句或表达。

2. 收集并改正所有的语法、拼写、标点和格式错误，以确保文档的准确性和专业性。

3. 注意检查文档的逻辑和连贯性，去除冗词，合并重复或者烦琐的段落，让整个文档表达得更简洁、清晰。

4. 根据需要对特定段落进行重写或重构，提升其表达力和说服力。

5. 最后，调整文档的格式和排版，使其更优雅、整洁，更符合标准的写作规范。

请根据以上要求，对下列文档进行深度的润色和改进：

今天天气真好"

大模型输出"无疑，今天是享受户外时光的理想之选，因为天气出奇地好。阳光明媚，微风轻拂，为我们的日常注入了一抹清新与活力。"

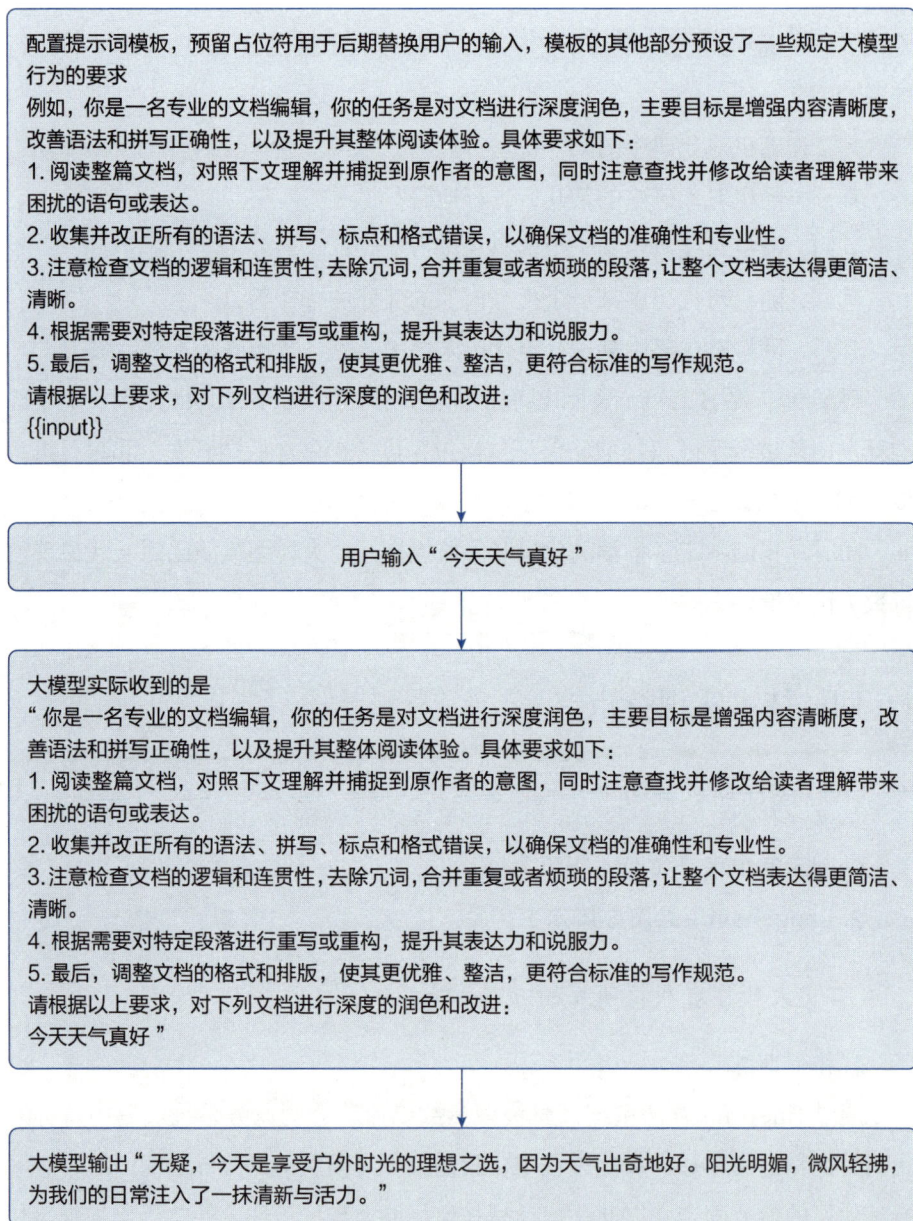

图 4 提示词工程实现路径

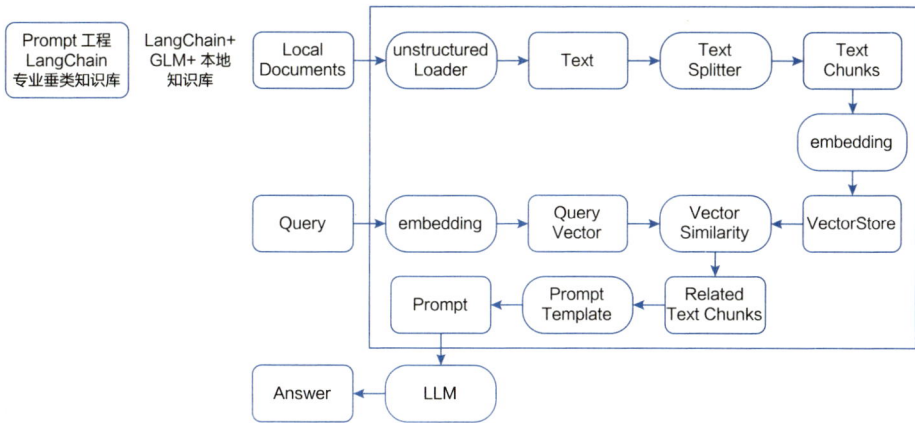

图 5　langchain 框架的实现路径

2. 模型评测

模型评测通过对照试验进行，实验组为微调后的大模型在验证集上的评测效果，对照组为未经微调的大模型在验证集上的评测效果，以此来对比微调对模型在本地项目代码上的输出质量提升。评测用到的指标为 NLP 领域常用的四个指标。

（1）Rouge-1：检查生成文本（摘要或者翻译等）与参考文本之间的共享单词（单独的词，没有考虑序列顺序）的重合程度。它的计算方法基于召回率（recall）和精度（precision），通常以 F1 分数表示；

（2）Rouge-2：计算的是两个文本之间共享的 2-gram 的比例，相比较于 Rouge-1 额外考虑了词序的信息；

（3）Rouge-L：两个文本之间的最长公共子序列（Longest Common Subsequence，LCS）。LCS 考虑了词序但是允许跳过一些词，因此它是一种柔性的匹配。被广泛用于衡量句子相似度。

（4）Bleu-4：BLEU-n 计算的是实际生成的 n-gram 与参考文本 n-gram 之间的精度。当 n 取 4 时，就是 BLEU-4。据此，BLEU-4 是评估生成文本与参考文本在 4-gram 级别上的相似度。

五、项目运营情况及项目过程管理

从星问中台上线以来，为了对大模型应用进行推广以及对系统不断进行优化，我们主要采取了以下几种过程管理方式。

1. 加强宣传

通过制作宣传小视频、海报等形式在公司内部进行推广，同时对使用效果较好的案例进行宣传，引导公司内部用户更多地进行尝试。

2. 组织分享

2023 年下半年，星问开发团队组织了 5 场全司范围的分享会议，分享大模型领域的前沿消息、大模型的使用心得以及星问中台的最新功能，并在过程中与业务部门进行交流，不断挖掘新的业务场景。

3. 多方交流

2023 年，星问开发团队参与了数十次外部交流，与大模型厂商、算力提供方、金融行业友商深度交流大模型创新应用心得，使华农在大模型领域保持了与同步玩家的同频共振。

六、项目成效

（一）基于华农星问中台的创新应用

借助华农星问中台的高灵活性、高适配性和高可扩展性，具有华农特色的"1+1+N"的大模型创新应用体系在 2023 年末初步搭建完成。华农内部员工既可以通过移动 /PC 双端互通的"星问 1.0"APP 随时随地使用大模型服务，也可以通过星问中台，根据需求快速自定义、分享合适的大模型应用。同时，通过星问中台配置的 N 个大模型赋能场景也快速铺开，并不断催生出更多的大模型赋能场景。

通过 11 月以来的数个版本迭代和多部门的联合宣传，星问系列产品在 2023 年末至 2024 年初迎来爆发式的增长。从 2023 年 11 月开始，连续三个月保持了 20% 以上的环比增长。

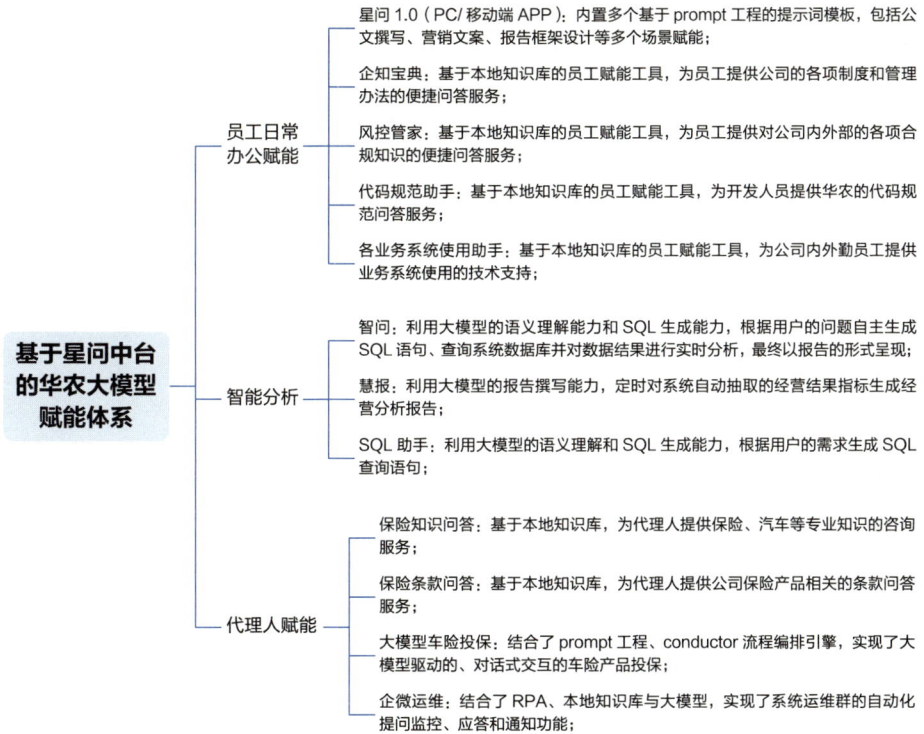

星问 1.0（PC/ 移动端 APP）：内置多个基于 prompt 工程的提示词模板，包括公文撰写、营销文案、报告框架设计等多个场景赋能；

企知宝典：基于本地知识库的员工赋能工具，为员工提供公司的各项制度和管理办法的便捷问答服务；

员工日常办公赋能

风控管家：基于本地知识库的员工赋能工具，为员工提供对公司内外部的各项合规知识的便捷问答服务；

代码规范助手：基于本地知识库的员工赋能工具，为开发人员提供华农的代码规范问答服务；

各业务系统使用助手：基于本地知识库的员工赋能工具，为公司内外勤员工提供业务系统使用的技术支持；

基于星问中台的华农大模型赋能体系

智问：利用大模型的语义理解能力和 SQL 生成能力，根据用户的问题自主生成 SQL 语句、查询系统数据库并对数据结果进行实时分析，最终以报告的形式呈现；

智能分析

慧报：利用大模型的报告撰写能力，定时对系统自动抽取的经营结果指标生成经营分析报告；

SQL 助手：利用大模型的语义理解和 SQL 生成能力，根据用户的需求生成 SQL 查询语句；

保险知识问答：基于本地知识库，为代理人提供保险、汽车等专业知识的咨询服务；

保险条款问答：基于本地知识库，为代理人提供公司保险产品相关的条款问答服务；

代理人赋能

大模型车险投保：结合了 prompt 工程、conductor 流程编排引擎，实现了大模型驱动的、对话式交互的车险产品投保；

企微运维：结合了 RPA、本地知识库与大模型，实现了系统运维群的自动化提问监控、应答和通知功能；

图 6 基于星问中台的华农大模型赋能体系

（二）大模型在科技研发的应用落地

1. 评测结果对比

通过评测指标的对比可以发现，微调后的代码大模型输出的内容相较微调前有了质的飞跃。

表 1：代码大模型评测指标对比

评测指标	微调前	微调后	微调提升
Rouge-1	36.28	82.64	127.8%
Rouge-2	23.62	77.26	227.1%
Rouge-L	28.24	79.18	180.4%
Bleu-4	24.08	75.07	211.8%

2. 实际使用效果

根据 A/B test 的效果来看，微调后的代码大模型对于研发人员的综合提效大约在 10%。以华农自身为例，2023 年华农的研发人力成本超过 3000 万，10% 的研发提效相当于超过 300 万元的成本优化，而支持代码大模型微调和部署的硬件算力成本折算到每年仅需 30 万元左右，项目投产比超过 1000%。而对于保险业来说，以 2023 年数据为例，我国保险业总保费收入近 5.1 万亿元，科技整体投入预计 570 亿元，其中人力成本占比 60% 左右，则通过代码大模型实现保险业研发赋能的市场规模在 340 亿元左右。

七、项目总结

在探索基于华农星问中台的创新和落地大模型在科技研发领域的应用的过程中，我们总结了以下经验：

1. 对于金融保险业，尤其是中小型机构来说，面对大模型之类的新兴技术，我们既要积极拥抱、勇于探索，但也需要保持战略定力，以价值为导向、谨慎跟随市场潮流。

2. 兼听则明、偏听则暗，尤其是面对新的技术突破，秉持坦诚开放的态度积极开展外部交流对于加深对新技术的理解和认知有极大的帮助。

3. 科技部门可以是数智化创新的引领者，但一定不能是唯一的参与者。只有各部门之间统一认知、紧密配合，才能找到更多的落地应用场景。

4. 对于新产品、新技术，要采用多元化、高频率的推广宣传，才能在短时间内积累更多的用户群体。

5. 大模型相关应用的建设要尽可能地接地气，要尽一切办法总结、归纳，然后降低用户的学习成本，只有这样才能收获更多的用户。同时，在应用设计的过程中要鼓励用户参与到场景探索中来。

八、项目展望

未来，我们将持续关注华农现有 AIGC 场景的使用情况与用户反馈，以结果为导向，以价值为指引，围绕"1+1+N"的华农 AIGC 体系，夯实现有场景，持续完善技术与人才积累，并逐步将 AIGC 赋能场景从点扩充到线和面，探索大模型技术赋能金融保险业的可行路径。

华农保险将以金融保险业为起点，向周边行业发散，探索更多适合 AIGC 赋能的场景，并将其中最具价值的场景逐步落地。

在探索 AIGC 领域的过程中，华农保险秉持着开放共赢的态度，与众多同业公司、大模型厂商保持着高频的沟通，并与多家合作方进行着大模型共建项目。在未来，华农保险将坚持合作共建的原则，与金融保险业及外部合作方保持密切交流。相信随着算力成本和模型技术的不断优化迭代，大模型技术在金融保险业的应用前景会越来越好。

对于代码大模型项目，华农保险将持续进行微调模型的优化迭代和对比实验，期待在 2024 年下半年通过可靠的实验数据为行业贡献大模型在科技研发领域可行的落地案例和实施路径。

3

第三部分

金融科技企业的创新实践

蚂蚁科技集团股份有限公司

新一代消费金融 AI 商业经营平台

一、引言

（一）随着消费金融业务的快速发展，用户的需求日益增长，金融产品和服务变得更加丰富和复杂

当前业务经营中存在一系列问题，包括目标用户识别速度和准确性不足、用户画像和消费意图不清晰、潜在用户挖掘困难、运营空间预测不准确等。这些问题导致 KPI 设定的不断调整，运营策略的效果不稳定，试错成本的上升，缺乏可复用和体系化的增长方法论。当下正面临着从专家经验转向数据洞察支持的决策制定的转变，在这个过程中，企业急需一种能够快速、全面、精确识别和理解用户需求的新方法。解决这些问题对于提高运营效率、降低成本、加快业务增长具有重要的意义，是业务创新实践的关键所在。

（二）深度融合先进技术和消费金融服务是实现高质量运营的必然趋势

业务精细化要求企业能够对庞大的用户数据进行有效分析和运用，制定更加科学的运营策略。通过深入的洞察分析和效果评测，企业可以更好地识别目标用户，清晰定义用户画像，准确预测消费意图以及发掘潜在的相似用户。这不仅能够提升用户满意度和忠诚度，也能够为企业带来更大的运营空间和盈利潜力。因此，打造一个能够实现数据沉淀、经验沉淀、策略生成和策略良性应用循环的系统，对于消费金融行业来说，具有战略性的长远发展意义。

（三）金融科技创新不仅需要技术的突破，也需要对业务运营模式的重新思考

企业如何通过技术创新来实现运营效率的提升和用户体验的改善，成为行业共同关注的焦点。企业需要构建一个能够清晰定位业务目标、洞察正确策略并通过有效的运营工具执行的系统。这要求企业在传统的运营经验之上，加入智能化的元素，使得运营过程更有条理、更高效、更具针对性。通过建立这样的系统，企业能够在竞争激烈的市场中快速响应变化，从而实现可持续的业务增长和创新。

（四）AI的新浪潮正在推动传统消费金融业务发生根本变革

模型、智能代理（Agent）系统以及语言处理链（Langchain）技术，为处理复杂的金融数据和决策提供了新的解决方案。这些技术的结合使用，不仅可以拓宽金融产品和服务的创新空间，而且能极大地提升运营效率和决策的科学性。通过结合大模型强大语义理解能力，智能代理系统的自动化决策支持，以及Langchain技术的高效信息处理流程，构建一个能够自我学习、逐渐优化的金融智能运营系统。这样的系统能够模拟专业运营人员的思维过程，从庞大的数据集中提取有价值的洞察，生成精准的客户画像，预测市场趋势，并制定量身定制的营销策略。此外，这些技术的应用还意味着能够降低人为错误和偏见，增强业务决策的合规性和公平性。总之，通过引入大模型、智能代理和Langchain等技术，可以为金融业务构建智能化、高效化、个性化的运营体系，开启金融服务创新的新篇章，为整个行业树立新的服务模式和业务流程的标杆。

二、项目方案

FBGIS（金融业务增长智能支持系统）系统的定位是为消金业务提供更为精准和有效的运营策略支持，通过逐步提高其对金融运营专业知识的理解和沉淀，增强策略决策的准确度。最终，该系统成为业务日常经营不可或缺的智能

运营伙伴，帮助它们在竞争激烈的市场中脱颖而出，实现持续的业务增长和客户满意度提升。本项目的核心流程图如图1所示，整个流程是一个动态、自适应且持续迭代的过程。详细执行流程如下：

1. 构建可信知识库：本模块将成为系统的数据和知识核心。通过对蚂蚁体系内的数据资源数据采集和整理，我们将创建一个多元化、综合化的知识资料库。

2. 需求识别与输入：运营团队面临的业务挑战或策略需求首先被输入系统中。这些需求可能是关于市场拓展、客户细分、风险评估或者产品优化等。

3. 智能解析与策略生成：输入的需求被知识引擎智能解析，结合可信知识库中的信息，生成初步的策略草案。这一过程涉及对历史数据的分析、模式识别和预测建模。

4. 策略细化与工具匹配：根据生成的初步策略，系统会进一步细化具体步骤，并通过经营工具库匹配相应的工具和资源。这些工具可能包括市场分析软件、客户关系管理系统、自动化营销工具等。

5. 执行链生成与任务调度：Agent规划引擎根据细化的策略和匹配的工具生成执行链，并进行任务调度。这一过程中，Agent会智能判断任务的先后顺序、所需资源和预期目标。

6. 自动执行与监控：系统开始自动执行策略链，智能代理监控每一步的执行情况，并确保任务按照既定的时间和质量标准完成。

7. 性能评估与反馈循环：策略执行完毕后，系统将基于预设的KPI和性能指标进行评估。这些评估结果将作为反馈输入到知识库中，供未来的策略制定参考。

8. 优化与迭代：结合执行结果和业务团队的反馈，系统进行自我优化和迭代。这可能包括调整策略参数、改进工具的应用方式或更新知识库中的信息。

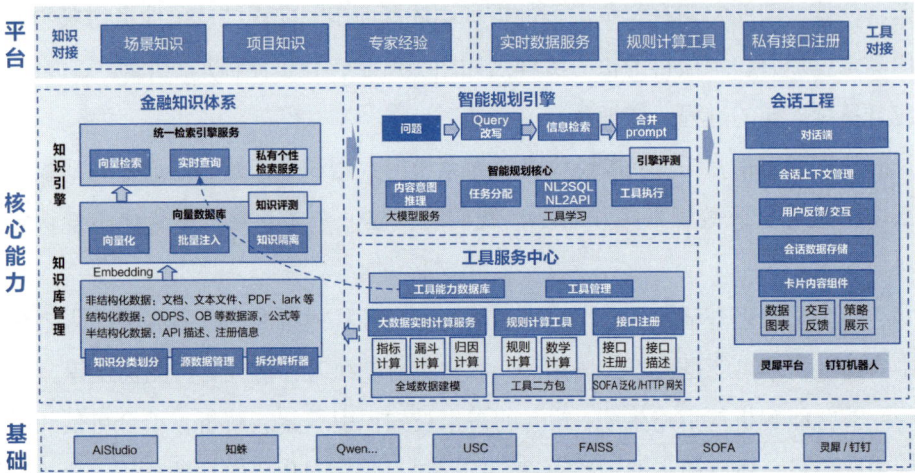

图 1　平台架构

三、创新点

FBGIS（金融业务增长智能支持系统）是金融科技领域的重要创新，它集成了大数据分析、人工智能、机器学习和自然语言处理等前沿科技，旨在推动金融机构在复杂多变的市场环境中实现可持续的业务增长和运营效率的飞跃。FBGIS 的创新之处体现在以下几方面。

首先，FBGIS 首创一个全面准确的消费信贷业务可信知识库，将散乱的数据转化为机构的知识资产。这不仅涉及了数据采集的自动化和精准化，还包括了复杂知识体系的构建和维护。利用先进的 RAG（Retrieval-Augmented Generation）技术，系统不断提炼和丰富知识库内容，确保知识的质量和实时性，从而支撑起更加科学的决策过程。

其次，FBGIS 的知识引擎采用了大模型技术，首次构建理解和处理自然语言查询的能力。不仅如此，它还能够通过 Dense Retriever 等方法提高检索召回的精准度，结合 RAG 模型实现知识的动态融合与整合。这些技术的创新应用大大提升了查询的响应速度和准确度，使用户能够迅速获取到所需的信息。

再者，FBGIS 在策略制定和执行方面的智能化程度极高。它不仅能够基于大数据和机器学习模型为业务团队提供策略建议，还能通过 Agent 规划引擎自动执行策略，实时监控执行效果，并根据反馈进行优化。这种自动化的闭环运营模式显著提高了金融机构的经营效率和策略的执行力。

最后，FBGIS在系统架构设计上也体现了创新思维。它采用高内聚低耦合的设计原则，确保了系统的灵活性和扩展性，同时也便于未来与其他系统的集成。随着金融科技的不断进步，FBGIS有能力融入新的技术和模型，以适应不断演变的业务需求和市场环境。

总之，FBGIS是一个高度集成、智能化、自适应和可扩展的系统，它不仅为金融机构提供了强大的数据支持和智能决策工具，还持续推动着金融服务的创新，助力消金业务在激烈的竞争中保持领先地位。

四、风险点

在FBGIS项目的技术方案落地过程中，特别是涉及了大规模语言模型（LLM）的应用，我们遇到了具体的风险和挑战，并采取了相应的应对措施。

1. LLM的幻觉（Hallucination）：LLM有时可能生成无关或错误的信息，这是依赖准确数据的金融业务不可接受的。应对策略：引入了人工审核机制，确保关键决策点的输出由专业人员进行验证。同时，不断训练和调整模型以减少错误生成的情况，并在系统中实施反馈循环，以便根据实际使用情况不断优化模型。

2. 知识的精准度：金融决策需要高度准确的知识输入，而LLM提供的信息可能存在精度不足的问题。应对策略：在LLM的训练数据中纳入大量高质量、经过验证的金融知识。同时，通过与领域专家合作，不断纠正和更新知识库，以提高输出的准确性。

3. 知识召回的精准度：必须确保系统能够准确地检索和召回相关的知识以支持决策。如果召回的信息不准确或者不全面，可能会导致错误的决策。应对策略：采用先进的信息检索技术，如向量化搜索，以提高检索的精确度。此外，实施了严格的测试和评估流程，持续监控召回效果，并根据反馈调整检索算法。

4. 工具正确调度：在多工具协同工作的环境中，正确调度工具以确保高效的任务执行是一项挑战。不当的工具调度可能会导致性能瓶颈或响应缓慢。应对策略：设计了一个智能调度系统，它能够根据任务的性质和当前系统负载动态分配资源。同时，定期进行系统优化，确保各个工具和服务能够高效协同工作。

通过以上措施，我们确保了技术方案在实际落地过程中的风险最小化，同时提高了系统的整体性能和可靠性。这些风险的有效管理为项目的成功实施奠定了坚实的基础。

五、技术实现特点

1. 可信知识库

专有领域，LLM 无法学习到所有的专业知识细节，因此在面向专业领域知识的提问时，无法给出可靠准确的回答，这种现象称之为 LLM 的"幻觉"。在成本和效果两方面考虑下，我们选择了 RAG 方式，检索增强生成（RAG）把信息检索技术和大模型结合起来，将检索出来的文档和提示词一起提供给大模型服务，从而生成更可靠的答案，有效缓解大模型推理的"幻觉"问题。如果说 LangChain 相当于给 LLM 这个"大脑"安装了"四肢和躯干"，RAG 则是为 LLM 提供了接入"人类知识图书馆"的能力。如图 2 所示。

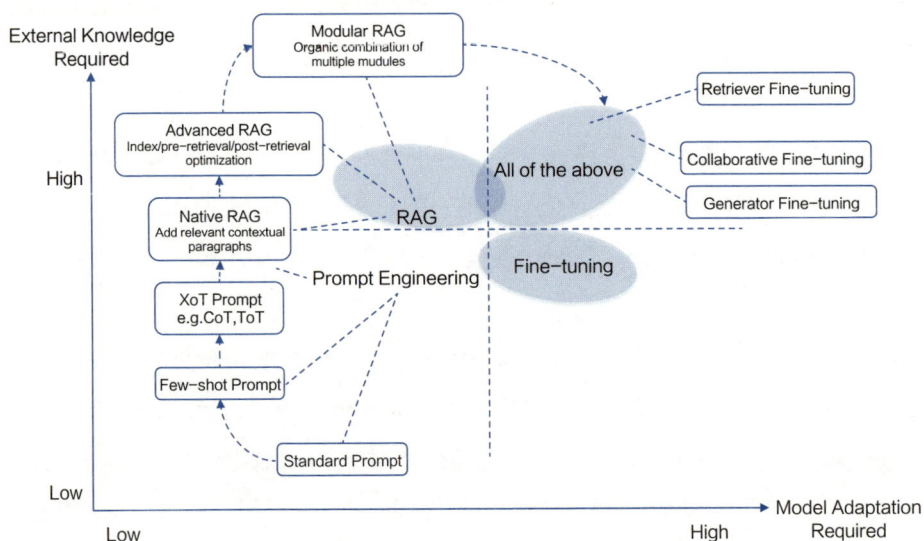

图 2　预训练、微调、知识、提示词对比

构建可信知识库将成为系统的数据和知识核心，通过对蚂蚁体系内的数据资源数据采集和整理，我们将创建一个多元化、综合化的知识资料库。该知识库不仅包含传统的金融智慧和通用知识，还涵盖用户行为数据、市场供需信息以及历史策略效果。在构建过程中，特别强调知识内容的准确性、时效性、完整性和可操作性。技术难度在于要确保知识源的准确性和可信度，知识体系的庞杂性，数据的实时更新和时效性，知识的标准化和一致性。我们主要通过如下方案解决。

（1）利用专业质量控制团队和自然语言处理技术，对数据来源进行审核和评估，确保只有经过验证的数据能够进入知识库。

（2）采用高内聚低耦合的设计原则，针对不同类型的知识定义不同的内容规范和存储格式，以便于知识的管理和应用。

（3）构建自动化的数据监测和更新机制，确保知识库能实时反映市场变化。

（4）制定统一的数据入库标准和接口，通过中间件服务保证数据的一致性和集成。

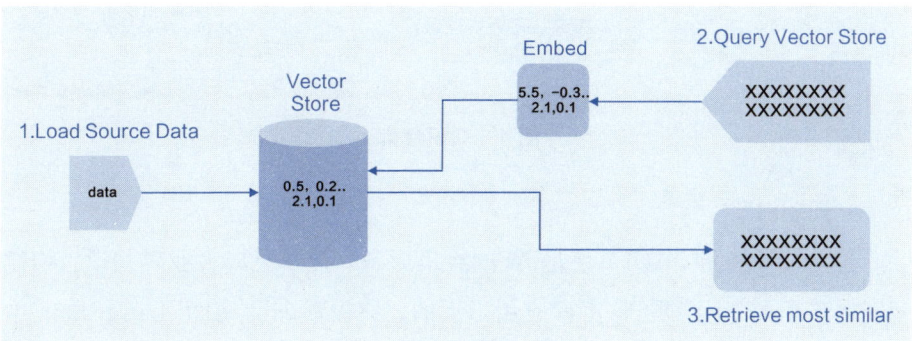

图3　知识向量化方案

2. 知识引擎

知识引擎是连接知识库与实际业务需求的桥梁。负责从可信知识库中高效检索、匹配和提供相关知识。它结合了 LLM，理解用户的查询意图，并快速准确地提供答案和解决方案。为实现即时的知识检索和策略建议，将结构化和非结构化的金融数据转化为高维度的知识向量。当业务团队提出询问或策略需求时，知识引擎能够迅速匹配并召回与当前业务场景最为相关的知识点和历史案例。通过这种方式，运营团队可以获得即时的市场洞察，创新策略的启发，以及对潜在风险的警示。其中难点在于召回精准度—确保引擎能够理解复杂的查询意图并召回最相关的知识，查询理解—用户的查询可能含糊不清或多义性强，正确理解这些查询是提供准确信息的前提，知识的融合和整合—由于知识库中的信息来自不同的源和格式，引擎需要有效地整合这些知识以提供连贯的答案。

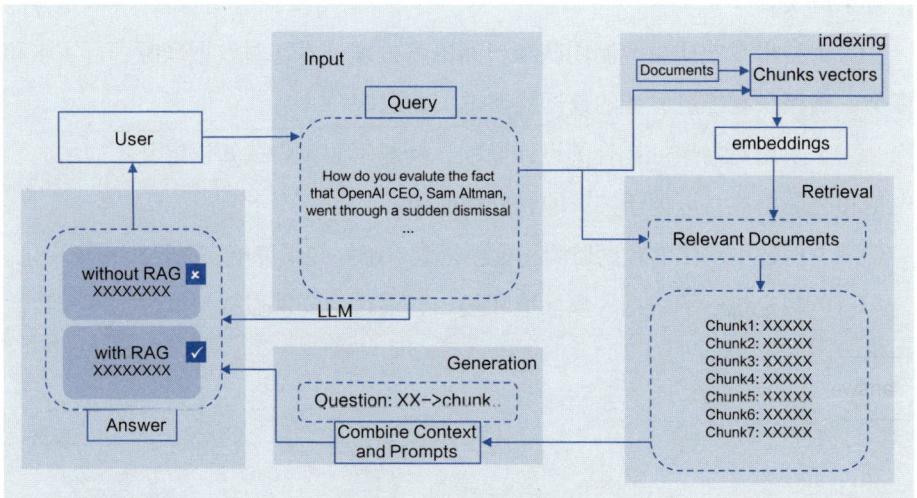

图 4　知识检索

3. 规划引擎

通用人工智能（AGI）将是 AI 的终极形态，几乎已成为业界共识。构建智能体（Agent）则是 AI 工程应用当下的"终极形态"。引用 LangChain 中 Agent 的定义，可以一窥 Agent 与 Chain 的区别。Agent 的核心思想是使用大型语言模型（LLM）来选择要采取的行动序列。在 Chain 中行动序列是硬编码的，而 Agent 则采用语言模型作为推理引擎来确定以什么样的顺序采取什么样的行动。Agent 相比 Chain 最典型的特点是"自治"，它可以通过借助 LLM 专长的推理能力，自动化地决策获取什么样的知识，采取什么样的行动，直到完成用户设定的最终目标。Agent 规划引擎是系统的执行臂膀，负责将知识引擎的策略建议转化为具体行动。它通过一系列预定义的智能代理和算法模型，将复杂的策略分解为可操作的步骤，并自动调度经营工具库中的相关工具去执行。这个过程实现了运营策略的自动化，减轻了人工工作量，提高了执行的速度和精度。

策略转化：将知识引擎提供的策略转化为具体执行步骤，包括任务分配、时间规划和资源调度。

自动执行：通过 Agent 自动执行策略，减少人为操作，降低错误率。

监控与调整：对执行过程进行实时监控，根据执行结果调整策略和步骤。

学习与优化：通过机器学习分析执行结果，优化智能代理的决策模型，提高未来策略的准确性和效果。

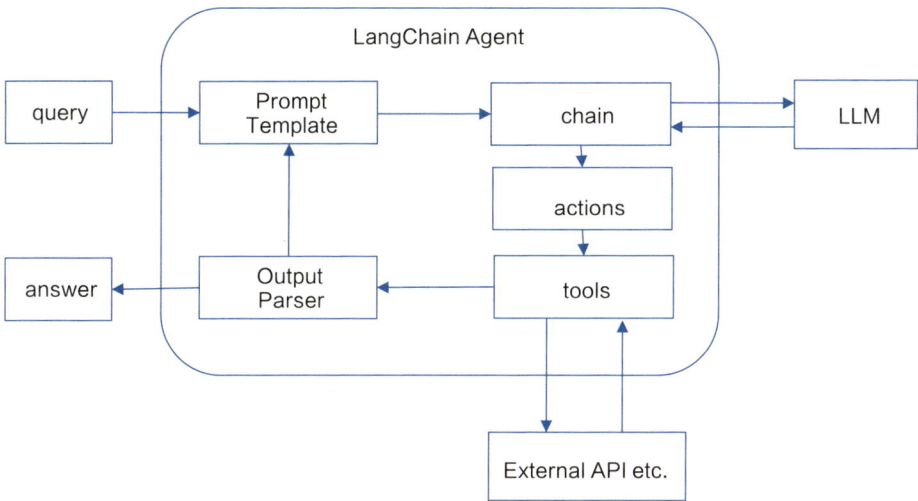

图 5　Agent 架构

4. 经营工具库

为了提高运营策略的实施效率和准确性，经营工具库将对现有各种运营工具进行归类、标准化和优化。每个工具都有详细的规范描述，包括操作方法、输入输出参数，以及最佳应用场景。大模型技术在此环节中发挥的作用是确保正确的工具能够被匹配到适当的运营任务，进而提升策略的实施质量和成功率。LLM 会根据提示词推断出需要调用哪些工具，并提供具体的调用参数信息。用户需要根据返回的工具调用信息，自行触发相关工具的回调。

工具目录：创建详尽的工具目录，对现有的运营工具进行分类和描述。匹配算法：开发算法确保在不同运营场景中能够匹配到最合适的工具。效果反馈：

收集工具使用后的反馈，用于评估工具效果和未来的改进。持续优化：根据业务发展和市场需求，不断更新和优化工具库。

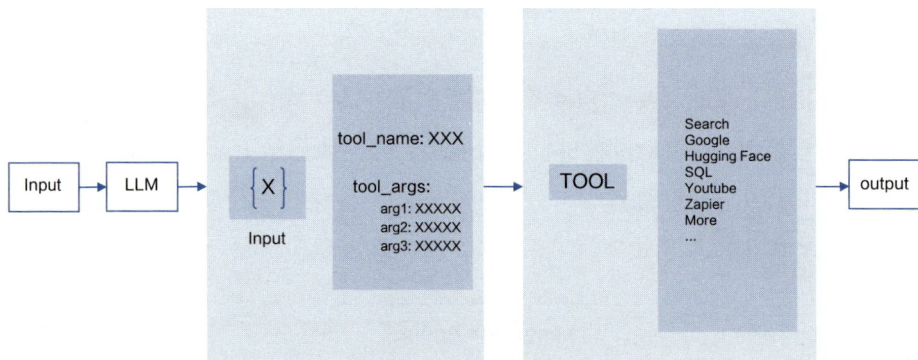

图 6　工具调用

六、运营情况

FBGIS 项目在实际落地中取得了一系列显著成效，运行中显著提高了业务流程的效率。通过自动化处理和分析复杂数据，系统减少了手动操作的需求，使得工作人员能够更快地获取分析结果和业务洞察。例如，报告生成的自动化减少了人力资源的花费，加速了决策支持资料的提供，提高了决策的准确性。利用先进的数据模型和算法，FBGIS 帮助业务识别了以往难以捕捉的模式和趋势，从而提供了更精确的预测和建议。这种数据驱动的决策过程为市场营销等多个领域提供了坚实的支持。过程中成功地将分散在各个业务部门的经验与知识进行了整合和沉淀。通过将业务人员的经验知识转化为可操作的系统规则和流程，FBGIS 使得宝贵的经营经验得以保存和传承，为长期发展积累了知识资产。过程中也遇到了一些挑战，例如，性能问题及知识积累效率问题。尤其是在使用多个工具和复杂的数据分析时，系统的响应速度有时未能满足业务需求。高峰时段的延迟问题凸显了系统性能调优的不足，影响了用户体验。系统旨在积累和利用组织的经营经验，但在知识的捕捉和积累过程中效率不高。一些关键信息的提取依赖于个别专家的输入，存在瓶颈，导致知识库更新缓慢，难以实时反映最新的业务变化和市场动态。FBGIS 项目在促进效率、提高决策质量和沉淀经验方面取得了显著成效，但在处理高并发请求的性能优化和快速、高效地积累知识方面仍有改进空间。这些失误点为今后的系统优化和升级提供了宝贵的经验教训。通过持续的技术改进和过程优化，有信心进一步提升系统的整体性能和知识管理能力。

七、项目过程管理

打造一个结合大模型技术，能够提升金融运营效率和精准度的智能系统，通过深度学习消费市场和用户数据模式，面向不同业务目标提供定制化的增长策略，优化消费者金融服务体验，同时沉淀有效商业经营经验（北极星指标定义、增长模型确认、输出增长公式、识别增长因子、寻找巨变魔法数字等）。从自助交互式市场洞察、用户定义及挖掘、需求识别、策略输出到科学实验的一站式智能化解决方案，也为金融科技领域带来了全新的创新实践。

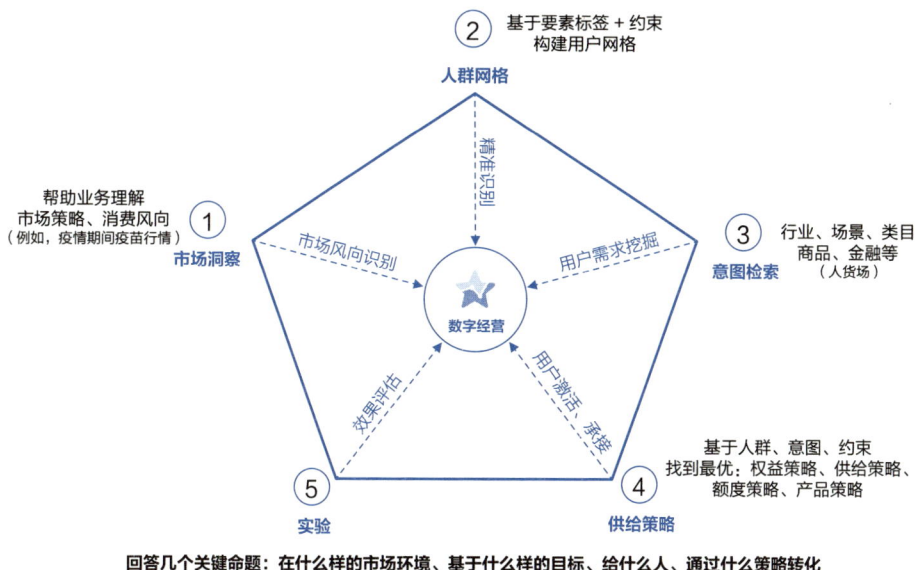

图 7　托管式用户增长

八、项目成效

FBGIS（金融业务增长智能支持系统）作为一种创新的金融科技解决方案，对金融行业产生了重大的影响。这一系统以其先进的技术和全面的功能重新定义了金融机构的运营模式，加速了金融业务的数字化和智能化转型。首先，FBGIS通过提供深入的市场分析和个性化的客户洞察，极大增强了金融机构对市场动态的把控能力和对客户需求的响应速度，运营效率至少提升2倍以上。这种实时的数据分析和决策支持功能，不仅提升了服务的质量和效率，也加深了客户的信任和满意度，从而在竞争激烈的市场中赢得了更多的客户粘性。其次，FBGIS的智能化决策工具为消费金融业务带来了显著的成本效益。通过自动化的流程、精准的策略建议以及实时的风险评估，业务能够以更低的成本实现更高的业务产出。这种效率的提升使得业务可以将资源和精力更加集中地投入创新和业务发展中，进一步巩固和扩展其市场地位。最后，FBGIS作为金融科技的典范，引领了行业内面向商业增长命题的技术革新和服务升级。随着越来越多的业务采纳这类智能系统，整个行业的服务水平和运作效率得到了整体提升。FBGIS的成功实践还激发了更多的金融科技创新，推动了相关技术如人工智能、大数据分析等在更广泛领域的应用和发展。综上所述，FBGIS不仅在技术上实现了突破，在推动金融行业转型、提升服务质量、降低运营成本方面也具有巨大的影响力，成为金融创新的一个重要里程碑。

九、经验总结

在FBGIS项目的建设过程中，我们从多个维度积累了丰富的经验，特别在与业务线的沟通、商业运营经验的沉淀以及技术选型和架构设计方面有突出的收获。

1. 项目建设阶段

（1）深入业务线沟通与经验沉淀。

项目方与各个业务线密切合作，不仅理解他们的需求，还深入挖掘他们的商业运营经验。通过工作坊、一对一访谈和实地观察，项目方收集到了关于客户服务、风险控制、市场营销等方面的宝贵知识。

为确保这些经验能够转化为系统的功能，系统建立了一套包含业务规则和最佳实践的知识库。这一知识库的建立过程中，注重将隐性知识（业务人员的经验直觉）转化为显性知识（系统能够识别和处理的规则），以便在系统中得以应用和传承。

（2）技术选型与架构设计。

技术上，选择那些能够支持系统长期发展和适应不断变化的业务需求的技术。在深入分析了业务需求和技术趋势后，我们决定采用微服务架构，这样可以保证系统的模块化、可扩展性和灵活性。

架构设计方面，不断迭代设计，以确保能够支持海量数据的高效处理和实时分析。选型上，项目组投入了大量时间研究市场上的各种大模型及 agent 进行对比，最终选择了那些有良好口碑且实战经验丰富的解决方案。

在选择和设计过程中，始终牢记系统的可维护性和安全性。因此，在技术栈的选择上，项目组尽可能选择那些社区支持强大、更新频繁且有良好安全记录的技术。

通过这些经验的积累，项目在建设阶段打下了牢固的基础。商业运营经验的有效沉淀为系统提供了实用的业务洞见，而恰当的技术选型和架构设计则确保了系统的长期发展潜力和市场适应性。这些经验在项目后续的实施落地及上线推广中发挥了至关重要的作用，为项目的成功奠定了基础。FBGIS 与同类金融业务运营系统相比，项目在多方面表现出明显的优势，并通过一系列优化实现了显著的提升。

2. 优势

集成先进技术：FBGIS 系统集成了最新的人工智能技术，如大规模预训练语言模型（LLM），并且基于体系内领域内专业知识，提供了更深层次的数据分析和洞察。相比于同类项目，FBGIS 能够更好地理解和处理自然语言查询，更有效地从复杂的数据中提取有价值的信息。

客制化的解决方案：项目不仅提供通用的分析工具，还针对客户的特定需求进行了深层次的定制。这一点在与同类产品的比较中是一个显著优势，它帮助客户解决了独特的问题，并提高了用户满意度。

强化数据治理：对数据的处理流程进行了优化，强化了数据治理和质量控制。这确保了数据的准确性和一致性，提高了分析结果的可信度。

提升决策质量：利用高级分析模型对数据进行深入洞察，系统显著提高了业务决策的质量，为金融机构的战略规划和日常运营提供了强有力的数据支持。

加速业务处理速度：通过自动化和智能化的工具简化了许多业务流程，显著提高了业务处理速度，使客户能够在更短的时间内获得服务。

综上所述，FBGIS项目通过引入最新技术、深度定制解决方案、性能优化和用户体验改进，实现了在功能性、可伸缩性和性能上的全方位提升。相较同类系统，FBGIS项目在处理复杂金融业务问题时更具优势，能够为客户提供更高质量的服务和支持。

十、项目展望

展望FBGIS项目的未来，将围绕着技术创新、市场拓展、服务优化、持续改进四个核心方向进行发展规划。

1. 技术创新：随着人工智能和大数据技术的快速发展，接下来的几年将见证这些技术更深入地融合到金融业务中。我们计划引入更加先进的机器学习模型，加大对自然语言处理的投入，不仅使系统更好地理解复杂查询，还能提供更加精确的预测和决策建议。同时考虑使用云计算和边缘计算技术来提升系统的可伸缩性和响应速度。

2. 产品拓展：在市场拓展方面，我们将面向不同场景和市场的需求进行市场分析，逐步将智能分析运营能力拓展到新兴市场和领域。增强产品在全场景的适应性和竞争力。同时，计划推出多层次的服务模块，满足不同角色的多样化需求。

3. 服务优化：客户服务将是持续优化的关键，我们将基于用户反馈对系统的操作流程和界面设计进行不断完善。同时，提供更全面的用户培训和支持服务，确保客户可以充分利用交互式的操作完成业务目标。进一步，将通过增强客户服务团队的专业能力和服务技巧来提升客户满意度。

4.持续改进：持续改进是金融科技项目成功的关键要素，我们将采用数据驱动的方法，利用分析工具和反馈系统监控产品的性能，定期进行系统评估。通过搜集和分析运营数据，识别潜在的问题并快速迭代改进。

综上，随着技术的不断进步和市场的不断变化，FBGIS项目将致力于成为金融机构的关键合作伙伴，提供先进、可靠和定制化的智能金融服务，进而推动整个行业的创新和发展。

中移动金融科技有限公司

企业支付管理平台创新降本增效新模式

引言

（一）项目背景

"以现代治理夯实世界一流"是我国加快建设世界一流企业的重要举措之一，要求引导企业优势向价值创造环节倾斜。为此，国家发改委等部门发布《关于做好2023年降成本重点工作的通知》，进一步引导企业加强成本控制和精细化管理。2023年年末，央企负责人会议首次系统性提出中央企业要"更加注重提升五方面的价值（增加值、功能价值、经济增加值、战略性新兴产业收入和增加值占比及品牌价值）"，推动中央企业从规模型、数量型向质量型、效益效率型的转变。

与此同时，企业数字化转型建设正迈上新台阶。《"十四五"数字经济发展规划》提出产业数字化转型的发展主线，要求利用数字技术及人工智能技术对传统产业进行全方位、全角度、全链条改造赋能。中共中央、国务院继而印发《数字中国建设整体布局规划》，强调要在金融、教育、医疗等重点领域加快数字技术创新应用。在数字中国建设的大背景下，各项政策积极引导企业运用数字技术助力成本控制与效率提升，以数字化、精细化管理全面实现降本增效，全面推动数字化转型。

当前，支付作为企业经营高频场景，已成为优化成本结构和提高管理效率的关键环节。尽管企业支付市场已达到令人瞩目的百万亿级规模，但企业内支付系统的发展相对于外部支付市场，仍处于较为初期的阶段。加强企业内支付数字化建设，已成为企业实现降本增效的重要途径。因而，响应国家对于数字化转型和成本控制的号召，满足企业数智经营的迫切需求，中移动金融科技有限公司（以下简称"中移金科"）推出"企业支付管理平台"创新方案，以基于企业内支付的费控系统，助力企业实现成本的有效控制和管理效率的大幅提升，增强企业核心竞争力，为打造世界一流企业提供强有力的支持。

（二）项目目标

中移金科作为中国移动通信集团全资子公司，以"数智金融让号码更有价值"为使命愿景，在加快发展新质生产力的新目标、新任务的指导下，依托通信行业资源禀赋，强化人工智能、大数据、中台等数字技术赋能，不断创新生产、生活场景。聚焦企业支付场景，一是实现企业成本管控，以号码为唯一识别，快速实现企业福利费用的发放、核销管理，提升费用管控及审批；二是提升客户满意度，通过汇集多业务系统，提升员工业务办理效率，提高员工幸福感；三是赋能多业务场景建设，构建线上＋线下、企内＋企外的多种支付场景，为企业提供一站式的应用支付管理平台，提高企业支付智能化管理效率；四是打造数智中台，链接上下游供应商，构建企业支付全生态服务体系，推进实现传统企业与新质生产力的融合发展。

一、项目方案

（一）目标对象

中移金科打造的"企业支付管理平台"立足企业支付管理平台功能定位，秉承降本增效与企业数字化的先进服务理念，通过构建用户与账户体系，精心打造具备立体账户管理、灵活券应用以及高效聚合支付能力的全新服务平台，全面升级团餐、福利、会议等企业内部管理系统，通过打造用户"一码、一号、一脸、一卡"的全业务场景电子身份识别的服务方案，有效解决传统场景中信息化、智能化水平低下的问题，避免企业投入大量精力也难以提升用户满意度和幸福感的困境，并通过数智化管理帮助企业实现降本增效目的。

目前，基于企业对费控管理以及支付的需求，"企业支付管理平台"费控管理开发功能的目标对象覆盖政府机关、大型企业、大中小院校、医院、校园。这类客户特点如下：一是政府机关和大型企业均面临日益繁杂的费用结构和多元化的支付场景，在严格的财务纪律和审计要求下，对费用管控和支付流程的需求呈现精细、精准、高效的特征。二是承载着庞大的资金流动量，涉及复杂的财务管理需求。需要对资金流动拥有全面掌控，确保资金的安全和合规使用。三是注重用户体验和服务质量。优质的支付体验和服务质量不仅能提升用户的满意度和忠诚度，还能为企业的长远发展奠定坚实基础。

（二）应用场景

1. 资金集中管理

传统资金管理方式往往存在信息不透明、流程烦琐等问题，导致企业难以全面掌握资金状况，常常面临着流动性管理、风险管理以及账户结构复杂等问题。流动性管理方面，账户间的资金分散使企业难以有效掌控资金的流动情况，导致资金无法及时、灵活地用于企业的日常运营和投资需求。风险管理方面，分散的账户结构增加了企业资金管理的复杂性，增加了操作风险。与此同时，资金分散还可能带来潜在的安全风险，因为分散的资金更容易受到内外部恶意攻击或不当使用的风险。针对这些问题，企业亟须一种能够集中管理资金、统一支付方式的解决方案。

资金集中管理场景是"企业支付管理平台"中的关键环节。在这一场景中，"企业支付管理平台"将企业内部各账户的资金流动信息进行整合并集中管理，确保资金流动的可视化和可追溯性，企业可实时监控资金的流入和流出，准确掌握资金的使用情况和流向，让企业的资金管理更加便捷、高效。

2. 费用预算与控制

费用预算和控制是企业管理面临的重大挑战之一。企业需要对各项费用进行合理的预算设定和使用控制，避免因超支而带来的财务风险和经营压力。然而，传统的费用管理方法往往效率低下，难以及时监控费用支出情况，导致企业难以及时发现和解决超出预算的问题，费用管理存在一定程度的风险。

针对传统费用管理中存在的费用管理不透明、不精细问题，"企业支付管理平台"能够根据企业的预算要求，对各项费用进行预算设定和控制。引入强大的数据分析能力，自动生成费用支出报告，帮助企业清晰地了解各项费用的实际支出情况与预算之间的差异。一旦费用支出接近或超出预算上限，平台能够迅速发出预警，提醒企业及时调整费用支出策略，避免不必要的超支风险，为提升企业的财务管理水平，实现稳健发展提供有力保障。

3. 自动化支付与报销

在企业管理中，支付与报销流程的手动操作常常导致效率低下和资源浪费。通过预设的规则和流程，"企业支付管理平台"可以实现支付与报销的自动化处理。该场景下，企业员工无须手动填写纸质报销材料或进行支付，只须在系统内提交相关信息，系统便自动进行审批、结算等后续操作，减少人工操作，提高工作效率。

4. 全业务应用

企业内系统间（包括 ERP 系统、财务系统、OA 系统等）的集成与对接常因存在数据孤岛而出现信息流通不畅、业务流程断层等问题，影响企业整体运营效率。"企业支付管理平台"可与其他企业系统进行集成与对接，实现数据共享和业务协同，提高企业整体运营效率。平台不再是孤立的单元，而是企业信息化建设的有机组成部分。企业支付管理平台能够实时获取 ERP 系统中的订单信息、库存数据等关键业务数据，从而精准控制各项费用支出。与财务系统对接自动完成凭证生成、账目核对等财务操作，减少人工录入和核对的工作量。与 OA 系统的集成则使得平台能够嵌入到企业的日常办公中，实现费用的在线申请、审批和报销，简化流程操作，提高工作效率。

5. 数据分析与决策支持

数据分散、信息不透明、决策效率低等是企业降本增效过程中需要解决的棘手问题，可能导致企业经营决策受限，从而处于竞争劣势。以团餐、商旅和福利等支出为例，这些费用通常是企业运营成本中的重要组成部分。然而，传统费用管理方式往往难以对这类支出进行细致分类和统计，导致各项费用的具体结构和流向不清晰、不明确。"企业支付管理平台"具备强大的数据分析和报表功能，通过对支付和费用数据的深入挖掘和分析，帮助企业更清晰地了解费用结构和流向，识别高成本区域和潜在节约点。其次，通过数据对比和趋势分析，企业能够预测未来费用情况，为预算编制和成本控制提供有力依据。"企业支付管理平台"还能提供针对性的优化建议，帮助企业制定更合理的费用管理策略，降低运营成本，提高盈利能力。

在团餐方面，"企业支付管理平台"可以细化统计各个餐厅、菜品和用餐人数的支出情况，帮助管理者了解团餐费用的主要支出方向及具体份额；在商旅方面，可实现酒店、机票、用车等使用场景的分类统计，为管理者提供详细的商旅支出报告；在福利方面，可以统计各种福利项目的支出情况，帮助管理者了解福利支出的结构和比例。

（三）主要模式

1. SaaS（软件即服务）模式

在 SaaS 模式下，企业支付管理平台通过云服务提供商进行部署和运营。企业无须购买和维护硬件设施，只须通过互联网访问系统，按需使用其功能。这种模式具有灵活性高、成本低、升级维护方便等优点，特别适用于中小型企业或希望快速部署的企业。

2. 定制化开发模式

与企业深入沟通，了解企业的业务流程、管理要求以及支付和费用控制的具体需求，然后设计并开发符合企业要求的内部支付平台，能够确保平台与企业现有业务的高度契合，满足企业的个性化需求。

3. 集成化模式

通过将企业支付管理平台与 ERP（企业资源规划）、CRM（客户关系管理）、SCM（供应链管理）等系统整合，实现数据共享、流程协同和业务优化，有助于提高企业整体的信息化水平，提升支付和费用管理的效率。

4. 混合模式

混合模式结合上述多种模式的特点，根据企业实际需求进行灵活配置。如企业可以采用 SaaS 模式进行系统的快速部署和升级，同时采用定制化开发模式满足特定业务需求，或者采用集成化模式与其他企业信息系统对接，并保持多租户模式的资源共享优势。混合模式为企业提供了更加灵活和全面的支付费控解决方案。

（四）技术方案

1. 系统应用框架

以用户＋账户为核心的技术体系，以深化"账户管理中心＋就餐管理中心＋预定管理中心＋物料管理中心"四大中心，以多样化支付方式赋能为核心驱动力，实现用户电子身份识别的多业务应用场景，构建全场景的企业支付平台。

（1）用户侧

多样化支付：采用多模式识别、多渠道支付的方式优化用户使用体验。提供刷卡、刷脸、刷码、NFC＋等识别方式，实现零成本开卡，零时间挂失补办，智能化支付告别传统 IC 饭卡。提供余额支付、餐补虚拟券支付、微信支付、支付宝支付、数字人民币支付、银行卡支付等聚合支付，支持业务模式快速建设与发展。

（2）商户侧

统一管理：采用总公司作为核心管理节点对各商户实施一体化统一管控的策略。总公司拥有全面管理和实时查看的特权，以实现对整体业务生态的细致把控。同时，精准赋予各商户商家相关权限集，确保其在具体消费场景中的功能需求得到满足。

独立经营：实现商户独立管理、独立经营、独立核算。管理方面，各商户拥有独立的用户信息管理架构，以确保用户数据的隐私性与安全性；经营方面，各商户行使独立的经营权，实现对业务运营的精细调控；核算方面，商户拥有自主的费用管理体系，可实现财务数据的独立核算与精准控制。

交叉消费：自动记录快速清账功能提升业务协同效率。在双方商户的员工消费完成后，系统自动记录消费数据，进行费用统计及结算，实现双方商户之间的费用快速清算，提升资金流转效率。同时，加强了商户间的业务协同，促进整个商户生态的健康发展。

（3）企业侧

企业信息化及数字化：满足企业在日常运营和管理中的多样化需求。以组织架构为基础，构建完整的企业管理框架。系统提供企业账户开通与管理功能，包括但不限于企业账户的注册、验证、登录以及日常的账户维护操作。在财务管理方面，提供对账报表、账务管理以及报表中心等功能。具备员工信息管理、合规稽核、规则配置等辅助功能。集组织架构、账户管理、审批流程、财务管理以及辅助功能于一体的企业侧综合系统，能够满足企业在日常运营和管理中的多样化需求，提高企业的运营效率和管理水平，为企业的发展提供有力的支持。如图 1 所示。

2. 系统技术架构

本系统采用微服务架构旨在通过将功能分解到各个离散的服务中以实现对解决方案的解耦。这种架构围绕业务领域组件来创建应用，这些应用可独立地进行开发、管理和迭代。微服务架构通过分散的组件、云架构和平台式部署、管理和服务功能，使产品交付变得更加简单。

微服务具有如下特点。

故障隔离与容错性：微服务架构通过将应用拆分成小型服务，使得系统更容易扩展和部署，可以根据需求动态调整服务的规模。

轻量级通信：微服务之间通过轻量级通信机制（如 REST API、gRPC 等）进行交互，使得服务之间的通信更加快速和高效。这有助于提高系统的可扩展性和响应速度。

灵活性和可扩展性：微服务架构使得应用更加灵活和可扩展，可以根据市场需求快速调整和优化。通过将应用拆分为一系列独立的微服务，可以更加方便地添加或修改功能。

高可用性：每个微服务都可以有多个实例运行，当某个服务出现故障时，其他服务可以继续正常运行，提高了系统的可用性。这有助于保证系统的稳定性和可靠性。

技术多样性：微服务架构允许使用不同的技术栈和编程语言来实现不同的服务，提高了开发团队的灵活性和创造力。不同的服务可以根据需要选择不同的数据存储和缓存解决方案。

去中心化：微服务架构采用去中心化思想，服务之间采用 RESTful 等轻量协议通信，相比传统的 ESB（Enterprise Service Bus）更轻量，有助于减少系统的复杂性，提高系统的可扩展性和灵活性。如图 2 所示。

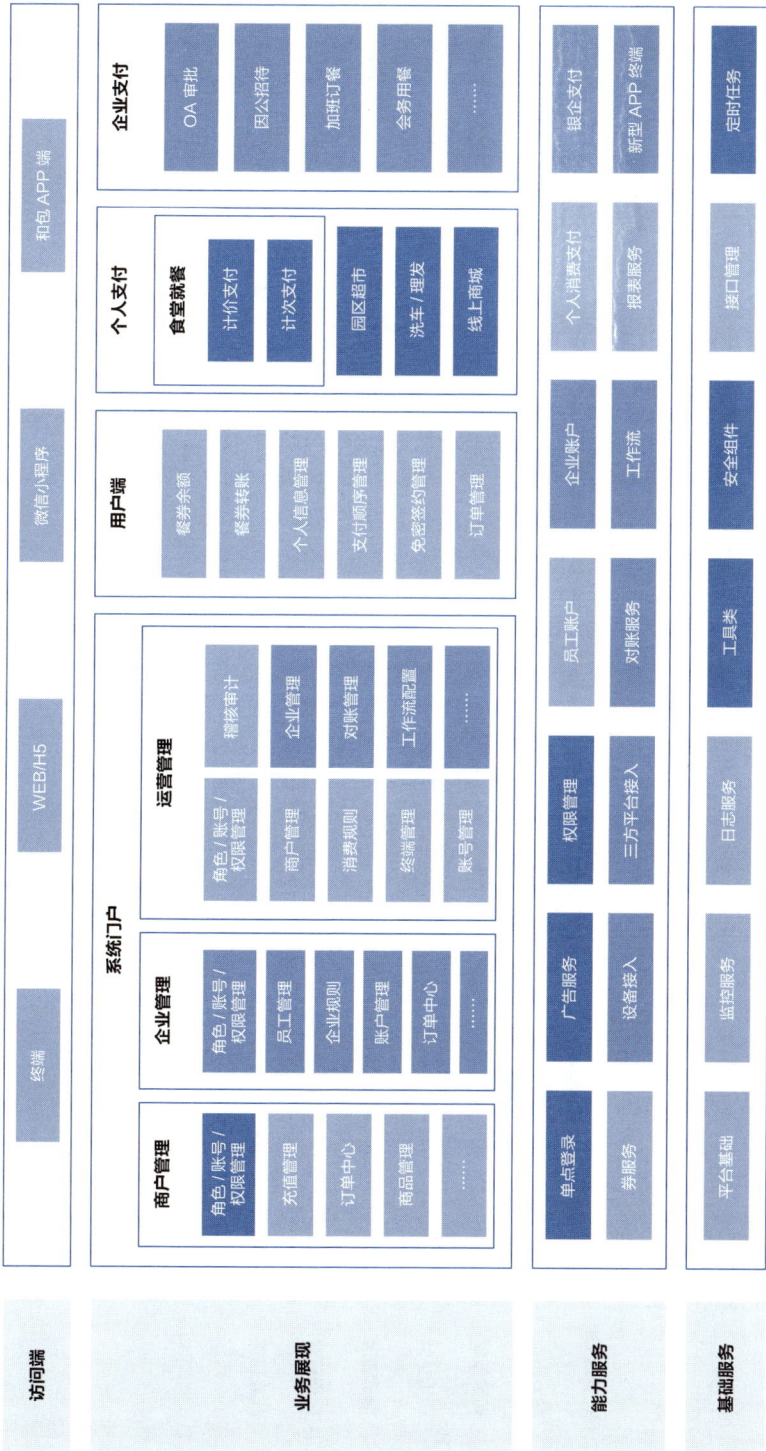

图 1 系统应用架构图

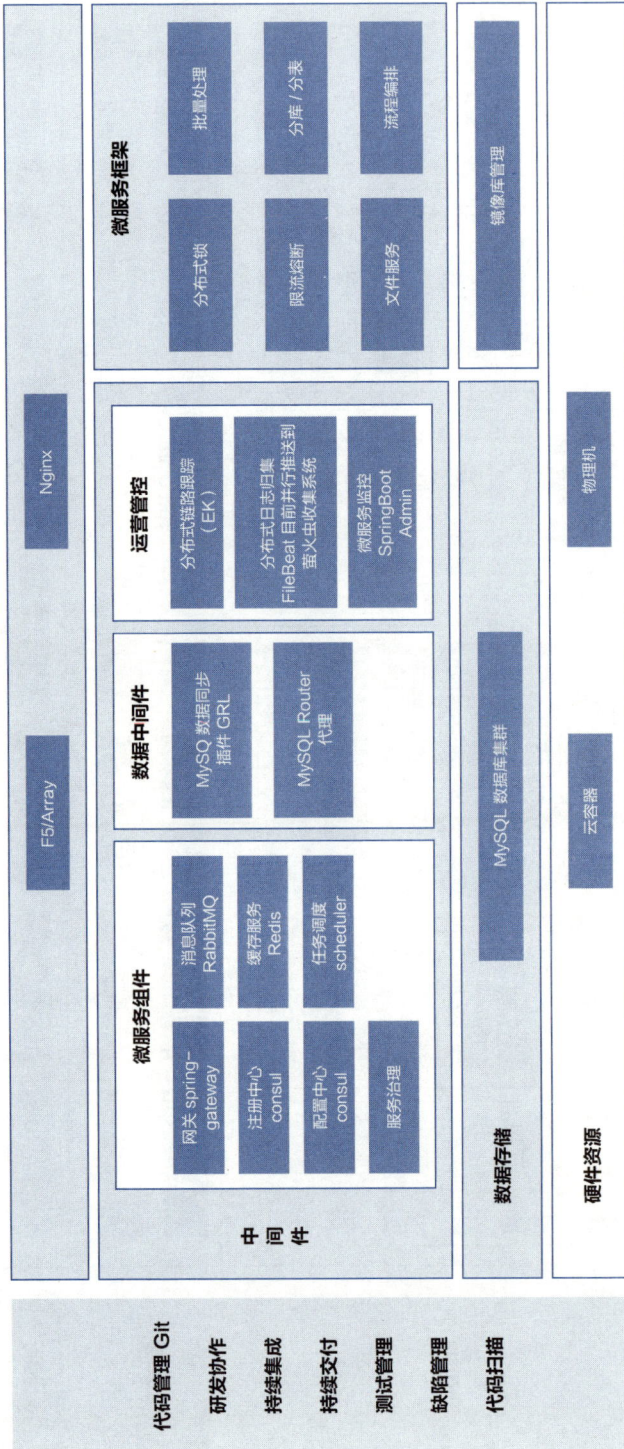

图 2　系统技术架构图

3. 系统数据架构

四类网关保障数据高效安全流通共享。第一类 API 网关专注于用户端的数据交互，为 APP、H5、商家端、运营端等提供稳定且安全的数据通道。第二类内部网关则负责和包内部系统间的数据调用，如短信接口和和包 APP 接口的交互，实现内部数据的高效共享。第三类能力接入网关专门用于管理和包与外部第三方能力的数据交互，如终端接入调用企业支付管理平台，确保外部能力的顺利接入。而第四类能力接出网关则负责控制和包调用外部第三方能力接口的数据流，保障数据的安全性。此外，中转站模块作为数据流通的关键节点，在正常情况下负责流量转发，而在系统离线时则启动离线记录功能，支持平台化部署，为本地化离线版本的开发提供了强大的数据支持。如图 3 所示。

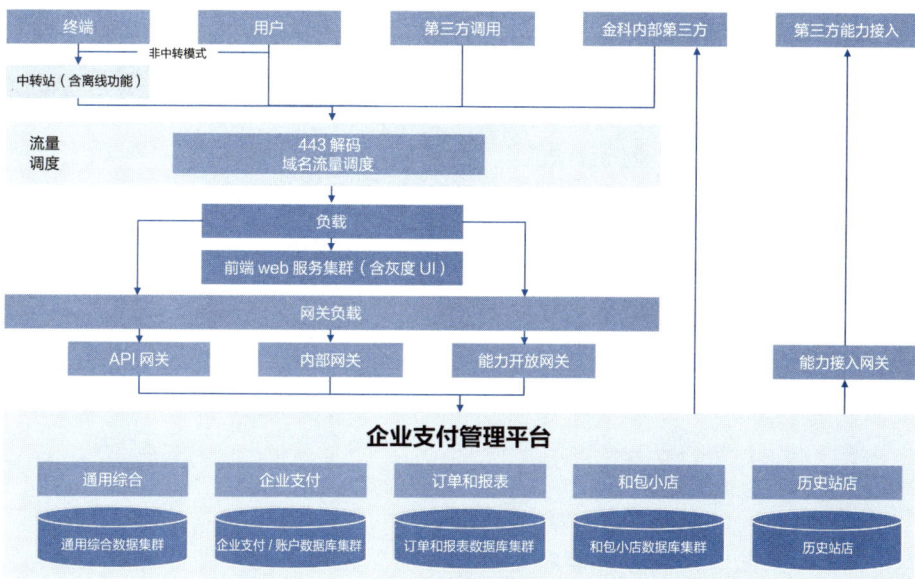

图 3　系统数据架构图

4. 系统安全架构

平台面向的客户包括游客和注册用户。游客仅有浏览权限，不允许任何业务操作，浏览信息无敏感数据。游客访问页面均为静态资源，不会请求后端服务。注册用户登录后可进行身份认证、借款申请等业务操作，所有业务请求均会验证用户登录状态。

用户注册过程防护：需图形验证码和短信验证码，短信验证码会进行发送间隔、单个手机号发送次数以及短信验证码验证错误次数限制，短信发送间隔时间为 60 秒。

用户登录防护：采用密码 + 短信验证码双因素认证（MFA）鉴权机制，减少账户盗用风险。

用户登录密码防护：用户登录密码统一由权限认证中心保存，登录密码采用 MD5 加盐，然后 RSA SHA1 1024 加密，不可逆。

用户登录密码控制：限制用户登录密码强度控制，要求至少 8 位，需包括大写字母、小写字母、数字、特殊符号至少包括 3 种。

用户会话控制：用户登录过程包括密码输入错误次数限制，连续输入错误 5 次将锁定用户一段时间，到期后自动解锁。

用户登录密码和短信验证码会加密传入至权限认证中心进行鉴权，验证通过后颁发唯一会话 token，此 token 会保存于请求信息中，每次业务请求均需验证 token，确认用户身份合法性。

Token 中包含用户登录终端设备信息，验证 token 过程中需验证 token 有效性及终端设备一致性，一旦 token 失效或终端设备变更将提示用户重新登录。

整个系统采用 HTTPS 安全传输协议，确保数据不被窃取、篡改以及劫持等安全威胁。如图 4 所示。

二、项目创新点

（一）实现多方式身份识别及用户管理，打造一站式支付解决方案

为实现以用户 + 账户为核心的技术体系重构，锻造立体账户 + 券应用 + 聚合支付的核心能力，中移金科在支付领域的创新点及核心任务主要体现在深化用户账户管理、丰富支付手段和提升支付安全性。具体而言，我司致力于建立多维度的立体账户体系，通过深度挖掘用户数据，实现账户信息的全面、精准管理，提升用户体验。同时引入券应用功能，为企业提供灵活多变的支付优惠策略，增强用户黏性，推动全业务场景支付的发展。综合运用二维码、手机

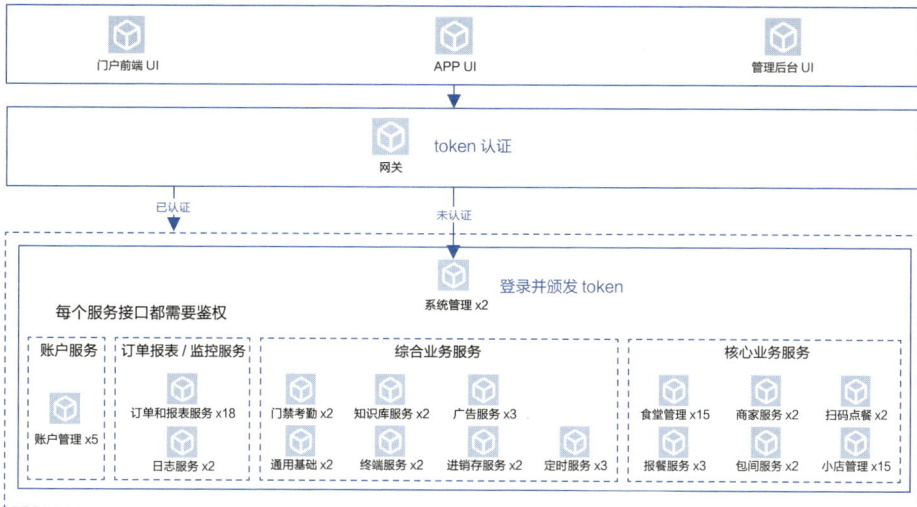

图 4　系统安全架构图

号、人脸识别、银行卡等多种识别方式，企业能够在不同业务场景下对用户进行准确、快速的身份验证，为用户提供一站式的支付解决方案。

（二）赋能费控＋支付多场景建设，打造自动化、智能化的费控与支付管理体系

为实现从传统的费控管理到智能化、一体化费控＋支付的多业务应用场景建设的转变，核心任务及要点是深度融入企业运营流程并打造智能化的费控与支付管理体系。包括构建完善的费控数据治理机制，开发费用自动识别与分类模型，实施费用预算与审批流程的自动化，创建多维度费用分析与优化模型，建立支付方式的智能选择与优化模型，以及开发实时的费用监控与预警系统。通过这一系列创新点，中移金科旨在为企业提供高效、精准、智能的费控与支付解决方案，助力企业在复杂的业务场景中实现费用管理的优化和支付效率的提升。

（三）构建一体化平台，聚合全场景数据，助力高质量财务管理

通过构建集预算、申请、审批、消费、管控、报销、对账结算、票据签收、凭证入账、数据分析等完整业务链条于一体的平台，实现了企业费用管理及内部支付的全面覆盖。这种一体化设计打破传统费用管理中的信息孤岛，确保数

据的一致性和准确性，为企业提供全方位的费控及支付服务，实现企业财务管理工作的整体优化升级。

（四）解决团餐场景省内互通互联问题，实现协同化、集成化管理

传统的团餐管理方式往往存在地域限制，不同区域之间的就餐信息难以互通，给企业和员工带来了诸多不便。企业支付管理平台针对团餐场景的地域互通互联问题，通过总分店管理、灵活就餐配置，可配置就餐模式、计费规则、权限管理等能力，助力内部食堂协同化管理，实现食堂全面信息化。企业可以实现对各个分店、各个区域的团餐业务进行集中管理和监控。实现跨市、区就餐信息的实时更新和共享，确保各分店之间的管理政策、标准、规则等保持一致。但不同分店、不同区域的就餐需求可能存在差异，平台能够根据不同需求进行个性化的配置。无论是就餐模式、计费规则还是权限管理，都能根据具体情况进行灵活调整。例如，可以根据各分店的用餐人数和菜品需求，进行统一的食材采购和配送，降低采购成本。通过助力内部食堂的协同化管理，实现资源的优化配置，助力企业支付管理平台成为团餐管理领域的一大利器。

三、技术特点

（一）区块链技术提高离线二维码防篡改能力

数据上链：区块链上离线二维码生成的过程记录在区块链上，其中二维码信息包含用户短号、时间戳、商户编号、终端编号信息。主节点计算用户短号、时间戳，轻节点计算商户编号、终端编号信息。每个节点的数据生成的哈希值按照对应的规则储存在区块链上，汇总后统一分配到对应的节点。当扫描二维码时，可以通过连接区块链节点验证二维码的内容和合法性，从而防止二维码被篡改。

二维码生成：在数据上链后，系统可以生成一个包含区块链地址或特定哈希值的二维码。这个二维码是唯一的，与区块链上的数据一一对应。

验证与溯源：消费者可以通过扫描二维码来获取区块链上的数据，并验证数据的真实性和完整性。如果数据被篡改，消费者将无法通过验证，从而识别

出二维码的伪造或篡改行为

离线二维码防篡改和防止重复使用的场景如下：

互联网断网时，区块链网络联网时：使用离线二维码消费时，消费终端识别离线二维码，将交易信息同步到区块链网络中的其他节点，区块链节点共享数据的情况下能够有效防止离线二维码重复使用的问题。

互联网断网时，区块链网络断网时：由于节点存储离线二维码信息，消费终端仍然可以识别用户的离线二维码，当消费终端识别离线二维码时，会将交易信息储存在节点内，当区块链网络恢复时，节点上传对应的交易数据，区块链平台进行去重操作，当用户余额足够时进行扣款操作，用户余额不足时人工介入处理。如图 5 所示。

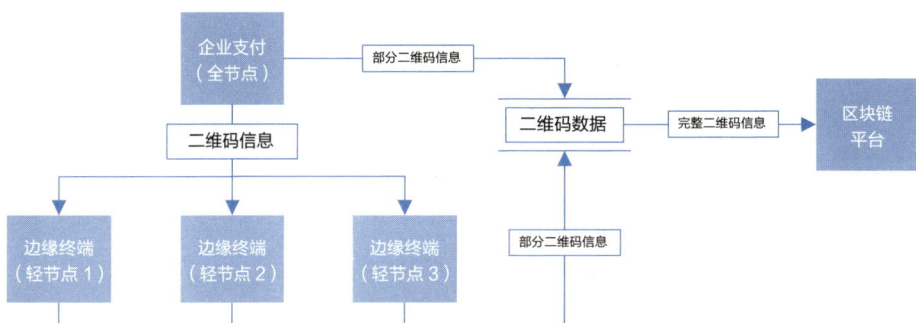

图 5　离线二维码防篡改和防止重复使用的场景图

（二）集中化接口调用能力，实现接口统一管理

由于外部接口较多，平台将外部接口统一部署、统一管理并将各个接口调用能力集中化，接口调用日志需规范化记录。接口集中化的管理、规范化的记录便于后续的维护管理以及系统监控。外部调用，接口调用环节会在网关环节进行双因素鉴权（调用者身份认证和访问 token 认证）和黑白名单过滤，接口服务进行权限验证鉴权。对接口入参进行 RSA 签名验证防止数据被截取篡改，接口报文进行 RSA 签名返回。公网接入采用 https 协议，同时双方会约定加密及签名算法，数据传输过程中会进行数字签名并加密传输。具体的接口架构。如图 6 所示。

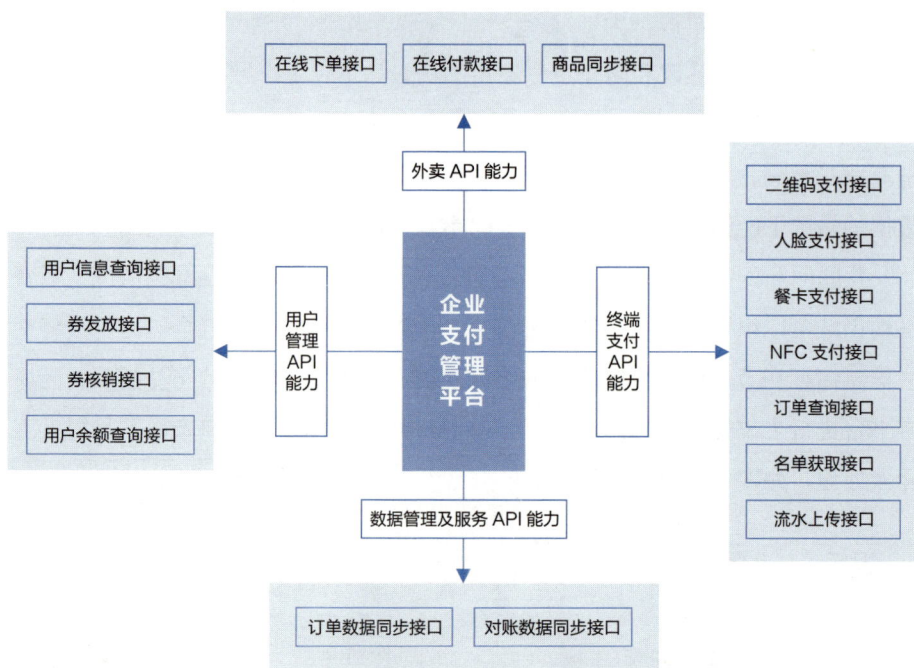

图 6　接口调用能力架构图

（三）电子发票与自动化处理提升费控管理效率

借助 OCR（光学字符识别）等自动化处理技术，对电子发票进行高效识别与解析，准确提取发票中的关键信息，如开票日期、金额、税号等，为后续的费控管理提供强大的数据支持。通过自动化处理技术的应用，实现对发票信息的实时校验与审核，有效防止发票造假与重复报销等风险，大幅简化传统纸质发票的管理流程。

（四）持续监测的可视化管理监控体系为企业提供预警及决策支持

通过对支付流水、费用支出等数据的实时监控，借助图表、仪表盘等可视化工具，可以及时发现异常交易、超出预算的费用支出等情况，清晰地了解各项费用的分布、变化趋势以及关键指标的变化情况，助力企业快速响应市场变化，调整经营策略，降低潜在风险，为企业提供及时的预警和决策支持。

（五）费控开发体系的敏捷响应能力助力费控敏捷项目向纵深发展

"企业支付管理平台"开放团队采纳了高效的协同开发体系，成功实现跨部门的协同工作模式。设立企业支付敏捷专项小组，形成了敏捷项目组、专业咨询团队、数字化决策小组的三层管理架构，确保在支付流程、费控策略、技术实施等多个层面实现敏捷响应，为日后更多费控敏捷项目的实施打下了坚实的基础，并积累了宝贵的经验。

四、项目运营情况及过程管理

（一）实际落地成效

"企业支付管理平台"是中国移动核心能力清单之一，截至 2023 年 12 月，该平台已在 31 省落地，累计落地客户超 10000 家，覆盖党政机关、教育、医疗、金融等行业，活跃用户数超 300 万。其中通过本地化部署方式落地江苏、新疆两家省级单位，为该单位节省成本 26.3%，结算效率提升 64.8%，同时该平台也成为长沙市政府指定全市党政机关、事业单位、国有企业支付领域解决方案。

"企业支付管理平台"统一企业支出账户，通过 OA、财务系统等实现与员工个人账户的一一对应，利用风控系统，严格设置员工分层分级消费规则，实现员工公务消费的精细化、数字化管理，使财务工作效率大幅提升，有效降低企业年均费用成本。

（二）待改进领域

1. 立体账户设计缺陷

一是账户结构需根据企业实际业务需求进行调整，否则可能导致账户结构过于复杂或过于简单，无法满足企业对不同账户类型、不同账户层级的精细化管理需求；二是立体账户在安全性设计方面存在漏洞，如未采取足够的安全措施保护账户信息，可能导致账户信息泄露或被非法访问，从而引发资金安全风险；三是立体账户体系内部各账户之间缺乏良好的互操作性，可能导致企业在不同账户之间进行资金划转、结算等操作时遇到障碍，影响企业支付与费控管理的效率。

2. 券应用功能不完善

一是券应用功能未能覆盖企业所有需求场景，如优惠券类型单一、适用范围有限等，可能导致企业无法充分利用券应用实现营销和推广目标；二是券的发放与使用流程烦琐，可能导致用户在使用过程中操作困难，降低用户的使用意愿，影响使用体验；三是券应用缺乏完善的管理功能，如券的创建、修改、查询、作废等功能不足，可能导致企业无法有效管理券的生命周期，影响券应用的效果。

3. 赋能多业务场景建设不足

一是业务场景理解不深入，对费控和支付的多业务场景理解不足，导致开发的解决方案无法满足实际需求；二是解决方案缺乏创新，在赋能业务场景时，提供的解决方案缺乏创新性和差异化，难以在市场中脱颖而出；三是合作伙伴整合不力，未能有效整合合作伙伴资源，导致业务场景拓展受限或合作效果不佳。

4. 多系统集成与协作合力不强

企业支付管理平台通常需要与其他系统进行集成，如财务系统、ERP 系统等。如果忽视系统集成与协作的重要性，可能导致数据不一致、信息孤岛等问题，影响整体管理效果。如果缺乏有效的集成与协作，可能导致流程断裂、业务衔接不畅，进而影响整个企业的运营效率和管理水平。

（三）过程管理

1.产品功能方面

产品经过 79 次迭代，新增了外卖系统、对账系统、商品管理、离线二维码、脱机支付等功能，提升了支付速度、报表管理、配置管理等能力，支持多种支付方式、多类终端设备、多种消费模式、多级商户管理，满足异地用餐、在线点餐、食堂购物等不同消费场景。

2.业务范围方面

以智慧食堂服务为起点，逐步向费用管控等领域拓展，除提供基本的餐饮服务外，还增加了食材采购、库存管理以及物流配送等业务，形成完整的企业内部管理体系。满足用户多样化需求的同时，也提升了食堂的整体运营效率。

3.管理机制方面

通过制定一系列管理制度和规范，明确了各项工作的标准和要求。同时优化业务流程，统一业务归口，简化操作步骤，提高了工作效率。

4.人才体系方面

加强了对员工的培训和激励，通过提升员工的专业素养和工作能力，为项目的顺利实施提供了有力的人才保障。

五、项目成效

（一）经济效益

一是通过聚合各费用支出场景，大幅减少报销处理量，让员工能够聚焦价值创造。二是数字化的费用支出管理流程透明、标准化，有效避免传统报销过程中的不合规行为，减少不必要的支出。三是通过多维度的数据分析，让企业的管理者实时掌握预算落地情况，从而合理控制企业运营成本。四是凭借强大的议价能力对接多家供应商，为企业节省采购成本，显著提升整体盈利能力。五是积累丰富的资源，为承载更多产业互联网服务能力提供了有力支撑，有效降低企业运营成本，提升资金利用效率。

（二）社会效益

"企业支付管理平台"精准的数据分析能力使得多账表统计、业务采购精准管理、在线订单等功能得以轻松实现。以智慧食堂板块为例，在线订餐功能的推出，不仅让食堂可根据订餐数据精准预测和控制成本，让就餐者省去选餐排队的烦恼，只需在指定时间到窗口直接领取，大大节省时间。多终端订餐功能的引入，进一步减少排队现象，优化领餐流程，使得就餐者能够更快地享受到美食。

此外，企业支付管理平台还通过进销存的精确把控，实现采购物资的有效利用，提升存货流转率，进一步节约了成本。以某科技园智慧食堂项目为例，共有 48 个档口，员工 15000 人，每餐就餐率达 11000 人，日交易额显著提升 17%，档口支付效率提升至 93%，剩菜率下降 5%~15%。平台还致力于打造线上优惠小店，提升员工满意度。通过 F2C 模式的运用，线上小店为员工提供了大量精品优惠商品，价格普遍低于线下商超，不仅拓展企业支付消费场景，更提高了服务水平和企业形象，使员工好评率显著上升。

通过精确费用管控，"企业支付管理平台"有效降低成本超量支出。据统计，通过引入企业支付管理平台，某大型企业在一年内成功减少了约 10% 的费用支出，不仅降低企业的运营成本，更在全社会范围内传递了降本增效的重要信息，促进节约文化的形成。通过优化费用支出结构，"企业支付管理平台"帮助企业实现资源的节约和循环利用，为企业可持续发展和社会的和谐稳定做出了积极贡献。

（三）行业贡献

本项目在平台功能、硬件生产、团队支撑均实现标准输出，SaaS 平台功能丰富度、在线离线支付速度、安装便捷性均处于行业领先水平。企业支付管理平台在支付设备行业中，不仅是支付设备制造商的重要客户，其产品规模化后将显著推动支付设备市场的销售规模，体现中移金科强化金融无障碍服务水平的决心。作为该行业的关键供应商，中移金科提供的解决方案将大幅提升政企内部全场景的支付智能化水平，更推动整个行业从传统刷卡方式向二维码、刷脸支付、双离线支付等智能支付手段的跨越。

六、项目总结

本项目在平台功能、硬件生产、团队支撑均实现标准输出，SaaS 平台功能丰富度、在线离线支付速度、安装便捷性均处于行业领先水平。企业支付管理平台在支付设备行业中，不仅是支付设备制造商的重要客户，其产品规模化后更将显著推动支付设备市场的销售规模，体现中移金科强化金融无障碍服务水平的决心。作为该行业的关键供应商，中移金科提供的解决方案将大幅提升政企校园食堂的支付智能化水平，更推动整个行业从传统刷卡方式向二维码、刷脸支付等智能支付手段的跨越。

七、项目展望

（一）探索全场景一站式服务新模式

以"企业支付管理平台"为基座，加强产服供给对场景需求的适配，挖掘并推动后勤、差旅、报销等业务场景流程自动化，通过一键报销、全流程无纸化工作流，创新员工餐饮、差旅、报销等生活保障一站式服务新模式，持续推动流程标准化、精细化、自动化，助力企业量质构效全方位高质量发展。对各子应用数据进行多维分析，将积累的基础数据、流程数据、操作数据充分"聚起来、用起来、活起来"，为企业全面数字化转型、智能化发展提供强有力的中后台支撑。

（二）强化与供应链一体化协同

通过建立与供应链上下游企业的数据接口，实现订单、库存、物流等关键信息的实时共享，不仅提高数据的准确性和一致性，还为费用控制功能提供坚实的数据基础。在数据共享的基础上，通过与供应链企业的协作，共同制定和执行费用管理策略。通过与供应商协商采购价格、付款周期等条款，能够控制采购成本，避免不必要的浪费。同时，与销售渠道的合作优化销售策略，降低销售费用。利用先进的算法和模型，对供应链费用数据进行深入分析和挖掘。通过对历史数据的学习，预测未来的费用趋势，为企业提供更加精准的费用控制建议。并能够根据企业的实际需求，进行费用优化和配置，进一步降低企业运营成本。

（三）与企业财税系统对接，进一步延伸数智化管理场景

作为企业支付管理的承载平台，可进一步与企业财务、税务等管理系统继续对接，助力企业资金集中化线上管理，进而解决企业财务管理中的痛点。并且，在支付系统与账户系统的深度对接过程中运用人工智能和物联网技术，可实现智能报账和财务流程自动化，提高工作效率，降低人力成本和错误率，实现财务管理的智能化升级，推动资金流、业务流、信息流"三流合一"，以全链路经营服务能力，串联客户经营的全流程所需，助力企业客户智慧经营。在财务管理方面，通过对收支、票据等资金信息的实时监控，可进一步提高资金利用效率，实现财务管理的精细化管理和风险控制。在财务决策方面，通过数据分析和智能预测为企业提供更精准的财务决策支持，优化财务资源配置，提高经济效益和企业竞争力。

综上，基于数字化科技的创新应用，企业支付管理平台可进一步助力企业实现财务管理的智能化、自动化转变，提升管理效率和决策水平，为企业的健康发展和可持续发展提供强有力支撑。随着智能技术的不断发展和应用，企业支付管理平台在财务管理领域的创新应用将为企业带来更多机遇和发展空间。

（四）以科技创新应用赋能企业支付

通过 AI、区块链、供应链金融等技术的赋能，企业支付管理平台在未来将实现更广泛的发展。

以"AI+大数据"创新技术应用为基础，形成一整套 AI 能力开发与运营工具，以智能、精准的差异化服务能力，助力客户体验和经营效率双提升。具体而言，依托企业支付管理平台深度沉淀企业员工行为数据，并通过机器学习和自然语言处理等 AI 核心技术洞察员工餐饮、差旅、报销等配套保障需求，

进而为员工提供更加个性化、定制化的服务，从而提升企业内部员工的用户体验。此外，将 AI 与风控结合，对企业支付数据的智能分析和预测，帮助企业更好地管理支付成本，提高资金利用效率，提升企业费用管控能力。

同时，企业支付管理平台基于区块链技术去中心化、不可篡改等特点，可确保支付信息的安全性和可信度，避免数据被篡改或泄漏，实现企业支付的安全和透明化。在此基础上，可进一步搭建智能化的供应链金融平台，利用供应链金融等技术，使企业可以快速获取资金支持，优化企业资金流动，提高支付效率，降低运营成本，实现更加便捷、高效的企业支付体验。

深圳壹账通智能科技有限公司

行员 E 营销创新平台

一、项目背景及目标

金融壹账通建设行员 E 营销的目标是全面塑造零售银行数字化营销能力，推动销售管理模式革新。2022 年 1 月 26 日，银保监会发布《关于银行业保险业数字化转型的指导意见》（以下简称《指导意见》），提出银行数字化转型工作目标，鼓励银行业大力推进零售金融服务数字化转型，提升金融行业数字化水平，建设数字化运营服务体系，构建安全高效、合作共赢的金融服务生态。数字化转型成为银行零售业务战略转型的必由之路。

项目通过构建行员 E 营销平台，以零售银行销售管理场景的核心价值为驱动，聚焦客户经营、产品运营、队伍管理等核心场景，以 AI 技术赋能和大数据洞见策略支撑，构建数字化销售管理体系，推动销售管理模式革新。

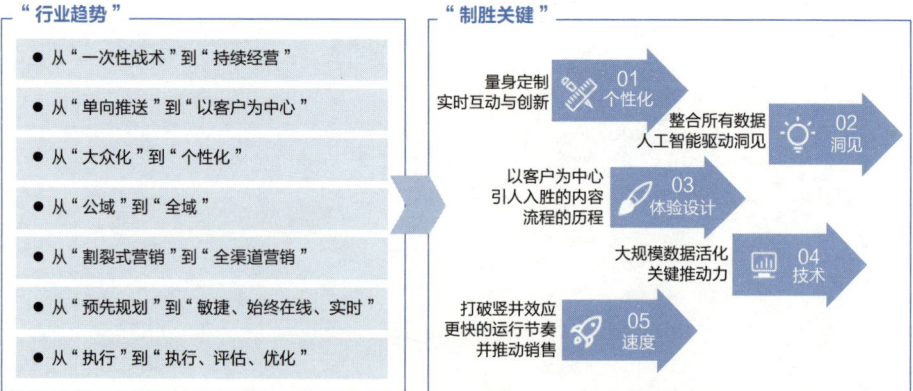

图 1　行员 E 营销解决零售银行数字化转型难题的制胜关键

二、项目方案

（一）业务方案

本项目研发内容主要是通过研究大数据应用和 AI 技术赋能零售银行客户经营、产品运营、队伍管理的核心价值，通过销售渠道切入，从客户洞察、产品运营、数字化工具等维度，以客户经营为中心，全方位提升客户经理队伍产能，构建数字化营销体系。通过数字化、标准化、智能化的目标、过程、团队管理体系，推动销售管理模式革新。同时，以大数据洞见策略，赋能存量经营、营销获新、财富管理等场景，实现线上线下全流程管理。

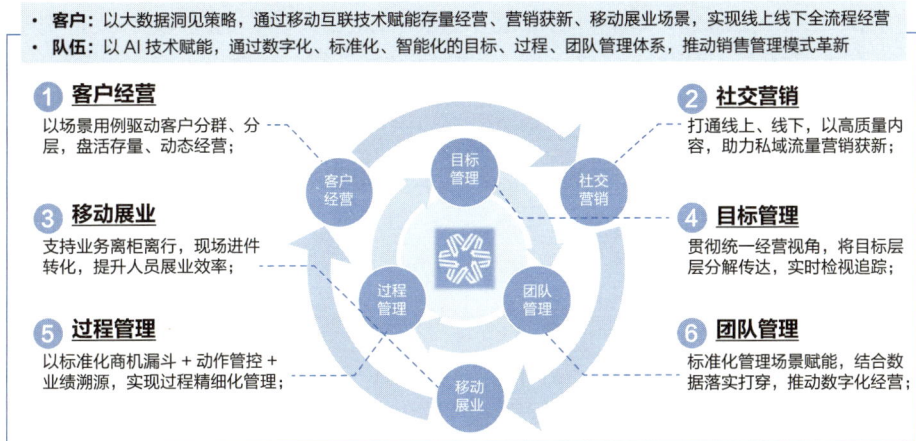

- **客户：** 以大数据洞见策略，通过移动互联技术赋能存量经营、营销获新、移动展业场景，实现线上线下全流程经营
- **队伍：** 以 AI 技术赋能，通过数字化、标准化、智能化的目标、过程、团队管理体系，推动销售管理模式革新

1 客户经营
以场景用例驱动客户分群、分层，盘活存量、动态经营；

3 移动展业
支持业务离柜离行，现场进件转化，提升人员展业效率；

5 过程管理
以标准化商机漏斗 + 动作管控 + 业绩溯源，实现过程精细化管理；

2 社交营销
打通线上、线下，以高质量内容，助力私域流量营销获新；

4 目标管理
贯彻统一经营视角，将目标层层分解传达，实时检视追踪；

6 团队管理
标准化管理场景赋能，结合数据落实打穿，推动数字化经营；

图 2　数字化赋能体系：加速零售银行数字化转型

（二）技术方案

相应研究内容和技术路线包括：基于大数据应用的智能分析经营看板和基于 AI 技术的场景应用。

行员 E 营销创新平台智能分析经营看板，利用强大的数据分析能力，相较传统 BI 工具，更具针对性地解决银行数据应用痛点，助力行方建设数据分析平台。通过构建统一的指标管理模块，基于智能分析及智能配置能力，支持多端差异化应用，实现业务经营高效分析检视。1.多源数据接入并进行指标体系统一管理，搭建完整数据生态，提高数据复用性和响应效率。2. 统一的数据规范，配合指标命名、类型、保留策略等信息录入，使数据分析具备业务支撑。3. 通过指标衍生派生等操作，结合数据字段的多维度配置，实现指标统一管理配置以及指标应用体系的搭建。4. 抽象提炼了超过 40 个常用组件，含图表组件、业务组件、交互控件等，支持数据和样式的灵活配置。5. 通过移动端独创的导航卡尺工具、PC 端灵活的拖拉拽功能，实现不同终端的页面间关系、组件间关系的快速配置。6. 支持各维度上卷下钻，追查异常，纵向深度挖掘获取洞见。7. 一站式支撑四大终端、五类客群的多种数据分析场景应用，赋能行内各类职能岗员工的数字化产能提升。

行员 E 营销创新平台还包含各种 AI 协同场景，赋能零售客户。1.AI 外呼助手：AI 外呼机器人，智能外呼管理平台，AI 电话平台，通过语音 ASR 引擎服务语音撰写、TTS 引擎服务拟人化语音合成、语音克隆等技术，实现 AI 外呼助手的服务。2.AI 销售助手：包含智能知识库、实时智能助手、AI 运营服务。3.AI 质检：智能质检管理平台主要由管理平台辅助质检引擎的高阶算法、语音识别引擎、情绪识别引擎组成。

（三）建设与实施

行员 E 营销创新平台智能分析经营看板基于业务及科技行业发展的整体趋势，结合实际业务需求和科技实践痛点，将重点追踪指标发展趋势以指标地图形式直观展示，并通过规范的数据管理，标准统一数据口径，避免重复的数据开发工作。通过数据接入—数据配置—仪表板创建—组件配置—嵌套关系配置—一键发布六步流程将看板设计、数据连接和系统管理三大核心功能模块串联，为科技人员减负，为业务人员赋能，让用户更加便捷高效地获取信息、探索数据、分享知识；让人人都是数据分析师成为可能，让每一位经营活动参与者可以真正了解数据、使用数据，最终形成决策，提升业务价值。

行员 E 营销创新平台 AI 协同场景包含：1.AI 外呼助手：对服务通知类商机，客户经理选择 AI 外呼拨打，并可在客户高意向时转客户经理人工承接；支持新活动、权益、理财到期通知辅助，语音助手可模拟客户经理声音，提高亲切度。2.AI 销售助手：实战陪练、话术推荐、知识推荐、知识检索。通过智能助手插件，引导对客沟通流程，实时推荐话术、推荐知识和相关业务卡片，赋能销售提升转化。3.AI质检：通过AI质检对销售过程进行合规管理。合规质检，AI替代人工抽听，确保销售话术适当性。商机质检，基于商机关键词，精准识别队伍是否有效跟进。活动量质检，通过模型精准识别各业务领域活动，支持定制。

三、项目技术或创新点

（一）项目创新点

数字化银行时代，数据分析的需求不断扩大，数据驱动下的业务决策力需求不断提高，国内一些银行已开始从最初的报表查数阶段，进阶到形成业务洞察的先觉阶段。然而，银行数字化实践的更进一步目标是通过多系统数据串联，实现将数据分析融入业务场景，不断回流产生新的数据，根据自动化数据分析推送至业务行动机制中，实现真正的业务赋能。

目前，国内市面上大多数传统的BI分析工具主要关注通过数据描述业务数据展现现象，结合多维分析及数据钻取挖掘现象本质，而对于有效数据的预测分析以及做出处方决策的建设仍然处于初级阶段。综合研究机构的数据行业报告，数据分析的发展趋势为组件化、可视化、智能化，并逐步转化为核心业务功能，增强分析将带给用户更简单更高效的分析体验。

行员E营销创新平台智能分析经营看板作为可视化分析平台、多终端应用平台、低代码配置平台，创造性革新传统应用开发流程，抽象业务常用组件和指标逻辑，将分析流程组件化、自动化、可视化，使业务用户可以免代码自主完成分析指标的应用和分析页面的搭建，将耗时3~15天传统手工开发周期极大程度上缩减，真正地帮助客户解决问题，助力客户走出困境。

行员E营销创新平台的AI外呼助手、AI销售助手、AI质检，基于壹账通自研的打造多模态情绪理解、对话语义理解等算法引擎，以领先业界的技术水平、保证AI赋能零售客户的质量与效率。具体应用到的技术有。

多模态情绪理解引擎包含基于图像、语音、对话文本等三类信号的情绪识别系统。其中，微表情技术通过对人脸面部进行详细的解析和识别，完成对人脸微表情与情绪的判断功能。该系统使用表情识别、面部动作识别、眼动识别和头动识别四个子网络来完成联合学习，对测试样例的情绪识别准确率达95.1%，曾获OMG2018国际微表情识别竞赛双赛道冠军和EmotioNet 2018面部动作识别竞赛冠军，相关技术发表于ACM MM2019。语音情绪识别系统在二分类业务数据上的平均识别准确率达91.2%，用于支持壹账通智能外呼机器人场景，辅助感知客户情绪变化，减少人工投诉。最后，对话文本情绪分类系统实现按双层级细分情绪至一维与二维，引入对立情绪知识，用于支持壹账通智能风控平台，自动检测业务对话文本中蕴含的16种细粒度情绪特征，平均分类准确率达92.5%，获得SemEval2019文字对话情绪识别竞赛第一名。

对话语义理解引擎通过结合规则解析、语义相似度、意图分类三个模块的组合处理优势，级联实现对话意图的精准识别。综合三个模块输出结果，基于专家规则和浅层权重网络对候选答案排序。实践中，该引擎在金融对话场景准确率达95%，领先业界，获DSTC-7 Sentence Generation竞赛第一名。该引擎支持壹账通智慧语音平台，有效激活近70%的存量客户，整体运营成本降低75%，人均产能提升5倍。

（二）项目技术

本平台在技术层面取得重要突破性成果，包括金融知识体系建设和基于该体系的金融数据深度理解等智能认知技术。具体包含低代码应用配置中台、专注于金融领域特有的大数据分析、可视化呈现，基于ASR、TTS、情绪识别引擎、正则+NLP组合规则建模等一系列训练测试优化工具实现的AI协同赋能零售客户。

行员E营销创新平台智能分析经营看板主要涵盖。

1.数据地图，直观展示核心业绩指标的进展和发展趋势，取数看数便捷清晰，千人千面个性化分类推送。

2.智能分析，依托强大的技术支撑，实现数据的智能化应用。算法驱动下的自动化异常归因分析、关联推荐、智能预警能力，帮助业务用户更直接地定位数据问题、提炼业务洞察，使普通用户在没有数据科学专家或IT人员协助的情况下，也可轻松查看有效数据，并对理论和假设情况展开测试与验证，从而为分析计划带来更多自动化功能以及创新洞察力。

3.看板配置，支持手机、平板、电脑多终端分析页面的个性化拖拉拽配置，业务可完成自主配置，无须依赖代码开发；创新开发流程：通过标准化流程，使用拖拉拽方式低代码生成H5页面，进行发布推送和管理。

4.组件配置：抽象提炼40+常用组件支持其数据和样式的灵活配置，包括图表组件、业务组件、交互控件等。整合需求的逻辑抽象化、数据聚合化的特征，进行组件抽象设计，支持40+业务组件和通用组件。

5.业务模板，基于组件的灵活性快速支持业务场景，构建多维度多数据颗粒度的业务报表，实现对业务场景的灵活支持和快速业绩检视。

6.数据管理，支持多种数据源接入，搭建统一数据指标管理体系，提高数据复用性和响应效率。

行员E营销创新平台赋能零售客户的AI协同场景涉及。

1.AI外呼助手，包含：（1）AI外呼机器人并发平台：含DM，NLU引擎与可视化设计与运营管理，提供拖拉拽对话编排、管理，实现流程快速上线。（2）智能外呼管理平台：支持机器人外呼作业的全闭环管理，包括名单管理、外呼策略配置、外呼作业监控等。（3）语音引擎，包含ASR引擎服务，可以进行语音转写、识别；TTS引擎服务，拟人化语音合成；语音克隆库，手机录制20~50句。（4）AI电话平台，包含提供电话平台软件服务的基础软件包和IVR席位。

2.AI销售助手，包含智能知识库、实时智能助手、AI运营服务。（1）智能知识库由智能知识库平台和知识搜索客户端两部分组成。智能知识库平台包含基础产品全部功能模块，后端管理及应用；知识搜索客户端提供面向人工坐席使用的知识搜索。（2）实时智能助手由智能助手管理平台、助手客户端插件、语音识别引擎组成。智能助手管理平台包含智能坐席助手坐席端和管理端；助手客户端插件对会话中的内容进行识别，同时对意图，实体进行识别抓取；语音识别引擎包含ASR引擎服务，进行语音转写、识别。（3）AI运营服务分为按照模板（客户经理慧营销辅助案例模板）和定制场景（销售辅助剧本+意图定制运营）两种助手场景方式。

3. AI 质检，智能质检管理平台主要由四部分组成：（1）管理平台是质检规则的可视化配置、基于质检规则的自动化质检流程、质检结果检出、录音复核、标注优化及多角色用户权限管理。（2）质检引擎的高阶算法由正则 +NLP 组合规则建模，配套训练、测试、优化工具。（3）语音识别引擎包含 ASR 引擎服务，进行语音撰写、识别。（4）情绪识别引擎，基于语义的情绪识别引擎服务。

四、项目运营成效

依托平安银行在零售数字化转型领域的成功经验，我们成功构建了零售银行的数字化销售管理体系，有效提升了一线销售队伍的工作效率。通过实施数字化、标准化及智能化的目标设定、流程优化和团队管理，实现了销售管理模式的全面革新。同时，依托于大数据分析洞见，该方案加强了对现有业务、新客户拓展和财富管理等关键业务场景的支持，实现了业务流程的全面数字化管理，从而提升了运营效率和客户服务体验。

（一）客户规模

金融壹账通的发展战略是"一体两翼"，以服务金融机构数字化转型为一体，同步拓展生态和境外两翼，积极推动金融服务生态的整体数字化转型。公司成立以来，客户覆盖国内 100% 的国有银行和股份制银行、98% 的城市商业银行、66% 的财产险公司及 48% 的人身险公司。

2018 年开始，公司积极拓展境外业务，致力于使中国的金融科技享有全球竞争力，目前已覆盖 20 个国家及地区，186 家境外金融机构，客户包括东南亚前三大区域性银行和全球前十大保险公司。

面对快速变化的市场环境，尤其是新冠疫情对经济带来的持久影响，银行业深刻认识到银行数字化转型的急迫性和重要性，银行领导层开始牵头全行数字化转型顶层规划设计，展现出较高的机遇敏感度和危机意识。2020 年金融壹账通银行依托平安银行零售数字化转型的成功经验，聚焦客户经营、产品运营、队伍管理等核心场景，为零售银行量身打造行员 E 营销平台，以科技驱动串联线上、线下经营闭环，赋能销售队伍助力目标达成，推动商业模式全面革新。

此外，行员 E 营销已成功与 7 家头部城商行、4 家农商行达成合作，服务 3 万 + 零售银行客户经理，共同开启数字化之旅。金融壹账通拥有强大的人工智能、大数据和区块链等前沿科技实力。截至 2022 年 12 月 31 日，全球专利申请累计 5905 件，且根据灼识咨询的资料，壹账通的金融科技相关专利申请在全球排名第三。公司连续 6 年入围毕马威"中国领先金融科技 50 企业"榜单（2018—2022）及 IDC FinTech 全球百强榜单（2021 年度排名上升至第 59 位），先后斩获智能科学技术最高奖项吴文俊人工智能科技进步奖、2023 年全国五一劳动奖状及 75 项各类国际专业大奖，并获得 CMMI5 国际认证。

作为将国内科技成果与零售银行销售管理经验成功输出的金融科技公司，金融壹账通将持续聚焦"三大支柱"建设：1.零售银行销售管理模式革新；2.推动银行 IT 建设，助力银行数字化转型；3.持续深化银行大数据等新技术应用场景。

（二）技术成效

行员 E 营销平台多层次助推金融创新，取得了显著成效。

某头部城商行已完成行员 E 营销创新平台智能分析经营看板一期至三期的建设和投产工作，配置并完成发布 400 余个页面，终端覆盖手机端、平板端和 PC 端。大幅降低了页面开发成本，对数据组件和层级汇总逻辑进行了统一治理，保证了数据的一致性和准确性，大幅提高了科技部门的工作效率，实现了业务部门的业绩提升，助力关联项目获得了"金融科技创新奖"。

行员 E 营销创新平台 AI 协同赋能零售方面，1.AI 外呼助手：目前处理的通知类场景 36 个，其中批量外呼 28 个，赋能理财经理 8 个，65% 的分行覆盖，75% 的接通率，300 万 + 的外呼名单量，65% 的有效触达客户。AI 助手的意图准确率在 90% 以上，此外，还能达到语音克隆：助手可模拟客户经理声音，提高亲切度。2.AI 销售助手：将专家能力数字化，涉及 700+ 对话流程；提升服务专业度，流程覆盖商机 100%；提升销售转化率，商机赢单率提高 28%。3.AI 质检：在合规质检中及时识别出收益保证承诺违规等话术；在商机质检中识别队伍是否有效跟进；在活动量质检中精准识别各业务领域活动量。

（三）经济效益与社会效益

金融壹账通是面向金融机构的商业科技服务提供商（Technology-as-a-Service Provider）。作为中国平安集团的联营公司，金融壹账通依托平安集团30多年金融行业的丰富经验及自主科研能力，向客户提供"横向一体化、纵向全覆盖"的整合产品——包括数字化银行、数字化保险和提供金融科技数字基础设施的加马平台。我们以"技术＋业务"为独特竞争力，帮助客户提升效率、提升服务、降低成本、降低风险，实现数字化转型。

我们与政府机构及行业合作伙伴合作开发数字化开放生态，以促进中国金融服务行业的增长及数字化，并已建立多个企业服务及贸易服务平台，帮助政府机构以数字化的方式扶持中小企业融资服务。我们与100个政府及监管机构开展合作，生态服务链接政府、企业、金融机构，已使约200万中小企业受益。

此外，还形成了链条完整的金融领域产学研生态合作，金融壹账通与清华大学、中国科技大学共同开展联合人才基地培养；与哈工大联合建设实验室；并与MIT、NIH、鹏城实验室、光明实验室、同济大学、东南大学等多个国际、国内知名高校和科研院所等开展深度技术深入交流与项目合作。与北京大学、中国科学院自动化研究所、华东师范大学围绕普惠金融新一代人工智能开放创新平台项目进行合作，目前已完成项目实施方案撰写和项目启动会召开。

Awards
荣誉奖项

获国内外 291[1] 项大奖，赢得市场广泛认可

我们拥有强大的人工智能、大数据和区块链等前沿科技实力，截至 2022 年 12 月 31 日，全球专利申请累计 5,905 件[2]；截至 2023 年 6 月 30 日，累计荣获 291 项国内外奖项，获得市场广泛认可[1]。

吴文俊奖	科技部	国家四部委	全国总工会
中国人工智能科学的诺贝尔奖 2021 吴文俊人工智能科技进步奖	获科技部国家新一代人工智能开放创新平台（普惠金融）	通过四部委国家对云计算安全领域最高标准要求	2023 全国五一劳动奖状

先后荣获 IDC、亚洲银行家、毕马威、科技部、斯坦福大学等全球知名咨询机构、政府部委、学术会议和媒体荣誉

21世纪经济报道　Forbes　FORRESTER　亚洲银行家 THE ASIAN BANKER　第一财经　KPMG　IDC　BAI　Stanford University

注 1：数据统计截至 2023 年 6 月 30 日
注 2：数据统计截至 2022 年 12 月 31 日

图 3　金融壹账通的金融科技实力屡获殊荣

五、未来发展

本项目致力于通过行员 E 营销平台的构建，解决零售银行销售管理的关键挑战，专注于客户管理、产品策略和团队协同等核心领域。结合 AI 技术的动力与大数据的洞察力，打造创新的数字销售管理体系，推进销售管理模式的彻底革新，提高零售银行在大数据应用上的成效转化率。

随着数字化转型的加速，零售银行正处于转折点。AI 与大数据的进步为银行业务带来了颠覆性的变化，同时也提供了前所未有的发展机遇。本平台通过深度挖掘和应用机器学习及深度学习技术，从海量数据中提取价值，使银行能够精准把握客户需求，洞察市场趋势，制定出高效的营销策略，实现个性化服务，进而提升用户体验和客户忠诚度。

随着技术的进步，零售银行业务的线上化趋势日益加强。本平台未来将支持零售银行实现线上与线下渠道的深度融合，通过智能服务和移动应用，实现 7×24 小时全天候服务，打破传统服务的时间和空间限制，为客户提供更加流畅的互动体验。

面临 AI 和大数据的挑战，本平台将持续加大在理论研究和技术开发上的投入，强化数据安全与隐私保护措施，构建完善的数据治理框架，确保数据价值的最大化挖掘和客户隐私的严格保护。在新技术驱动下，零售银行销售管理系统正迎来新的发展机遇。本平台将引导零售银行主动适应这一变革，深化 AI 与大数据的应用，探索创新的业务模式和服务方案。同时，加强与各界的合作与研究，提升平台的核心竞争力，为客户提供更优质、更便利的金融服务体验。